**Kurzer Leitfaden der
Experimentalpsychologie**

Viktor Sarris
Siegbert Reiß

Kurzer Leitfaden der Experimentalpsychologie

ein Imprint von Pearson Education
München • Boston • San Francisco • Harlow, England
Don Mills, Ontario • Sydney • Mexico City
Madrid • Amsterdam

Bibliografische Information Der Deutschen Bibliothek

Die Deutsche Bibliothek verzeichnet diese Publikation in der Deutschen Nationalbibliografie;
detaillierte bibliografische Daten sind im Internet über *http://dnb.ddb.de* abrufbar.

10 9 8 7 6 5 4 3 2 1

07 06 05

ISBN 3-8273-7177-5

© 2005 Pearson Studium
ein Imprint der Pearson Education Deutschland GmbH,
Martin-Kollar-Straße 10-12, D-81829 München/Germany
Alle Rechte vorbehalten
www.pearson-studium.de
Lektorat: Christian Schneider, cschneider@pearson.de
Korrektorat: Barbara Decker, München
Titelbild: Getty Images
Einbandgestaltung: adesso 21, Thomas Arlt, München
Herstellung: Claudia Bäurle, cbaeurle@pearson.de
Satz: mediaService, Siegen (www.media-service.tv)
Druck und Verarbeitung: Kösel, Krugzell (www.KoeselBuch.de)

Printed in Germany

Inhaltsverzeichnis

Vorwort   9

Hinweise für die Studierenden   11

Verzeichnis der Boxen   14

**Teil I   Wissenschaftstheorie und psychologisches
              Experimentieren   15**

**Kapitel 1   Erkenntnisgewinnung und Modellbildung
              in der Psychologie   17**

1.1   Alltagspsychologisches und naives Denken   18
1.2   Prinzipien der Erkenntnisgewinnung   18
1.3   Die experimentelle Methode   20
1.4   Theorie und Modell   21
      Box 1.1: Erkenntniskritischer Rationalismus:
                Das Falsifikationsprinzip   22
1.5   Ethische Prinzipien des psychologischen Experimentierens   24
      Box 1.2: Ethische Probleme in der psychologischen Forschung   25

Kapitel 2   Konzepte des Experiments in der Psychologie   29

      Definition des Experiments   30
2.1   Experimentelle Manipulation und Kontrolle von Variablen   30
      Störfaktoren: Variablenkonfundierung   32
2.2   Versuchsbeispiel: Schlaf- und Traumexperiment   33
2.3   Experiment, Versuchsplanung und Statistik   34
      Box 2.1: Das Max-Kon-Min-Prinzip   38
2.4   Validitätskriterien für das Experiment   39
      Box 2.2: Arten von Experimenten   40

Teil II   Stadien des psychologischen Experiments   43

Kapitel 3   Stadium 1: Problemstellung und Hypothesenbildung   45

3.1   Suchen und Generieren von wissenschaftlichen Hypothesen   46
3.2   Operationalisierung von theoretischen Sätzen   47
           Box 3.1: Morgan's Canon   50
3.3   Hypothesen als Vorhersagen   50
3.4   Beispiele für prüfbare Hypothesen   51
3.5   Gütemerkmale von Hypothesen.   55
           Box 3.2: Hauptmerkmale guter Hypothesenbildung   56

Kapitel 4   Stadium 2: Versuchsplanung   59

           Definition des Versuchsplans.   60
4.1   Konzeption und Systematik der Versuchspläne   60
           Box 4.1: Randomisierung: Zufallsgruppenbildung   62
           Allgemeine Gütemerkmale eines Versuchsplans   63
4.2   Experimentelle Versuchspläne.   66
           Versuchspläne mit Randomisierung   66
           Versuchspläne mit Wiederholungsmessungen   67
           Versuchspläne mit Blockbildung.   67
           Exkurs: Trendanalysen, Wechselwirkungen, Mischdesigns.   68
           Box 4.2: Trendanalytische Versuchsplanung.   69
           Box 4.3: Wechselwirkungen („Interaktionen")   71
4.3   Quasi-experimentelle Versuchspläne   72
           Box 4.4: Validitätsbedrohung (quasi-experimentelles Designing)   73
           Konzeption der quasi-experimentellen Versuchsplanung   74
           Box 4.5: Cross-over Designs   75
4.4   Ex post facto- und korrelative Versuchsanordnungen   77
           Ex post facto-Versuchsanordnungen   77
           Korrelative Anordnungen.   80
4.5   Kritische Betrachtung: Optimale Designwahl   80
           Übersicht – die acht Hauptdesigns   80
           Realistische Designwahl – eine Orientierungshilfe.   81
           Box 4.6: Flussdiagramm für die Designwahl   82

Kapitel 5   Stadium 3: Versuchsaufbau und Instrumentierung   85

5.1   Arbeitsschritte für den Versuchsaufbau.   86
5.2   Instrumentierung des Experiments   88
           Hauptfunktionen der Instrumentierung.   89
           Box 5.1: Gütekriterien instrumenteller Messungen   90
5.3   Instruktionsmerkmale und Instruktionstypen.   95
           Funktion und Abfassung der Instruktion   95
           Instruktionstypen   96
           Box 5.2: Instruktionsgebung und individuelles Instruktionsverständnis. .   97
5.4   Rekrutierung der Versuchsteilnehmer   98

Kapitel 6 Stadium 4: Versuchsdurchführung und Versuchsleitermerkmale 101

6.1 Merkmale der Versuchsdurchführung. 102
Versuchsdurchführung 102
Versuchsleiter-Versuchsteilnehmer-Kommunikation 102
6.2 Instruktion und Exploration der Versuchsteilnehmer 106
Instruktionsgebung. 106
Exploration 107
6.3 Reaktive Messwerte und ihre Kontrolle 108
Box 6.1: Versuchsleiter-Versuchsperson-Dynamik:
ein experimentelles Beispiel 108
Reaktive Messeffekte als Versuchsartefakte 110
Box 6.2: Reaktive Messeffekte – die Rolle des Versuchsleiters 113
Kontrolle von reaktiven Messeffekten. 115
6.4 Exkurs: „Traumfresserchen"-Versuch (Exploration). 117

Kapitel 7 Stadium 5: Datenanalyse 121

7.1 Allgemeine statistische Grundlagen 122
Veranschaulichungsbeispiele 124
7.2 Deskriptive Statistik. 127
Kennwerte der zentralen Tendenz 127
Box 7.1: Messen und Skalenniveaus 127
Kennwerte der Streuung 129
Box 7.2: Häufige Fehler bei der Datenanalyse: Deskriptive Statistik 132
7.3 Inferenzstatistik 137
Grundlagen der statistischen Entscheidung 137
Risiken bei der Entscheidung über Nullhypothesen 138
Box 7.3: Häufige Fehler bei der Datenanalyse: Inferenzielle Statistik 140
7.4 Inferenzstatistische Testverfahren. 142

Kapitel 8 Stadium 6: Dateninterpretation und Schlussfolgerungen 147

8.1 Dateninterpretation 148
Exkurs: Hypothesenrelevante Operationalisierung 148
8.2 Schlussfolgerungen 149
Box 8.1: Extension: Semiexperimentelles Designing 150
8.3 Neue Versuchskonzepte. 151
Generierung von Anschlussfragen. 152
8.4 Aufgaben und Funktion wissenschaftlicher Kommunikation 154
Box 8.2: Arten der Kommunikation. 155
Arbeitstagungen und Fachkongresse. 156
Fachzeitschriften und Fachbücher 156
Exkurs: Soziale Akzeptanz von Forschungsdaten 157

Teil III   Theorie und Praxis der
**   Experimentalpsychologie   161**

Kapitel 9   Aufgaben und Probleme der Experimentalpsychologie   163

9.1   Das Spektrum der heutigen experimentellen Psychologie   164
        Box 9.1: Interdisziplinäre Forschung – kognitive Neurowissenschaften . .   167
9.2   Verklammerung der allgemeinen und differenziellen Forschungslogik . .   169
        Das experimentell-korrelative Forschungsmodell.   170
9.3   Grundlagenforschung und angewandte psychologische Forschung   170
        Box 9.2: Angewandte Psychologie – mehrfaktorielles Designing
                    für das „Brainstorming“   171
9.4   Ein Blick in die Zukunft der experimentellen Psychologie   175

Kapitel 10   Ausbildung in experimenteller Psychologie   177

10.1   Stand und Entwicklung der experimentellen Psychologie.   178
        Fachspezifische Forschungsmilieus   178
10.2   Grundsätze einer experimentalpsychologischen Ausbildung   180
        Kognitive Prozesse und ihre physiologischen Korrelate.   181
        Exkurs: Tierkognition und Biopsychologie.   182
10.3   Übungsrelevante Demonstrationen   184
        Demonstrationen des „Kurzen Leitfadens ...“.   184
        Weitere Demonstrationen im Überblick   184
10.4   Praktikumsexperimente in der Grundausbildung.   186
        Klassische Praktikumsexperimente   186
        Box 10.1: Klassische Experimente.   187
        Box 10.2: Computergestützte Experimente   188
        Aktuelle WWW-Experimente.   190
        Box 10.3: Vor- und Nachteile von webbasierten Experimenten   191

Anhang A   Auf der CD   193

A.1   CD-Einführung   194
A.2   Demonstrationen, Illustrationen und Originaluntersuchungen   195
A.3   Systematik der Versuchspläne   196

Glossar   201

Literaturverzeichnis   213

Autorenverzeichnis   221

Register   225

Vorwort

Die Begründung der Erkenntnisgewinnung durch die Methode des Experiments ist ein besonderes Anliegen in der Theorie und Praxis auch der Wissenschaften vom Verhalten und Erleben. In der Tat gilt das Experiment als die via regia (Königsweg) des wissenschaftlichen Arbeitens auch in der Psychologie. Obschon als methodologische Basis der Human- und Animalpsychologie bis heute nicht unumstritten, hat die Ausbildung in den experimentellen Methoden ihren festen Platz zumindest im Rahmen des Grundstudiums gewonnen. Unser der experimentellen Methodenlehre in der Psychologie gewidmeter „Kurzer Leitfaden“ bietet einen Überblick über die Grundlagen, die heutzutage für die Planung, Durchführung und Auswertung von experimentalpsychologischen Untersuchungen unverzichtbar geworden sind.

Dieser Kurze Leitfaden – der mit einer wissenschaftstheoretischen Einführung beginnt (Teil I) – ist hauptsächlich den einzelnen Stadien („Stationen“) des psychologischen Experiments gewidmet (Teil II); besonderer Wert wird dabei auch auf die ausführliche Darstellung der Systematik der in der Psychologie meistbenutzten Versuchspläne gelegt (Kap. 4). Ferner wird auf die Theorie und Praxis der Experimentalpsychologie in Forschung und Lehre eingegangen (Teil III).

Weitere didaktische Merkmale Um den Studierenden eine möglichst anschauliche und einfache Aneignung der zu behandelnden Basiskonzepte zu ermöglichen, enthält das Buch viele experimentalpsychologische Beispiele, die sehr verschiedenen Teilbereichen der Psychologie entnommen sind. Weiterhin enthält jedes Kapitel Boxen mit besonders wichtigem und einprägsamem Lernstoff.

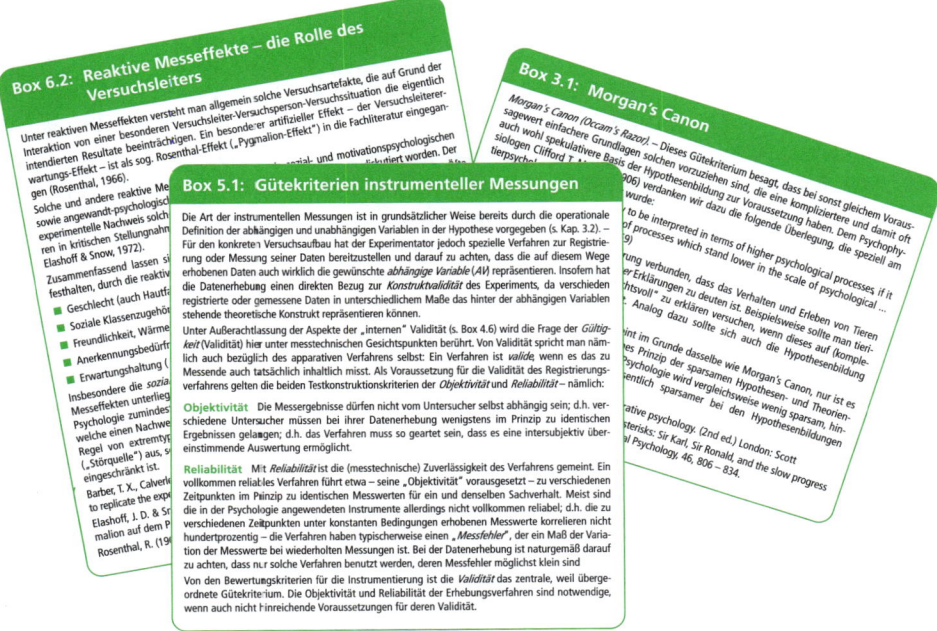

Zur Vertiefung der im Haupttext vermittelten Inhalte finden sich auf der beigefügten CD weiterführende Zusatztexte, insbesondere eine detaillierte Systematik der meistbenutzten *Versuchspläne* in der Psychologie mit spezifischen experimentellen Anordnungen. Zur Erleichterung des Einstiegs in die einschlägige Materie ist eine Vielzahl von weiteren anschaulichen Beispielen für das methodenrelevante Verstehen und Lernen des Basisstoffs aufgenommen worden; zwecks Vermeidung eines für den Anfänger zu umfangreichen Stoffumfangs enthält die CD darüber hinaus eine seit vielen Jahren im Unterricht erprobte Beispielsammlung von zahlreichen Originalversuchen (*Orig*), Illustrationen (*Illu*) und Demonstrationen (*Demo*) [s. *Anhang* A.1 bis A.3].

Die weltweite Verbreitung des Internet/WWW ermöglicht den Studierenden eine weitere interessante Quelle für Informationen zur experimentellen Psychologie. Wir wollen den Zugang zu diesem neuen Medium unterstützen, indem wir den Kapiteln inhaltsbezogene aktuelle *Internet*-Quellen zugeordnet haben.

Adressatenkreis Dieses Textbuch ist vornehmlich für den Anfängerunterricht in Psychologie in der Haupt- und Nebenfachausbildung gedacht. Zwar gibt es bereits gut eingeführte Lehrbücher der Experimentalpsychologie, aber es existiert noch kein elementarer Leitfaden, welcher der vorliegenden didaktischen Zielvorstellung entspricht – nämlich der einer allerersten, leicht fasslichen Einführung in die Thematik. Die bisherigen Unterrichtswerke behandeln ausführlich entweder nur die statistische Methodenlehre oder aber nur die experimentellen (Praktikums-) Versuche, wobei es dann meistens den Studierenden überlassen bleibt, die für das Verständnis wichtigen Querverbindungen selbstständig zu erwerben.

Die nachfolgenden *Hinweise für die Studierenden* enthalten einige praktische Studientipps für die Bearbeitung dieses Unterrichtstexts.

Danksagung Unser Dank geht zunächst an die beiden studentischen Mitarbeiter cand. Psych. Diana Dinand und cand. Psych. Nadine Meixner für die umfangreiche Mithilfe in allen Stadien der Erstellung dieses Buchs (Erprobung von Unterrichtsmaterialien sowie Erarbeitung der manuskripttechnischen Teile wie Glossar, Autoren- und Sachregister, Literaturverzeichnis). Unseren Frankfurter Kollegen Dr. Petra Hauf (Kap. 6.4, Exkurs) und PD Dr. Helmut Prior (Kap. 10.2, Exkurs) danken wir für die Gestaltung von zusammenfassenden Texten aus ihrer eigenen aktuellen Forschung (entwicklungs- und tierpsychologisches Experimentieren). Für die Durchsicht, Kommentierung und Diskussion einer früheren Fassung dieses Texts sind wir Prof. Dr. Jürgen Bredenkamp, Bonn, zu besonderem Dank verpflichtet. Nicht zuletzt danken wir auch den zahlreichen Studierenden der Psychologie im ersten Studienabschnitt an der J.W. Goethe-Universität für ihre hilfreichen Anregungen zu früheren Fassungen der einzelnen Buchkapitel.

Den Verlagen W. Pabst, Lengerich, und UTB-E. Reinhardt, München, ist für den Abdruck von einzelnen Teilen aus den früheren – zum Teil vergriffenen – Methodenwerken des Erstautors zu danken.

Die umsichtige Betreuung bzw. Herstellung des Textes und der CD-ROM durch den Lektor des Pearson-Verlages, Herrn Christian Schneider, möchten wir besonders hervorheben.

V.S. & S.R.
Frankfurt/Main, im Februar 2005

Hinweise für die Studierenden

Üblicherweise leuchtet es gerade dem Anfangssemester nicht ohne weiteres ein, dass man nicht nur in der Physik, Chemie und Biologie „experimentieren" kann, sondern dass auch in der Psychologie – sowie überhaupt in den Verhaltens- und Sozialwissenschaften – ein Experimentieren möglich und erforderlich ist. Der Studierende soll mit Hilfe des vorliegenden Texts schrittweise im Umgang mit den Grundlagen des psychologischen Experiments vertraut gemacht werden, und dies mit der Zielsetzung, die dem Wissenschaftler in der Forschungsarbeit bekannten Methoden des Experimentierens kennen zu lernen. Auch wird hier auf psychologische Praktikumsexperimente besonders aufmerksam gemacht werden (Kap. 10).

Dieser *Kurze Leitfaden* enthält viele Beispiele, die sehr verschiedenen Teilbereichen der Psychologie entnommen sind. Dabei ermöglicht gerade das aktive Studium der Experimentalpsychologie die Gewinnung der Fundamente für alle hierauf aufbauenden weiteren Kenntnisse und Fertigkeiten. Im Rahmen dieser Ausbildung muss man übrigens auch die Fähigkeit der Gestaltung einer psychodynamischen „Experimentiersituation" beherrschen lernen (1. Studienabschnitt), bevor dann später die Gestaltung einer persönlichkeitsrelevanten „Testsituation" erlernt werden kann (2. Studienabschnitt bis zum Diplomexamen).

Die experimentellen Methoden in der Psychologie haben ihre wissenschaftstheoretische Begründung in einer Reihe von Einzeldisziplinen, die ihrerseits viele Beziehungen zueinander aufweisen (Abb. 1).

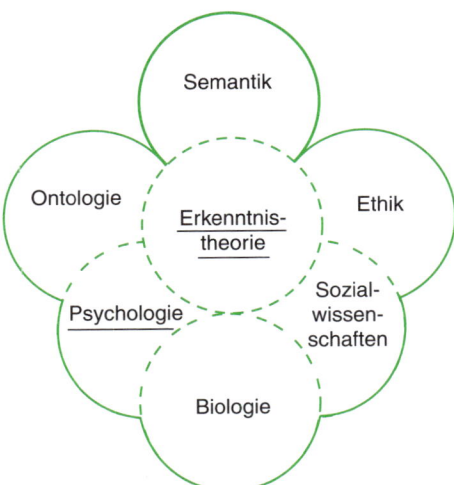

Abbildung 1: Die Stellung der Psychologie zur Wissenschafts- und Erkenntnistheorie (Epistemologie) und ihre Verbindungen („Überlappungen") zu anderen inhaltlich und forschungslogisch miteinander verknüpften Wissenschaften. (Modifiziert nach Bunge, 1983)

Experimentell-korrelatives Grundmodell Die Psychologie kennt den experimentellen und den korrelativen Untersuchungsansatz – zwei sachlogisch verschiedene Methodenansätze, die sich allerdings miteinander verknüpfen lassen. In Abbildung 2 ist ein Strukturschema dargestellt, welches die Verbindung zwischen der *experimen-*

tellen und der *korrelativen* Untersuchungsmethodologie im Rahmen der Einzelgebiete der Psychologie veranschaulicht (s. auch *Glossar* am Buchende).

Im oberen Teil des Schemas sind die *grundlagenwissenschaftlich* orientierten Teildisziplinen der Psychologie („Allgemeine Psychologie", „Biopsychologie", „Differenzielle Psychologie", „Sozialpsychologie" und „Entwicklungspsychologie"), im unteren Teil die *anwendungsorientierten* Gebiete der Psychologie aufgeführt („Pädagogische Psychologie", „Klinische Psychologie", „Diagnostische Psychologie" sowie „Sonstige angewandte Psychologie", z.B. Forensische Psychologie, Markt- und Industriepsychologie). Dementsprechend spielen experimentelle und korrelative Forschungsstrategien in sämtlichen Teilbereichen der Psychologie eine Rolle (also nicht nur in der Allgemeinen Psychologie, wie manchmal irrtümlich angenommen). Der experimentelle und der korrelative Forschungsansatz ergänzen einander sehr oft, wie dies in dem Abbildungsschema durch die Überschneidung der beiden Kreise veranschaulicht ist. Während noch bis in die neueste Zeit die experimentelle und die korrelative Forschungsmethodologie weitgehend unverbunden verwendet wurden, setzt sich die Forderung der modernen Methodologie nach einer wechselseitigen Verklammerung beider Untersuchungsansätze immer mehr durch.

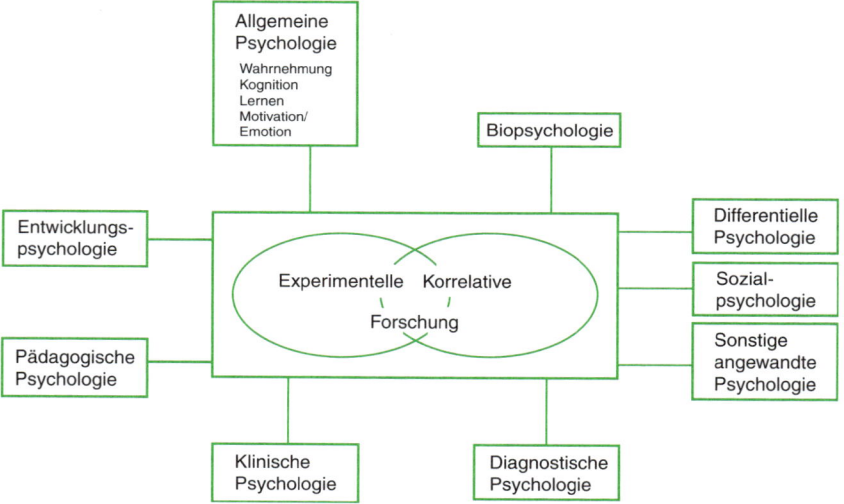

Abbildung 2: Das experimentell-korrelative Grundmodell. In der Psychologie muss vielfach die experimentelle Untersuchungsmethodologie durch den korrelativen Forschungsansatz ergänzt werden. (Modifiziert nach Sarris, 1995, 1999)

Versuchspläne Spätestens für das 2. Studiensemester in Psychologie ist die Kenntnis der *Systematik der Versuchspläne* wünschenswert bzw. erforderlich. Aufbauend auf dem experimentell-korrelativen Grundmodell der psychologischen Forschung werden die wichtigsten Typen der Versuchspläne („Designtypen") systematisch dargestellt (s. Kap. 4). Die dabei verwendeten Abkürzungen für die verschiedenen Designtypen sind die folgenden:

- Experimentelle Designs R, W, $B(R)$
- Quasi-experimentelle Designs (Q)
- Ex post facto-Designs (E)
- Korrelative Designs (K).

Die Symbole R, W, $B(R)$ usw. bedeuten:

R = Zufallsgruppenversuchsplan („randomized group design")
W = Versuchsplan mit Wiederholungsmessungen („repeated measures design")
$B(R)$ = Blockversuchsplan („randomized block design")
Q = Quasi-experimenteller Faktor
K = Korrelativer („correlational") Faktor
O = Organismusfaktor

Die jeweilige Anzahl dieser Symbole gibt an, ob es sich um ein uni-, ein bi- oder ein trifaktorielles Design handelt (z.B. R = unifaktoriell; RR = bifaktoriell; RRR = trifaktoriell usw.).

Arbeitsmaterialien   Für das vertiefende Studium wird die Bearbeitung der *Compact Disk*-Materialien empfohlen. Diese bieten genauere Einblicke in spezifische experimentelle Anordnungen und leiten den Leser anhand ausführlicherer Erläuterungen zu der Durchführung von eigenen Experimenten an (s. Anhang A & CD am Buchende).

Referenzwerke und weiterführende Fachliteratur   Der *Kurze Leitfaden* kann für sich studiert werden (s. auch Huber, 2005); bestenfalls wird er in Verbindung mit einem experimentalpsychologischen *Praktikumsbuch* verwendet – zum Beispiel:

- Sarris, V. (1995). Experimentalpsychologisches Praktikum: Grundversuche und Arbeitsprojekte (3 Bde.) (2. Aufl.) Lengerich: Pabst.
- Sarris, V. (1999). Einführung in die experimentelle Psychologie. Lengerich: Pabst.

Als weitere Referenzwerke für die Thematik dieses Buches werden – zum Teil ergänzend oder aber alternativ – folgende Werke empfohlen:

- Pashler, H. & Yantis, S. (Eds.) (2002). Stevens´handbook of experimental psychology (Vols. 1 & 2) (3rd ed.). New York: Wiley.
- Levin, I. P. & Hinrichs, J.V. (1995). Experimental Psychology: Contemporary methods and applications. Madison, WI: Brown & Benchmark.
- Solso, R. L. & MacLin, M. K. (2002). *Experimental psychology. A case approach* (7th ed.). München: Allyn & Bacon.

Ferner ist auf folgende Methodenbücher hinzuweisen:

- Bortz, J. (2005). Lehrbuch der Statistik (6. Aufl.). Berlin: Springer.
- Elmes, D.G., Kantowitz, B.H. & Roediger, H. L. (1999). Research methods in psychology. (6th ed.) Pacific Grove, CA: Brooks/Cole.
- McGuigan, F. J.(1993). Experimental psychology. (6th ed.). Englewood Cliffs, N.J., 1993.

Einige Einführungswerke in die Psychologie verweisen auf wichtige *Webseiten*, die sich – unter anderem – auf die Psychologie des 21. Jahrhunderts beziehen (z.B. Zimbardo & Gerrig, 2004; Gerrig & Zimbardo, 2005; s. auch Atkinson, Atkinson, et al., 2001; Prinz & Müsseler, 2002). Als Studierender in der modernen Informationsgesellschaft kann für Sie bei Recherchen auch der Besuch der Webseite des Zentrums für Psychologische Information und Dokumentation (ZPID) – *http://www.zpid.de/redact/* – von Interesse sein.

In den Kapiteln des *Kurzen Leitfadens* wird auf fortlaufende aktuelle *Internet*-Literatur besonders hingewiesen.

❝ *... Und hiermit kommen wir zu dem grundlegenden Widerspruch, der uns immer wieder begegnet, wenn wir Ursachen erklären wollen. Wir müssen eine künstliche (d.h. experimentelle) Situation schaffen, um natürliche Vorgänge studieren und verstehen zu können, weil wir nämlich durch Beobachtung allein nur herausfinden können, wie die Dinge erscheinen, und nicht, „wie sie sind".*

P.G. Zimbardo (1983), Psychologie ❞

Verzeichnis der Boxen

Box 1.1: Erkenntniskritischer Rationalismus: Das Falsifikationsprinzip . . . 22

Box 1.2: Ethische Probleme in der psychologischen Forschung 25

Box 2.1: Das Max-Kon-Min-Prinzip 38

Box 2.2: Arten von Experimenten 40

Box 3.1: Morgan's Canon 50

Box 3.2: Hauptmerkmale guter Hypothesenbildung 56

Box 4.1: Randomisierung: Zufallsgruppenbildung 62

Box 4.2: Trendanalytische Versuchsplanung 69

Box 4.3: Wechselwirkungen („Interaktionen") 71

Box 4.4: Validitätsbedrohung (quasi-experimentelles Designing) 73

Box 4.5: Cross-over Designs 75

Box 4.6: Flussdiagramm für die Designwahl 82

Box 5.1: Gütekriterien instrumenteller Messungen 90

Box 5.2: Instruktionsgebung und individuelles Instruktionsverständnis . . . 97

Box 6.1: Versuchsleiter-Versuchsperson-Dynamik: ein experimentelles Beispiel 108

Box 6.2: Reaktive Messeffekte – die Rolle des Versuchsleiters 113

Box 7.1: Messen und Skalenniveaus 127

Box 7.2: Häufige Fehler bei der Datenanalyse: Deskriptive Statistik 132

Box 7.3: Häufige Fehler bei der Datenanalyse: Inferenzielle Statistik 140

Box 8.1: Extension: Semiexperimentelles Designing 150

Box 8.2: Arten der Kommunikation 155

Box 9.1: Interdisziplinäre Forschung – kognitive Neurowissenschaften 167

Box 9.2: Angewandte Psychologie – mehrfaktorielles Designing für das „Brainstorming" 171

Box 10.1: Klassische Experimente 187

Box 10.2: Computergestützte Experimente 188

Box 10.3: Vor- und Nachteile von webbasierten Experimenten 191

TEIL I

Wissenschaftstheorie und psychologisches Experimentieren

1   Erkenntnisgewinnung und Modellbildung
    in der Psychologie.   17

2   Konzepte des Experiments in der Psychologie   29

Erkenntnisgewinnung und Modellbildung in der Psychologie

1.1 Alltagspsychologisches und naives Denken 18

1.2 Prinzipien der Erkenntnisgewinnung 18

1.3 Die experimentelle Methode 20

1.4 Theorie und Modell 21

Box 1.1: Erkenntniskritischer Rationalismus:
Das Falsifikationsprinzip 22

1.5 Ethische Prinzipien des psychologischen Experimentierens 24

Box 1.2: Ethische Probleme in der
psychologischen Forschung 25

1

ÜBERBLICK

1.1   Alltagspsychologisches und naives Denken

Die Psychologie als Wissenschaft versucht, Fragen zu beantworten, die schon von alters her – mindestens seit Aristoteles' (342 v.Chr.) Schrift *Über die Seele* – Gegenstand des Interesses sind und die dementsprechend auch heute noch nicht nur den Fachmann, sondern auch den Laien interessieren. Im Gegensatz zum wissenschaftlich orientierten Psychologen bezieht der psychologische Laie sein „Wissen" vorwiegend aus der Alltagserfahrung. Dabei verallgemeinert er häufig eigene sowie fremde Einzelerfahrungen und verlässt sich überwiegend aufs Hörensagen, auf Mythen, Sprichwörter, Literatur und populärwissenschaftliche Darstellungen. In dieser „Alltagspsychologie" ist es weniger entscheidend, ob die hierbei meist unausgesprochen eingehenden Annahmen, Urteile und Handlungen wissenschaftlich haltbar sind. Wesentlich ist, dass derartige Annahmen und „persönliche Theorien" es dem Einzelnen erlauben, das Sozialverhalten seiner Mitmenschen zu verstehen, sich darauf einzustellen und somit komplikationsloser zu leben.

Pseudowissen versus methodenbasierte Erkenntnisse   Ohne den Rückgriff auf seine Methoden wäre auch der Psychologe lediglich auf seine „Intuition" angewiesen; d.h. er müsste sich auf das bloße „Gefühl" verlassen. Das würde bedeuten, dass er prinzipiell denselben Gefahren des Halb- und Scheinwissens ausgesetzt wäre wie der psychologische Laie („Alltagspsychologie"). Zwar ist Intuition in jeder Wissenschaftsdisziplin unentbehrlich, aber sie ist nur ein notwendiges, nicht jedoch auch hinreichendes Mittel der Erkenntnisgewinnung. Wissenschaftliches Denken eines Psychologen ist somit untrennbar mit dessen *Methodeninstrumentarium* verknüpft. Nur deshalb kann auch die Psychologie für jeden einzelnen Fall gesondert das positive Sachwissen von Schein- und Halbwissen zufrieden stellend trennen.

1.2   Prinzipien der Erkenntnisgewinnung

Im Folgenden werden zunächst einige Prinzipien der Erkenntnisgewinnung dargestellt; anschließend wird der allgemeine wissenschaftsmethodische Denkansatz erläutert. Es lassen sich vier verschiedene Prinzipien der Erkenntnisgewinnung voneinander unterscheiden:

- Prinzip der Autorität,
- Prinzip der Intuition,
- Prinzip der Vernunft,
- Prinzip der Erfahrung.

Die Prinzipien der Autorität und der Intuition   Aufgrund des *Prinzips der Autorität* übernimmt man im Alltag wie auch in der Wissenschaft Erkenntnisse von Autoritäten (Experten usw.), ohne diese überhaupt zu prüfen. Eine Erkenntnisgewinnung nach diesem Prinzip ist zwar recht einfach und ökonomisch; sie birgt jedoch große Risiken in sich, wenn Erkenntnis allein nach diesem Prinzip erworben wird. Nach dem *Prinzip der Intuition* richtet sich insbesondere die künstlerische Arbeit; aber auch in der Wissenschaft spielt intuitives Denken eine wichtige Rolle. Das in diesem Zusammenhang gemeinte kreative Denken wird häufig untersucht, so auch in experimentalpsychologischen Praktika (Sarris, 1995 – z.B. PrB, Bd. II, Kap. 9; Bd. III, Kap. 15).

Die Prinzipien der Vernunft und der Erfahrung Das *Prinzip der Vernunft* ist naturgemäß in der Mathematik und der Logik besonders anzutreffen. Nach diesem Prinzip wird Erkenntnis naturgemäß nach formalen, d.h. abstrakten Regeln erworben. Erfahrung und Beobachtung sind dabei als Erkenntniswege nahezu irrelevant. Das *Prinzip der Erfahrung* ist die Grundlage aller empirischen Wissenschaften – ja, der rationalen Erkenntnis schlechthin. Es ist die Beobachtung realer Gegebenheiten, über die Erkenntnis erworben wird. Bei der Auseinandersetzung mit dem jeweiligen Forschungsgegenstand in sämtlichen Erfahrungswissenschaften sind alle vier Prinzipien der Erkenntnisgewinnung von Bedeutung, wenn auch der eine oder andere Erkenntnisstil in verschiedenen Bereichen besonders ausgeprägt ist. Für die Erkenntnisgewinnung in der Psychologie sind das Prinzip der *Erfahrung* und das der *Vernunft* (Logik) unverzichtbare Voraussetzungen; die beiden Prinzipien bedingen einander wechselseitig. Zu Beachten bleibt, dass die Prinzipien (abstrakte) Idealtypen darstellen, welche in der Realität eher als Mischformen existieren.

Deduktives und induktives Denken Bei der wissenschaftlichen Untersuchung z.B. des *Denkens* geht es dem Psychologen weniger darum festzulegen, wie nach bestimmten Regeln gedacht werden soll, sondern festzustellen, wie im Alltag wirklich gedacht wird. Mit den formalen Regeln für das vernunftgerechte Denken beschäftigt sich demgegenüber die Logik. Dabei wird – vereinfacht ausgedrückt – entweder vom Allgemeinen auf Spezielles (deduktive Logik) oder vom Einzelnen auf das Allgemeine (induktive Logik) geschlossen (Abb. 1.1). Dazu sei angemerkt, dass der Schluss vom Einzelnen auf das Allgemeine grundsätzlich auf große logische Schwierigkeiten stößt (Problem der induktiven Logik). Im Übrigen interessieren den empirisch Forschenden jedoch mehr die Fragen der induktiven Bestätigung von Hypothesen (Problem der induktiven Wahrscheinlichkeit). Die Logik spielt demnach auch in der Psychologie eine notwendige Rolle; denn logische Schlüsse werden natürlich auch in der Psychologie aufgrund von Beobachtungen gezogen.

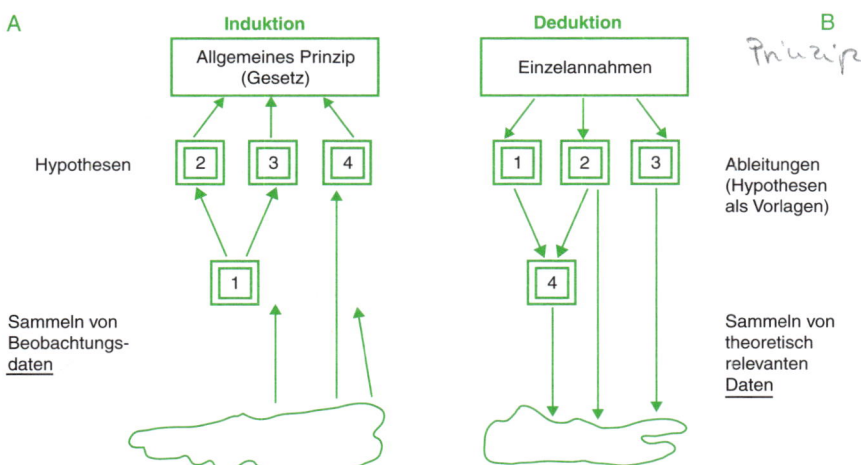

Abbildung 1.1: Induktiver (A) vs. deduktiver (B) logischer Weg von Schlussfolgerungen entweder – von den Daten herkommend – für den Erhalt allgemeiner Prinzipien („Gesetze"; links) oder aber – von theoretischen Einzelannahmen ausgehend – für die Ableitung einzelner empirisch zu prüfender Hypothesen („Vorhersagen"; rechts). Die empirischen Wissenschaften machen typischerweise von beiden logischen Wegen Gebrauch. (Die Zahlen und deren Verbindungen stellen illustrative, willkürlich gewählte Hypothesen mit bestimmten Verbindungsmöglichkeiten dar. – Modifiziert nach Lewin, 1979; aus Sarris, 1999)

1.3 Die experimentelle Methode

Ziel einer jeden Wissenschaft ist es, Erkenntnisse über die „Natur“, das heißt über das eigentliche Wesen und das *Warum* („Ursachen“) von Zusammenhängen zu gewinnen. In diesem Bemühen bedient sich die Psychologie einer Reihe von verschiedenen allgemeinen Untersuchungsansätzen („Methoden“), deren genereller Ausgangspunkt aber stets die Beobachtung ist. Erst aufgrund der experimentellen Beobachtung kann man echtes Wissen von Scheinwissen trennen.

Systematische Beobachtung Das Experiment hat es stets mit der systematischen Beobachtung sowie zusätzlich mit der Analyse der Ursachen für das jeweils zu Beobachtende zu tun. Wichtig ist an dieser Stelle vor allem die Grundeinsicht in die Tatsache, dass man das psychologische Experiment als die wichtigste Methode der empirischen „Ursachen“-Analyse (Kausalanalyse) zu begreifen hat. Die Basis allen Experimentierens ist die *systematische Beobachtung*; d.h. nur mit Hilfe der Beobachtung erhält psychologisches Experimentieren seine inhaltliche, phänomen-bezogene Grundbedeutung. Andererseits gilt, dass genaues Beobachten und sorgfältiges Beschreiben von Ereignissen und Phänomenen nur notwendige, aber nicht hinreichende Voraussetzungen für wissenschaftlich systematisches Erkennen – nämlich *Erklären, Verstehen* und *Vorhersagen* – darstellen. Beispielsweise reichen gute Beobachtungsgabe und Menschenkenntnis nicht aus, um wissenschaftlich bedeutsame Zusammenhänge aufzudecken. Dies gilt übrigens auch unabhängig davon, dass umgekehrt die Fähigkeit zur wissenschaftlichen Analyse von Sinnzusammenhängen nicht schon eine gute Menschenbeurteilungsgabe mit einschließt.

Unter wissenschaftlicher *Beobachtung* wird eine beschreibende Registrierung und Klassifizierung von Ereignissen nach qualitativen und quantitativen Gesichtspunkten verstanden. Unter wissenschaftlicher *Interpretation* versteht man eine „hypothesen“-geleitete Erfassung der bedeutsamen Merkmale des jeweiligen Ereignisses bzw. Phänomens sowie eine (interpretative) Analyse der Bedingungen, die gerade zu diesem Ereignis bzw. Phänomen geführt haben. Durch die wissenschaftliche *Bewertung* erfolgt schließlich eine qualitative Integration der verschiedenen Beobachtungsmerkmale in einen komplexen theoretischen und meist auf die Anwendung bezogenen Bedeutungszusammenhang. In jedem Fall ist eine wissenschaftliche Verwertbarkeit aller Arten von Beobachtungsdaten an eine klare, unmissverständliche Beschreibung des Beobachteten gebunden. Erst durch eine angemessene, zuverlässige Beschreibung sind eine Verständigung und die weitere wissenschaftliche Verarbeitung der Daten möglich. „Beschreibung“ besteht in dem Bemühen, bei einem beobachteten Sachverhalt bestimmte Dimensionen bzw. Variablen zu isolieren, diese zu spezifizieren und zu messen sowie deren Zusammenhang mit anderen Dimensionen zu bestimmen (vgl. dazu ausführlich Sarris, 1999, Kap. 3.1).

Beobachtungen (Daten) sind mit Selbstverständlichkeit ein zentraler Bestandteil auch und gerade des Experiments. Die „Beobachtungen“ eines jeden Versuchs stellen in der Tat die notwendige, allerdings nicht hinreichende Voraussetzung für das Vorliegen eines Experiments dar. Um von einem „Experiment“ sprechen zu können, bedarf es zusätzlich der willkürlichen (absichtlich hervorgerufenen) Variation von Versuchsbedingungen (unabhängige Variable), deren Effekte (abhängige Variable) sich in den „Beobachtungen“ niederschlagen. Zur Veranschaulichung sei auf Orig 1.1 verwiesen, wo ein einfaches Experiment zum Übungstransfer bei Denkaufgaben vorgestellt wird.

Selbst- und Fremdbeobachtung Die Beobachtungsdaten können in der Psychologie sehr verschiedener Herkunft sein. Im Unterschied zu den Beobachtungsgegenständen anderer empirischer Wissenschaften ist der Beobachtungsgegenstand in der Psychologie meistens selbst in der Lage zu beobachten: Der Beobachter kann sowohl Subjekt als auch Objekt der Beobachtung sein. Fallen Subjekt und Objekt der Beobachtung in einer Person zusammen, spricht man von Selbstbeobachtung, im anderen Fall von Fremdbeobachtung. Inhalt einer Beobachtung kann sowohl „äußeres" Verhalten als auch „inneres" Verhalten sein. Unter äußerem Verhalten wird das mit unseren Sinnesorganen wahrnehmbare körperliche Verhalten gemeint – wie etwa das Heben eines Armes, das Betätigen einer Taste, aber auch das Erröten und der eigene Herzschlag. Unter innerem Verhalten sind die so genannten psychischen Vorgänge zu verstehen, welche wir als „in uns" befindlich erleben, wie zum Beispiel Liebeskummer, Trauer, Freude, Schmerz usw. Beide Arten von Beobachtungsdaten – die des äußeren und die des inneren Verhaltens – können aufgrund von Selbst- und Fremdbeobachtung gewonnen werden. Folglich lassen sich im Hinblick auf die Rolle des Beobachters sowie hinsichtlich des Inhalts der Beobachtung verschiedene Kategorien von Beobachtungsdaten unterscheiden (s. Demo 1.1 ⬦).

Beispiele für *Selbst-* und *Fremdbeobachtung* finden sich im Zusammenhang mit der Behandlung von *Wahrnehmungstäuschungen* (s. Kap. 3.5, Demo 3.1 ⬦; Kap. 5.4, Demo 5.1 ⬦).

1.4   Theorie und Modell

Jede Wissenschaft ist bestrebt, ihre Grundannahmen, Hypothesen und beobachtungsbasierte Tatsachen in einen überschaubaren systematischen Zusammenhang zu bringen. Zu diesem Zweck formuliert sie „Theorien" und „Modelle" (vgl. einführend Bunge & Ardila, 1987; Sarris, 1999). Unter einer *Theorie* versteht man ein System von Definitionen, Annahmen und Schlussfolgerungen. Ein Beispiel für eine Theorie in der Psychologie stellt die Gestalttheorie nach Koffka, Köhler und Wertheimer dar. Diese konstatiert, dass sich Wahrnehmungen weder aus einzelnen Empfindungen noch aus deren Summe zusammensetzen, sondern dass bei der Wahrnehmung Gruppierungen und übergeordnete Einheiten zustande kommen („Das Ganze ist mehr als die Summe seiner Teile"). In dieser Theorie werden zunächst die zentralen Begriffe, wie Gestalt, Gestaltqualitäten usw., definiert. Danach werden Grundannahmen formuliert; in diesem Beispiel die sieben Gestaltgesetze der Wahrnehmung. Aus diesen werden Schlussfolgerungen abgeleitet, welche sich auf beobachtbare Gegebenheiten beziehen, wie z.B. das Phänomen, dass eine Abfolge von Tönen als Melodie wahrgenommen wird. Theorien können unterschiedlich komplex sein. Es gibt Theorien, die sich auf eng umschriebene Problembereiche beziehen, aber auch auf solche, die disziplinübergreifend Anwendung finden. In der Psychologie sind beispielsweise der *Behaviorismus* und der *Kognitivismus* als zwei allgemeine Denkrichtungen bekannt, in deren Kontext verschiedene Theoriensysteme entwickelt werden.

Ziel jeder Forschung ist es nicht, Theorien als solche zu „beweisen", da Theorien grundsätzlich durch empirische Befunde bestenfalls *gestützt* werden können (Nagel, 1980/1991). Schon aus formallogischen Gründen ist nicht auszuschließen, dass eine bestätigte Theorie durch eine überlegenere, bisher aber noch nicht entwickelte Theorie (z.B. durch eine so genannte Supertheorie) zu ersetzen ist. Ein solches Verständnis wissenschaftlicher Forschung kennzeichnet auch die *Experimentalpsychologie*. Sie orientiert sich dabei vornehmlich an den Grundgedanken des neueren so genannten *kritischen Rationalismus,* wie dieser prägnant bereits von Karl Popper (1902-1994) und vielen seiner Schüler bzw. Nachfolger vertreten wird (Box 1.1). Ohne auf diese für Studienanfänger sicherlich schwierige Materie näher eingehen zu können, sei für eine vertiefende Auseinandersetzung mit den wissenschaftstheoretischen Grundlagen der Psychologie, insbesondere zur Theorien- und Hypothesenbildung bzw. -bewertung auf den Band „Methodologische Grundlagen der Psychologie" aus der Serie „Forschungsmethoden der Psychologie" *der Enzyklopädie der Psychologie* (T. Herrmann & W. Tack, 1994) verwiesen.

Box 1.1: Erkenntniskritischer Rationalismus: Das Falsifikationsprinzip

Wissenschaftstheorie und Erkenntnisphilosophie (Epistemologie) versuchen die Wurzeln des menschlichen Erkennens und Wissens zu ergründen. Bis heute gibt es dazu kontroverse Auffassungen. Im Zentrum der Philosophie von Sir Karl Popper, der sich heute vor allem die empirischen (insbesondere die naturwissenschaftlichen) Forschungsdisziplinen anschließen, steht der kritische Rationalismus, welcher zumindest zwei Grundannahmen enthält:

- Es gibt eine vom erkenntnissuchenden Menschen unabhängige („objektive") externe Welt.
- Diese externe Welt lässt sich wenigstens teilweise empirisch erfassen.

Allerdings sind alle Beobachtungen immer schon „theoriengeladen", indem nämlich in die Beobachtungsvorgänge immer auch theoretische Vorannahmen des Untersuchers mit eingehen. Auch lassen sich Theorien nie beweisen, sondern bestenfalls nur „bekräftigen", insofern nämlich zunehmende *unterstützende* Einzeltatsachen bekannt werden. Die dabei zu untersuchenden Hypothesen sind nach Karl Popper im Sinne einer empirischen Prüfung und Widerlegbarkeit („*Falsifizierbarkeit*") zu erforschen. – Im Gegensatz zu Poppers Ansatz steht besonders der *radikale Konstruktivismus*, demzufolge alle Erkenntnis aus der subjektiven „Konstruktion" des Menschen resultiert. Diese zum Teil auch in der Psychologie vertretene Auffassung wird von Popper und seinen Anhängern als *relativistisch* abgelehnt (Popper, 1974, 1984; 2001).

Alt, J.A. (2001). Karl R. Popper. (3. Aufl.) Frankfurt/M.: Campus.

Popper, K.R. (1974). Replies to my critics. In P.A. Schilpp (Ed.), The philosophy of Karl Popper. Vol. 2 (pp. 959 – 1197).

Popper, K.R. (1984). Logik der Forschung. (8. Aufl.) Tübingen: Mohr

Popper, K.R. (2001). Die Welt des Parmenides: Der Ursprung des europäischen Denkens. München: Piper.

Der Forschungsprozess kann dem kritischen Rationalismus zufolge nur darauf ausgerichtet sein, eine größere Anzahl von verschiedenen Erklärungsmöglichkeiten für einen vorgefundenen Zusammenhang bereitzustellen. Dabei soll auf empirischem Weg die Angemessenheit alternativer Erklärungsmöglichkeiten ermittelt und die Anzahl rivalisierender Erklärungsansätze schrittweise verringert werden. Als Wissenschaftstheoretiker wird man daher eine Theorie – streng genommen –nie als *wahr*, sondern bestenfalls nur als mehr oder weniger gut *bestätigt* bezeichnen können, da man im Prinzip stets damit rechnen muss, dass es für jeden empirisch relevanten Sachverhalt auch noch andere mögliche Erklärungen gibt. Sofern verschiedene Theorien ein und denselben Sachverhalt angemessen erklären, wird in der Regel diejenige Theorie bevorzugt, welche die wenigsten Vorannahmen macht. Dieses Prinzip der Einfachheit – in der angloamerikanischen Fachliteratur unter der Bezeichnung „*law of parsimony*" oder auch „*Occam's razor*" bzw. „*Morgan's Canon*" bekannt – ist in sämtlichen empirischen Wissenschaften ein bewährtes forschungsökonomisches Grundprinzip (s. Kap. 3.2, Box 3.1).

Modellbildung Außer Theorien haben auch *Modelle* die Funktion, empirisch relevantes Wissen in eine überschaubare Ordnung zu bringen. Ein Modell dient unter Zuhilfenahme vereinfachender *Analogien* der Generierung und Prüfung von experimentellen Hypothesen. Modelle sind – wenigstens in der Psychologie – häufig nach einem besonders einfachen Analogieprinzip aufgebaut. Ein Beispiel für das zuletzt Gemeinte ist das Persönlichkeitsmodell von Sigmund Freud. Dieses topologische („räumliche") Modell bringt durch eine Raumanalogie zum Ausdruck, dass nach Freud der Hauptbestandteil der Persönlichkeit das unbewusste „*Es*" (Instanz der Triebe) ist; einen nur geringen Raum nimmt das „*Ich*" (Instanz der Vernunft) ein; diese beiden Bereiche verbindet das „*Über-Ich*" (Instanz des Gewissens).

Arten von Modellen Es werden verschiedene Arten von Modellen unterschieden – zum Beispiel:

- Physikalische oder biologische Modelle, bei denen natürliche Objekte Symbolwert haben,
- Mathematische Modelle, bei denen ein mathematisches Kalkül das Modell bildet,
- Computermodelle und informationstheoretische Modelle, bei denen das Modell als Computerprogramm bzw. als eine Art Flussdiagramm realisiert wird.

In neuerer Zeit kommt den kognitionswissenschaftlichen Modellierungsansätzen sowie den Computermodellen zunehmende Bedeutung zu, und hier insbesondere in den Bereichen der Denkpsychologie (Entscheidungs- und Problemlösungsprozesse) sowie der Gedächtnis- und der Wahrnehmungspsychologie. Nicht selten sind Modelle Bestandteile von Theorien. Die allgemeinen theoretischen Prinzipien sind dann durch ein Modell repräsentiert, mit dessen Hilfe sich theoretische Sätze leichter in *Beobachtungssätze* überführen lassen, die ihrerseits experimentell *überprüfbar* sind (Abb. 1.2; vgl. dazu ausführlicher Kap. 3.1).

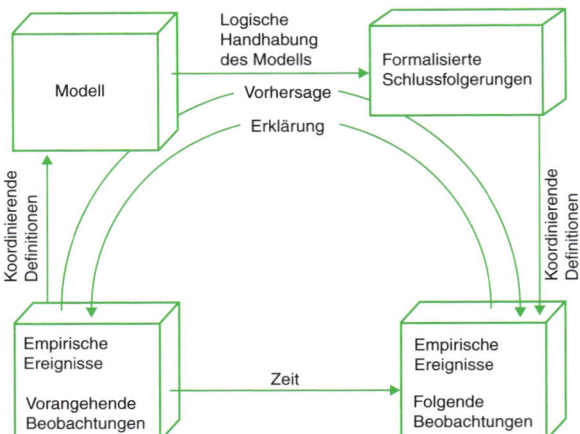

Abbildung 1.2: Allgemeines Strukturschema einer Theorie. Gemäß einer in der empirischen Einzelwissenschaft häufig vertretenen Auffassung wird ein „Modell"– im Sinne einer Analogie zum „abzubildenden" Phänomen – als ein Bestandteil einer „Theorie" begriffen, mit dessen (meist anschaulicher) Hilfe zumindest einige ihrer Aspekte bzw. Teile in eine möglichst enge Verbindung zu der empirischen Datenwelt gebracht werden. – (Als eine Art „Flussdiagramm" veranschaulicht das Strukturschema ferner den stark idealisierten zeitlichen Ablauf einer allgemeinen Modell- und Theorienbildung im Zusammenhang mit den komplementären wissenschaftstheoretischen Konzepten der „Vorhersage" [prospektiv] und der „Erklärung" [retrospektiv] von Beobachtungsdaten). – (Modifiziert nach Matheson, Bruce & Beauchamp, 1978; aus Sarris, 1999)

Nutzwert von Modellen   Besonders wichtig sind die folgenden Funktionen von Modellen:

- ■ *Explikationswert:* Mittels eines Modells kann der eigentliche Kern des jeweils gemeinten Sachverhalts klarer verstanden ("expliziert") und somit leichter kommuniziert werden. Dies begünstigt eine präzise Formulierung und experimentelle Testung der im Modell implizierten Einzelbeziehungen.

- ■ *Heuristischer Findewert:* Nicht selten findet man im Rahmen der Modellierung theoretisch neue Beziehungen, und das aufgrund der kreativen („heuristischen") Herausarbeitung der einzelnen Konsequenzen eines Modells.

- ■ *Steuerungsfunktion:* Die Modellmethode hat im methodologisch besten Fall auch eine Steuerungsfunktion; sie gilt sozusagen als eine Richtschnur in der Forschung, mit deren Hilfe der Forschungsprozess konzeptuell gestaltet wird.

Bei der Darstellung der einzelnen *Stadien* (Stufen) des Forschungsprozesses in der Psychologie werden die zum Teil schwierigen Zusammenhänge zwischen *Theorie* und *Modell* unter einem didaktisch einfachen Blickwinkel behandelt. Wie dort gezeigt wird, lassen sich Forschungsprozesse und Erkenntnisgewinnung keineswegs routinemäßig – etwa unter schematischer Verwendung der Modellmethode – organisieren (Teil II, Kap. 3 bis 8).

1.5   Ethische Prinzipien des psychologischen Experimentierens

Dem psychologischen Experiment sind Grenzen gesetzt, die sich aus der Tatsache ergeben, dass theoretisch konzeptualisierte psychologische Phänomene (Konstrukte) zu ihrer empirischen Erforschung der Operationalisierung bedürfen. Hieraus ergibt sich eine erste, erkenntnistheoretische Grenze wissenschaftlicher Forschung mit empirischen Methoden. Diese *methodologische Beschränkung* gilt aber im Prinzip für *jede* Wissenschaft, die „empirische" Erkenntnismethoden verwendet. Sie gilt also im Grundsatz für Psychologie und Medizin sowie auch beispielsweise für Physik und Chemie und andere Disziplinen. Über diese allgemeinen erkenntnistheoretischen und forschungsmethodologischen Beschränkungen hinaus müssen aber in den Human-wissenschaften zusätzliche Einschränkungen bedacht werden, denn in Medizin und Psychologie werden Experimente an und mit dem *Menschen* durchgeführt (Box 1.2).

Box 1.2: Ethische Probleme in der psychologischen Forschung

Die psychologische Arbeit in ihrer Praxis unterliegt ethischen Richtlinien, welche im Prinzip auch für die Grundlagenforschung bei Tier und Mensch gelten. Den jeweils aktuellen Forschungsinteres-sen sind daher schon aus ethischen Gründen – heutzutage stärker als noch vor zwanzig bis dreißig Jahren gesehen – klare Grenzen gesetzt (*American Psychological Association*, 1992; *Deutsche Gesellschaft für Psychologie*, 1999).

Die folgenden zehn Grundsätze für die Durchführung empirischer, insbesondere experimenteller psychologischer Forschung mit Menschen als Versuchsteilnehmern entsprechen den internationa-len Standards; sie sind dem Arbeitsbuch für das *Experimentalpsychologische Praktikum* entnom-men (Musahl, Stolze & Sarris, 1995, S. 130 – 132):

1 *Bei der Planung einer Forschungsarbeit ist der Wissenschaftler persönlich dafür verantwort-lich, dass vor Beginn einer Untersuchung die möglichen Einwände und ethischen Bedenken gegen seine Arbeit erwogen werden. Dabei soll er sich von den folgenden ethischen Prinzi-pien für Forschung an und mit menschlichen Versuchsteilnehmern leiten lassen. In dem Aus-maß, in dem dieses kritische Prüfen und Abwägen wissenschaftlicher und humaner Werte ein Abweichen von einem dieser Prinzipien nahe legen, nimmt der Forscher die überaus ernste Verpflichtung auf sich, bei anderen um ethischen Rat nachzusuchen und um so mehr um den strikten Schutz der Rechte seiner menschlichen Versuchsteilnehmer besorgt zu sein.*

2 *Die Verantwortung für die Beachtung und dauernde Wahrung akzeptabler ethischer Bedin-gungen in der konkreten Forschungspraxis ist und bleibt bei dem individuellen Forscher. Er ist daher auch verantwortlich für eine angemessene Verhaltensweise seiner Mitarbeiter, Assistenten, Studenten, technischen sowie anderen nicht-wissenschaftlichen Mitarbeitern, für die insgesamt jedoch ihrerseits gleiche Verpflichtungen gelten*

3 *Eine von ethischen Prinzipien geleitete Forschungspraxis fordert vom Untersuchenden, dass er seine Versuchsteilnehmer über alle Gesichtspunkte der Arbeit informiert, welche die Be-reitschaft der Probanden zur Teilnahme beeinflussen könnten; alle anderen Aspekte, nach denen der Proband fragt, sollen ihm erläutert werden. Ist eine vollständige Offenlegung der Forschungsziele nicht möglich, dann ist der Forscher umso mehr aufgerufen sich seiner Ver-antwortung für das Wohl und die Würde seiner Versuchsteilnehmer bewusst zu sein.*

4 *Offenheit und Ehrlichkeit sind bedeutsame Kennzeichen der Beziehung zwischen Versuchs-leiter und Versuchsteilnehmer. Fordern methodologische Grundsätze einer Studie ein Ver-heimlichen oder gar eine Täuschung über die wahren Ziele der Untersuchung, muss sich der Forscher vergewissern, dass der Proband die Gründe für diese Handlungsweise versteht und dass eine positive Beziehung zum Versuchsleiter dennoch wiederhergestellt werden kann.*

5 *Eine Versuchsdurchführung, die von ethischen Prinzipien geleitet wird, wird einem Probanden immer die Freiheit bewahren, seine Teilnahmebereitschaft zurückzuziehen oder zu jedem Zeitpunkt der Untersuchung abzubrechen. Die Verpflichtung zur Achtung dieser Freiheit gebietet besondere Wachsamkeit gerade dann, wenn der Versuchsleiter in einer Machtposition gegenüber dem Probanden steht. Entscheidet sich der Forscher, diese Freiheit einzuschränken, dann ist seine Pflicht zur Wahrung der Würde und Unversehrtheit des Probanden umso größer.*

6 *Eine von ethischen Prinzipien geleitete Forschungsarbeit beginnt mit einem klaren und fairen Übereinkommen zwischen Versuchsleiter und Versuchsteilnehmer, das die Verantwortung eines jeden von beiden klarstellt. Der Forscher ist verpflichtet, alle Zusagen und Verpflichtungen in diesem Übereinkommen zu würdigen und einzuhalten.*

7 *Der verantwortungsbewusste Forscher schützt seine Versuchsteilnehmer vor physischem und geistigem Unbehagen, Schaden und Gefahr. Besteht das Risiko derartiger Folgen, hat er die Probanden von dieser Tatsache zu unterrichten, deren Zustimmung vor der Fortsetzung der Untersuchung herbeizuführen und alle möglichen Maßnahmen vorzunehmen, die eine Belastung minimalisieren. Eine Forschungsmethode, die mit einiger Wahrscheinlichkeit ernste und andauernde Schäden nach sich zieht, sollte nicht angewandt werden.*

8 *Nach Abschluss der Datenerhebung soll der Forscher, geleitet von diesen ethischen Grundsätzen, den Probanden in vollem Umfang über die tatsächlichen Ziele der Untersuchung aufklären und falsche Vorstellungen, die entstanden sein könnten, ausräumen. Wenn wissenschaftliche oder menschliche Gründe ein Hinauszögern oder gar ein Verweigern der Information rechtfertigen, trifft den Forscher die besondere Verantwortung dafür, dass daraus keine schwerwiegenden Konsequenzen für den Probanden entstehen.*

9 *Entstehen aufgrund der Forschungsmethode unerwünschte Folgen, so ist der Forscher verpflichtet, diese aufzudecken, sie zu beseitigen oder zu korrigieren, einschließlich möglicher relevanter Langzeiteffekte.*

10 *Informationen über Versuchsteilnehmer, die in einer Untersuchung gewonnen wurden, sind vertraulich. Besteht die Möglichkeit, dass andere Zugang dazu erhalten, dann fordern die hier dargelegten ethischen Grundsätze, dass diese Möglichkeit, einschließlich der Maßnahmen zur Wahrung der Vertraulichkeit, den Versuchsteilnehmern erläutert wird.*

Die Einhaltung der ethischen Richtlinien für das psychologische Experiment mit Tieren erfolgt heutzutage ebenfalls gemäß einem weltweit akzeptierten Codex (Wasserman, 1995; s. auch Shapiro, 1998; Gerrig & Zimbardo, 2005).

American Psychological Association (1992). Ethical principles of psychologists and code of conduct. American Psychologist, 47, 1597 – 1611.

Gerrig, R.J. & Zimbardo, P.G. (2005). Psychology and life. (17th ed.) Boston: Allyn & Bacon.

Musahl, H.-P., Stolze, G & Sarris, V. (1995): Arbeitsbuch (zum: Experimentalpsychologisches Praktikum, 3 Bde., von V. Sarris). (2. Aufl.) Lengerich: Pabst.

Shapiro, K.E. (1998). Animal models of human psychology: Critique of science, ethics and policy. Seattle, WA: Hogrefe & Huber.

Wasserman, E.A. (1995). Animal learning and comparative cognition. In I.P. Levin & J.V. Hinrichs (Eds), Experimental psychology: Contemporary methods and applications (chap. 5, pp. 117-164). Madison, WI: Brown & Benchmark.

Die *Deutsche Gesellschaft für Psychologie* (DGPs) und der *Bund Deutscher Psychologen* (BDP) haben eingedenk der ausführlichen Diskussion 1998 ethische Richtlinien für ihren Berufsstand verabschiedet, in denen in besonderem Maße die Verpflichtung des Forschers gegenüber seinen Probanden unterstrichen wird. Da psychologische Forschung auf die Teilnahme von Menschen als Versuchsteilnehmern angewiesen ist, müssen sich Psychologen der Besonderheit der Rollenbeziehung zwischen *Versuchsleiter* und *Versuchsteilnehmer* und der daraus resultierenden Verantwortung bewusst sein. Sie müssen sicherstellen, dass durch die Forschung die Würde und Integrität der am psychologischen Versuch teilnehmenden Personen nicht beeinträchtigt werden und alle geeigneten Maßnahmen treffen, welche deren Sicherheit und Wohl gewährleisten.

Die ausführlichen Richtlinien (DGPs) können jederzeit unter folgender Internet-Adresse eingesehen werden: *http://www.dgps.de/dgps/kommissionen/ethik/003.php4*

Analog hierzu finden sich die Richtlinien der American Psychological Association unter *http://www.apa.org/ethics/code2002.html*

Als unabdingbar ist zu fordern, dass jedem Psychologen – dem Forscher, dem Praktiker sowie dem Studierenden – diese grundlegenden Prinzipien bekannt sind. Der erste Schritt eines Studenten, der eine eigene Forschungsarbeit plant, sollte daher darin bestehen, dass er sich von einem erfahrenen Wissenschaftler betreuen und beraten lässt. Mit ihm gemeinsam sollte er die ethischen Bedenken besprechen und gegebenenfalls mögliche wissenschaftliche *Alternativen* im Hinblick auf die Methodologie und die Forschungstechnik seines Projektes erarbeiten.

Zusammenfassung

Im Gegensatz zum psychologischen Laien, der sein „Wissen" vorwiegend mittels Intuition und Spekulation aus der Alltagserfahrung bezieht, bedient sich der wissenschaftlich orientierte Psychologe eines differenzierten Methodeninstrumentariums, dessen genereller Ausgangspunkt die Beobachtung ist. Das psychologische Experiment als Methode erweitert die systematische Beobachtung durch die qualitative und quantitative Analyse der Ursachen für das jeweils zu Beobachtende und stellt damit die wichtigste Methode der empirischen „Ursachen"-Analyse (Kausalanalyse) dar. Das Experiment bedarf der willkürlichen (absichtlich hervorgerufenen) Variation von Versuchsbedingungen (unabhängige Variable), deren Effekte (abhängige Variable) sich in den „Beobachtungen" niederschlagen. Jede Wissenschaft formuliert „Theorien" und „Modelle" um ihre Grundannahmen, Hypothesen und beobachtungsbasierten Tatsachen in einen systematischen Zusammenhang zu bringen. Die Experimentalpsychologie orientiert sich dabei an den Grundgedanken des kritischen Rationalismus, wie dieser von Karl Popper vertreten worden ist. Über diese allgemeinen erkenntnistheoretischen und forschungsmethodologischen Erfordernisse hinausgehend ergeben sich aus dem Umstand, dass Experimente an und mit dem Menschen durchgeführt werden, klare ethische Grenzen für die Verfolgung von psychologischen Forschungsinteressen.

Aktuelle Internet-Links

Eine für den Studienanfänger kurze und anschauliche Einführung in wissenschaftstheoretische Grundlagen, insbesondere auch mit Bezug auf Popper, findet sich unter der Web-Adresse *http://www.fb12.uni-dortmund.de/wtheorie/JPEG/INDEX.HTM* gestaltet. – Vergleiche ferner: *http://www.eeng.dcu.ie/~tkpw/*.

Wichtige Fachbegriffe[1]

Abhängige Variable	Messen
Behaviorismus	Modell
Deduktive Logik	Morgan's Canon
Experiment	Occam's Razor
Experimentelle Methode	Operationalisierung
Hypothese	Psychophysik
Induktive Logik	Theorie
Kognitionspsychologie	Unabhängige Variable
Konstrukt	Variable
Law of parsimony	

---

1 Erläuterungen der Fachbegriffe finden sich im Glossar am Ende des Buches.

Konzepte des Experiments in der Psychologie

2

Definition des Experiments   30

2.1 Experimentelle Manipulation und Kontrolle von Variablen   30
Störfaktoren: Variablenkonfundierung   32

2.2 Versuchsbeispiel: Schlaf- und Traumexperiment . .   33

2.3 Experiment, Versuchsplanung und Statistik   34
Box 2.1:   Das Max-Kon-Min-Prinzip   38

2.4 Validitätskriterien für das Experiment   39
Box 2.2:   Arten von Experimenten   40

ÜBERBLICK

Definition des Experiments

„Unter einem Experiment versteht man einen systematischen Beobachtungsvorgang, aufgrund dessen der Untersucher das jeweils interessierende Phänomen planmäßig erzeugt sowie variiert („Manipulation") und dabei gleichzeitig systematische oder/ und unsystematische Störfaktoren durch hierfür geeignete Techniken ausschaltet bzw. kontrolliert („Kontrolle")." (Sarris, 1999)

2.1 Experimentelle Manipulation und Kontrolle von Variablen

Ein Experiment im alten Ägypten (zit. nach Matheson et al., 1978; Sarris, 1992)

❚❚ *Der Magistrat im alten Ägypten hatte eine Gruppe von Verbrechern dazu verurteilt, giftigen Schlangen wehrlos ausgesetzt zu werden. Als die Verbrecher zu ihrer Hinrichtungsstelle geführt wurden, reichte ihnen eine mitleidige Frau etwas Zitrone zur Erfrischung. Obwohl sämtliche Gefangenen von den Schlangen gebissen wurden, starb niemand an dem normalerweise tödlichen Schlangenbiss. Der hierüber verwunderte Magistrat entwickelte nun die Hypothese, dass das Essen der Zitrusfrucht als „Kausalfaktor" für das Überleben der Gefangenen verantwortlich zu machen sei. Um diese Annahme zu überprüfen, teilte der Magistrat bei der nächsten Urteilsvollstreckung eine andere Gruppe von Verurteilten in zwei Untergruppen (per Zufall?) auf, wobei die erste Gruppe („experimentelle" Gruppe) die Zitrusfrucht aß, hingegen die andere („Kontroll"-)Gruppe nicht. Keiner der Verbrecher aus der experimentellen Gruppe starb an den Schlangenbissen, dagegen starben alle Verbrecher, die zur Kontrollgruppe gehörten.* ❚❚

Die Anekdote verdeutlicht das Grundprinzip eines Experiments: Es werden gesetzmäßige Abhängigkeitsbeziehungen im Sinne von „Wenn-Dann-Relationen" erfasst. Derartige Beziehungen zwischen bestimmten *Bedingungen* einerseits und aus diesen resultierenden („verursachten") *Ereignissen* andererseits lassen sich in der Natur nur selten durch bloße Beobachtung einwandfrei feststellen. Denn grundsätzlich ist nicht auszuschließen, dass andere als die spontan beobachtbaren Bedingungen die eigentlichen Ursachen für das Auftreten von bestimmten Ereignissen sind. Ob eine Veränderung auf *eine* („monokausal") oder *mehrere* („multikausal") bestimmte Bedingungen zurückzuführen ist, lässt sich dadurch feststellen, dass man als Untersucher *künstlich* in das zu beobachtende Geschehen eingreift und dabei die Wirkungen (Effekte) der eingeführten Bedingungen registriert.

Eine erste Voraussetzung dafür, ein kausales Abhängigkeitsverhältnis zwischen einer Bedingung und einem Folgeereignis annehmen zu können, ist also dann gegeben, wenn der Untersucher die Bedingungen, unter denen das Auftreten eines Ereignisses erwartet wird, selbst herstellt: Man erzeugt die Bedingung X und beobachtet, ob das Ereignis Y eintritt oder nicht. Folgt Y auf X, so kann man mit einem gewissen Plausibilitätsgrad davon ausgehen, dass X eine *hinreichende* Bedingung für Y ist. Dies gilt insbesondere dann, wenn auch bei wiederholter Herstellung der Bedingung X das Ereignis Y immer wieder auftritt. Durch eine weitere Manipulation der Bedingung, nämlich durch Beseitigung oder Variation von X, lässt sich darüber hinaus prüfen, ob X auch eine *notwendige* Bedingung für Y ist.

Die Voraussetzung für die Durchführung eines Experiments ist die Formulierung einer *Hypothese*, in der eine präzise Angabe über die Art der erwarteten Abhängigkeitsbeziehung erfolgt und in der insbesondere die variierten Bedingungen (X) und die *erwartete Veränderung* (Y) – im Sinne einer „operationalen" Definition – exakt festgelegt sind (s. Kap. 3). Bei der im Experiment manipulierten Bedingung sowie bei dem zu beobachtenden Ereignis handelt es sich um Größen, die in *qualitativer* oder in *quantitativer* Hinsicht „veränderlich", d.h. *variabel* sind. In diesem Sinne spricht man von den *Variablen* des Experiments. Die Bedingungen, die in einem Experiment vom Experimentator (Versuchsleiter) direkt oder indirekt verändert („manipuliert") werden, konstituieren die *unabhängigen Variablen* (*UV*). Das Ereignis, das der Versuchsleiter als Folge der Manipulation der unabhängigen Variablen beobachtet, ist Teil der *abhängigen* Variablen (*AV*).

Reiz-, Reaktions- und Organismusvariablen Bei der „unabhängigen" Variablen (*UV*) handelt es sich um eine *Reizvariable* („Stimulus"-Variable), die dementsprechend mit S bezeichnet wird. Mit solchen Reizvariablen sind alle Bedingungen gemeint, die von außen auf die Person einwirken (Input) wie z.B. Raumtemperatur und Lärm, aber auch elterliche Erziehung und berufliche Belastung usw. Die „abhängige" Variable (*AV*) ist demgegenüber eine *Reaktionsvariable* („Response"-Variable) und wird durch *AV* symbolisiert. Als Reaktionsvariablen *AV* werden alle Reaktionen („Antworten") bezeichnet, seien diese einfache *(psycho-)motorische* Reaktionen, *mentale* Leistungen etc.

Auf der Basis eines einfachen *Stimulus-Response*-Modells lässt sich in der Psychologie eine reale gesetzmäßige Beziehung zwischen zwei oder mehr Variablen nie befriedigend darstellen, da sowohl die jeweiligen Reizbedingungen (S) als auch das Reaktionsverhalten (*AV*) von zahlreichen weiteren Bedingungen mitbestimmt sind. Da sowohl die jeweiligen Reizbedingungen (S) als auch das Reaktionsverhalten (*AV*) von zahlreichen weiteren Bedingungen mitbestimmt sind, lässt sich in der Psychologie eine reale gesetzmäßige Beziehung zwischen zwei oder mehr Variablen auf der Basis eines einfachen *Stimulus-Response*-Modells nie befriedigend darstellen. Bei diesen Zusatzbedingungen kann es sich z.B. um *physiologische* Eigenarten des Organismus (z.B. Sehschwäche in einem wahrnehmungspsychologischen Versuch, geistige Behinderung in einem Lernexperiment usw.), aber auch um besondere *Motivations- und Persönlichkeitsmerkmale* eines Individuums sowie um Bedingungen der sozialen Umwelt handeln. Man unterscheidet daher neben den Reiz- und Reaktionsvariablen noch die sog. „Organismus"- (*O*-) bzw. „Personen"- (*P*-) Variablen. Allgemein sind mit diesen Variablen solche Eigenschaften („Konstrukte") gemeint, die an die *individuelle* Person gebunden sind und – gedachterweise von äußeren Bedingungen nicht beeinflusst werden. Solche Eigenschaften sind z.B. „Intelligenz", „soziale Herkunft" sowie „Alter" und „Geschlecht" (vgl. Abb. 2.1).

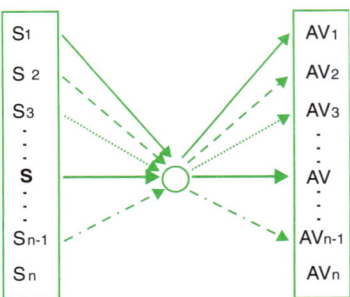

Abbildung 2.1: Schematische Darstellung des allgemeinen *multi-faktoriellen-multivariaten* Stimulus-Organismus-Response-Modells in der Psychologie. Die Symbole S_1, S_2,...., S_n entsprechen verschiedenen Faktoren (unabhängigen Variablen), wohingegen die Symbole AV_1, AV_2, ..., AV_n verschiedene Reaktionsmerkmale (abhängige Variablen) meinen. In dem Schema entspricht das Symbol O dem Organismus (vgl. Text). Diese Darstellung idealisiert den tatsächlichen allgemeinen UV-/AV-Zusammenhang erheblich. (Modifiziert und ergänzt nach Royce, 1970)

Da Organismusvariablen nicht manipulativ verändert werden können, darf man sie nicht als „experimentelle" Variablen im engeren methodologischen Sinne bezeichnen. Deshalb werden solche Untersuchungen, in denen die O-Variablen erfasst werden, nicht als „Experimente", sondern als *„Korrelationsstudien"* (Illu 2.1 👉) angesehen. Allerdings darf die experimentalpsychologische Forschung diese Variablen nicht grundsätzlich aus ihrer Betrachtung als mögliche Einflussgrößen ausschalten, da sie das Reaktionsgeschehen oftmals in entscheidender Weise mitbestimmen. In der Tat läuft die experimentelle Psychologie bei Außerachtlassung der Wirkung von O-Variablen unter bestimmten Bedingungen Gefahr, lediglich *Artefakte* zu produzieren (vgl. hierzu Kap. 4.2, *Exkurs*).

Störfaktoren: Variablenkonfundierung

Eine kausale Interpretation der eigentlich interessierenden Wirkung der *unabhängigen Variablen* (*UV*) auf die *abhängigen Variablen* (*AV*) wird zunichte gemacht, wenn sich deren Daten durch so genannte *Störvariablen* in *systematischer* Weise verändern. Grundsätzlich kann es sich bei den Störvariablen sowohl um Organismusvariablen als auch um Reizvariablen handeln (s. Box 4.5, Kap. 4.3).

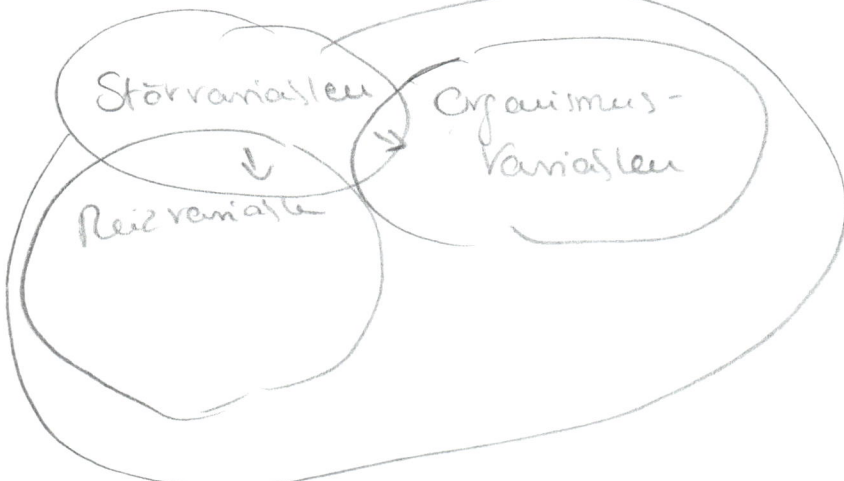

2.2 Versuchsbeispiel: Schlaf- und Traumexperiment

Die experimentelle Realisation einer *UV* und *AV* erfordert seitens des Untersuchers häufig große Kreativität; sie wird deshalb auch am Beispiel der Untersuchung von Jovanovič (1978) erhellt (Orig 2.1 ☞).

Sigmund Freud (1900) glaubte bereits zu Beginn des letzten Jahrhunderts, als eine der wesentlichen *Traumleistungen* den Schutz des Schlafenden vor einem vorzeitigen Erwachen etwa infolge von äußeren Weckreizen erkannt zu haben. Traumexperten im Würzburger Schlafforschungslabor von Jovanovič (1978) konnten in Experimenten Belege für diese Annahme finden. Wie hat nun Jovanovič die Fragestellung im konkreten Fall in eine UV-/AV-Beziehung überführt, insbesondere wo doch eine Beobachtung der Träume eines Schlafenden unmöglich erscheint? Jovanovič machte sich die Kenntnisse aus der *psychophysiologischen* Schlafforschung zunutze, wonach sich Traumphasen und traumlose Schlafphasen im EEG identifizieren lassen. Aufgrund dieser EEG-Indikatoren (Abb. 2.2) konnten Traumphasen von traumfreien Schlafphasen unterschieden und somit als zwei wesentliche Stufen einer unabhängigen Variablen (*Faktor A* mit Wiederholungsmessungen auf beiden experimentellen Stufen) herangezogen werden, innerhalb derer Weckreize appliziert wurden. Als Weckreiz wurde schlafenden Probanden ein Klingelton von 85 dB viermal im Abstand von 70 bis 90 Minuten über den Schlafverlauf verteilt dargeboten (*Faktor B* mit Wiederholungsmessungen I bis IV), wobei die Forscher erwarteten, dass die Weckschwelle mit zunehmender Wiederholung höher sei. Als abhängige Variable wurde die Zeitdauer von Beginn der Weckreizpräsentation bis zum Erwachen des Schlafenden registriert. Wenn wir uns zunächst aus Vereinfachungsgründen lediglich die Ergebnisse zu dem *Faktor A* (Traumphase vs. traumfreie Schlafphase) ansehen, so zeigt sich in Abbildung 2.3, dass Schlafende während der Traumphasen weniger schnell durch die äußeren Reize aufgeweckt wurden als in den traumlosen Schlafphasen. Die vollständige Ergebnisdarstellung erfolgt in Kap. 3.4 (vgl. auch Orig 2.1 ☞).

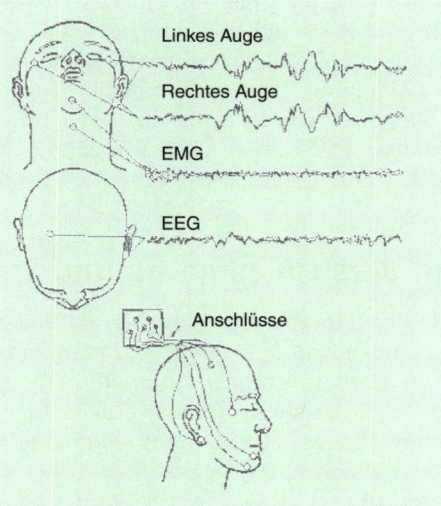

Abbildung 2.2: Platzierung der Elektroden bei der Erfassung von physiologischen Messungen (z.B. EEG-Wellen) in der Schlafforschung gemäß einer standardisierten Anordnung. Lokalisation der Elektroden an genau definierten Stellen der Kopfhaut und des Gesichts für eine polygraphische Registrierung verschiedener physiologischer Indikatoren (EMG = Elektromyogramm; EEG = Elektroencephalogramm). (Dement, 1974). (Zit. nach Sarris, 1992)

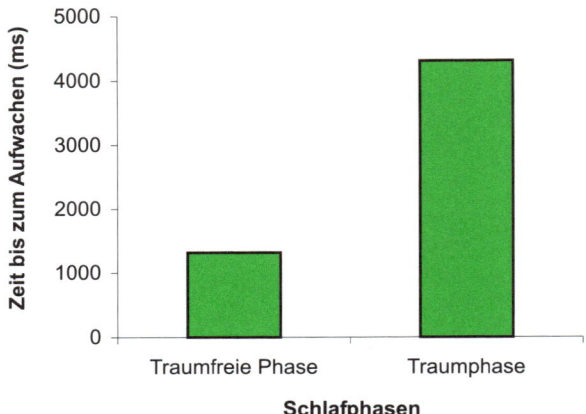

Abbildung 2.3: Befunde der experimentellen Traumforschung von Jovanovič. Die Daten repräsentieren Weckschwellen schlafender Personen auf Weckreize. Es wird deutlich, dass die Aufwachzeit in traumfreien Schlafphasen kürzer als die in Traumphasen ist (nach Jovanovič, 1978).

Welche Einflussgrößen könnten im vorangegangenen Beispiel in systematischer Weise auf das Bedingungsgefüge von *Schlafphase* und *Weckzeit* einwirken? Wie verschiedene Untersuchungen zeigen, wird das individuelle Schlafverhalten auch von Persönlichkeitsmerkmalen beeinflusst. Dies gilt beispielsweise für die unterschiedlichen Bewältigungsstile, die bei der Auseinandersetzung mit psychisch belastenden Situationen angewendet werden, um aufkommende Angstreaktionen zu verhindern bzw. stressige Situationsbedingungen positiv zu verändern. So weiß man beispielsweise, dass bei verschiedenen Personen das in bedrohlichen Situationen unterschiedlich ausgeprägte Bedürfnis zur „*Informationssuche*" (monitoring) gegenüber demjenigen zur „*Ablenkung*" (blunting) das Gefüge von Traumphasen und Tiefschlafphasen verändert (Voss, 2001). Man könnte vermuten, dass sich die von Jovanovič untersuchten Personengruppen zufälligerweise nur aus Personen, bei denen einer der beiden Bewältigungsstile ausgeprägt ist (z.B. „Ablenkung") zusammensetzten und bei Personen des anderen Bewältigungsstiles der gefundene Effekt nicht belegt werden kann; andererseits könnte aber auch eine weitere Stimulusvariable, wie z.B. die besondere Reizart (z.B. ein plötzlicher menschlicher Schrei von 100 dB), die Aufweckdauer beeinflussen.

2.3 Experiment, Versuchsplanung und Statistik

Experimentelle Kontrolle der Datenfluktuation Das zentrale Bemühen des Untersuchers gilt der experimentellen Kontrolle der sog. „*Datenfluktuation*" (Datenvarianz). Während die Datenvarianz in den Naturwissenschaften – jedenfalls in deren klassischen Bereichen – kaum irgendwelche forschungspraktischen Fragen aufwirft, spielt die *Datenfluktuation* in der Psychologie eine entscheidende Rolle, so dass hier die Auswertung der experimentellen Ergebnisse mit den Mitteln der *Statistik* vorzunehmen ist (s. besonders dazu Kap. 7). In der Tat besteht der Grundgedanke der *experimentellen Versuchsplanung* darin, ein Experiment so zu „planen" dass durch dieses jeweils eine optimale experimentelle Datensammlung und statistische Datenauswertung ermöglicht wird (Demo 2.1 ✎).

Um sich die grundlegenden Zusammenhänge zwischen „Experiment", „Versuchsplanung" und „Statistik" im Rahmen der experimentellen Kontrolle der *Datenvarianz* klar vor Augen führen zu können, muss man zunächst die Besonderheiten der *individuellen* Verhaltensreaktionen beachten („*Variabilität der individuellen Rohdaten*" bzw. „*interindividuelle Varianz*"). Die Hauptergebnisse einer psychologischen Untersuchung werden jedoch in aller Regel als „*Durchschnittswerte*" ($\overline{Y}$) ermittelt (so wie dies z.B. auch für die grafischen Ergebnisdarstellungen der meisten in diesem Text mitgeteilten experimentellen Befunde gilt). Das heißt, es ist eher die Ausnahme als die Regel, dass gerade in *grafischen* Veranschaulichungen der Hauptergebnisse einer Untersuchung auch deren *inter-* (und *intra-*) individuelle *Datenfluktuation* mit dargestellt wird. Dadurch, dass deskriptivstatistische und grafische Ergebnisdarstellungen (s. Kap. 7) meist lediglich den „Durchschnitt" (allgemeine „zentrale Tendenz") veranschaulichen – und damit ein sehr viel „regelmäßigeres" Bild liefern als dies (leider!) der *Realität* entspricht, fällt es besonders dem Anfänger in der statistischen Methodenlehre einigermaßen schwer, sich die Bedeutung der jeweiligen Datenfluktuation eines Experiments geeignet vorzustellen.

In Wirklichkeit haben also nicht sämtliche Probanden, die unter ein und derselben Bedingungskonstellation untersucht wurden, *denselben* Wert („Durchschnittswert" $\overline{Y}$) auf der abhängigen Variablen (*AV*), sondern die individuellen Daten *schwanken* („fluktuieren") gewöhnlich um einen Durchschnittswert mehr oder weniger stark (vgl. Abb. 2.2). Diese individuumspezifische Datenfluktuation (*Varianz*) eines Experiments soll nun durch den Experimentator möglichst *gering* gehalten werden, um so den eigentlich zu untersuchenden experimentellen Effekt möglichst präzise nachweisen zu können (vgl. Box 2.1 „Das Max-Kon-Min-Prinzip"). In dem einen Extremfall findet man daher nicht selten Phänomene, bei denen „Fehlerstreuungen" (inter- und intraindividuelle Zufallsfluktuationen) praktisch keine Rolle spielen, wohingegen im anderen Extremfall die Datenvariabilität („Rauschen") so hoch sein kann, dass ein *echter*, d.h. tatsächlich existenter experimenteller Effekt („Signal") nicht mehr statistisch nachweisbar ist: Infolge des geringen Signal-Rausch-Abstandes geht das *Signal* im *Rauschen* unter, wie man gelegentlich im Fachjargon sagt. Es ist gerade die Aufgabe der *Versuchsplanung*, den *Signal-Rausch-Abstand* eines experimentellen Effekts möglichst zu maximieren (s. Box 2.1, „Das Max-Kon-Min-Prinzip").

Einfache Beispiele für den zuerst genannten Extremfall (biologisch-sensorischer Prozess mit zu vernachlässigender Datenstreuung) liefern die meisten optischen Täuschungen. Dazu gehört das in Abbildung 2.4 dargestellte Punktemuster, das in der Sinnesphysiologie bzw. sensorischen Psychologie als so genanntes *Hermannsches Gitter* bekannt ist. Obschon die Punkte in diesem Muster einander nicht berühren und die horizontalen sowie vertikalen weißen Streifen objektiv stets dieselbe Helligkeit aufweisen, erscheinen subjektiv die „Kreuzungsstellen" (kleine Felder zwischen den jeweils benachbarten Punkten) „verdunkelt" (grau). Dieser durch die retinale Reizverarbeitung verursachte Täuschungseffekt tritt praktisch bei jedem Normalsichtigen auf, weshalb die Datenvariabilität ist in einem solchen Fall praktisch gleich Null ist.

Abbildung 2.4: Hermannsches Gitter: An den Kreuzungsstellen der „Straßen" sieht man graue Flecke. Dieses Phänomen (Randkontrast), dass die „Straßen" zwischen den dunklen Flächen durch „Kontraste" heller als an den Ecken erscheinen, ist auf die besondere physiologische Rezeptorverschaltung auf der Retina zurückzuführen: In der Umgebung aktivierter Zapfen wird die Erregbarkeit anderer Zapfen gehemmt (laterale Hemmung).

Beispiele für den zuletzt genannten Extremfall (kognitiv-sozialer Prozess mit hoher Datenstreuung) findet man besonders in Untersuchungen zum Einstellungswandel (attitude change), aber auch in Arbeiten, die sich mit den Bedingungsfaktoren des kreativen Denkens beschäftigen. In solchen und anderen besonders komplexen Untersuchungsfällen ist die Datenvariabilität in aller Regel sehr hoch, was auf die Vielzahl der noch nicht bekannten, aber unsystematisch den Versuchsfehler („Zufallsfehler") erhöhenden Randbedingungen zurückzuführen ist. So finden sich etwa in der „Konformitätsforschung" widersprechende trendanalytische Einzelbefunde zur Frage der Abhängigkeit der Meinungsänderung von der Diskrepanz zwischen der eigenen Ausgangseinstellung und derjenigen des Beeinflussers (Sarris, 1999, Kap. 6.2).

Die Vielfalt der verschiedenen *Datenstreuungs*verhältnisse (Statistik) in Verbindung mit dem zu untersuchenden Phänomenbereich entspricht einer Vielfalt von einzelnen *Versuchsanordnungen* (*Designs*; s. Kap. 4) in der psychologischen Forschungspraxis. Eine *feste* Zuordnung von einzelnen Versuchsplänen zu einzelnen Inhaltsbereichen gibt es allerdings nicht (s. Kap. 4.5). Beispielsweise gibt es durchaus „komplexe" Versuchspläne auch bei der Analyse von *biologisch-sensorischen* Prozessen. Man kann sich diesen Sachverhalt leicht klarmachen, wenn man bedenkt, dass schon die einfache Variation etwa des *Punkteabstands* oder aber der *Punktehelligkeit* beim *Hermannschen Gitter* zu einer interindividuellen Wahrnehmungsvariabilität führt. Umgekehrt kann man gelegentlich auch Befunde mit einer verhältnismäßig geringen Datenvariabilität bei den *kognitiv-sozialen* Phänomenen antreffen.

Primär-, Sekundär- und Fehlervarianz

Wenn wir von einer experimentellen Datenstreuung oder „Datenvarianz" in Folge einer experimentellen *Manipulation* sprechen, bedeutet dies vor allem, dass eine durchschnittliche *Veränderung* („Variation") der Messwerte der abhängigen Variablen eingetreten ist. Beispielsweise würden wir den *Effekt* des alltäglichen Umweltlärms an den durchschnittlichen Konzentrationsleistungen von unterschiedlich stark belasteten Untersuchungsgruppen feststellen. Die Variation der dabei beobachteten Reaktionen in der abhängigen Variablen nennt man die *Primärvarianz*: Die Primärvarianz ist diejenige Datenfluktuation, die allein auf die Variation der *experimentellen* Bedingung zurückzuführen ist. Allerdings müssen wir davon ausgehen, dass die Daten auch ohne den Einfluss der unabhängigen Variablen fluktuieren. Ursache hierfür sind Störbedingungen (*Störvariablen*), die entweder in systematischer Weise oder aber in unsystematischer Weise – wir sprechen dann vom Zufallsfehler – auf die abhängige Variable einwirken.

Die Gesamtvariabilität oder Totalvarianz der Daten setzt sich demnach – schematisch dargestellt – aus den folgenden Varianzquellen zusammen:

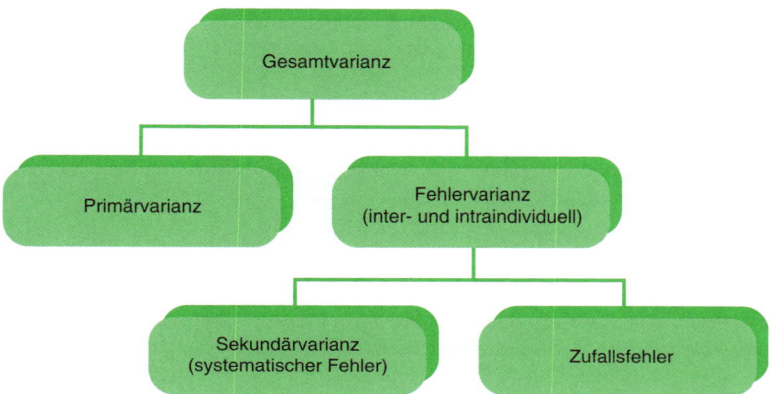

Um die interessierende *Primärvarianz* der Daten aufgrund der experimentellen Einzeldaten eines Versuchs bestimmen zu können, muss deren Anteil an der Gesamtvarianz auch statistisch möglichst genau erfasst werden. Auf das Untersuchungsbeispiel bezogen bedeutet dies, dass die Datenvarianz „*zwischen*" den beiden experimentellen Bedingungen (experimenteller Effekt) von der Varianz „*innerhalb*" dieser Bedingungen (inter- und intraindividuelle Varianz = „Fehlervarianz") zu unterscheiden ist. Da die experimentelle Manipulation innerhalb derselben Gruppe dieselbe ist, muss diese Datenvariation auf andere, nämlich auf Störvariablen, zurückgeführt werden. Bei der *inferenzstatistischen* Überprüfung eines sachrepräsentativ erhobenen experimentellen Datensatzes werden die beiden Varianzen „zwischen (between)", d.h. also die *Primärvarianz*, und „*innerhalb* (within)", also die *Fehlervarianz*, der Versuchsbedingungen zueinander in Beziehung gesetzt (s. Kap. 7.3). Im Falle der Verwendung eines einfachen *Zufallsgruppenversuchsplans* dient demnach die Zerlegung der *Gesamtvarianz* in eine so genannte. „*Zwischen*-" und eine „*Binnen*-"Varianz dem Ziel der statistischen Erfassung der *Primärvarianz*, nämlich: Je höher die *Primärvarianz* gegenüber der *Sekundärvarianz* (und dem Zufallsfehler) ist, desto leichter lässt sich ein experimenteller Effekt nachweisen – falls dieser *realiter* überhaupt existiert und umgekehrt.

Max-Kon-Min-Prinzip der Versuchskontrolle Der Experimentator ist grundsätzlich daran interessiert, die Primärvarianz („experimentelle Varianz") – im Vergleich zur Sekundärvarianz (Zufallsfehler-Varianz) – möglichst zu *maximieren*. Kerlinger (1973) formulierte für dieses Bestreben den Begriff der so genannten „*Max-Kon-Min*"-Strategie, derzufolge es die Aufgabe des Untersuchers ist, die experimentelle Varianz (Primärvarianz) zu *maximieren*, die systematische Fehlervarianz (Sekundärvarianz) zu *kontrollieren* und die unsystematische Fehlervarianz (Zufallsvarianz) zu *minimieren* (Box 2.1).

Primärvarianz: max.
Syst. Fehler: kontrollieren
Zufallsfehler: minimieren

Box 2.1: Das Max-Kon-Min-Prinzip

Bei der praktischen Beachtung des Max-Kon-Min-Prinzips werden konkrete Maßnahmen wirksam, die im Einzelnen aus Tabelle 2.1 hervorgehen, wobei Dreierlei zu beachten ist:

■ Man kann diese Liste von Maßnahmen für das jeweils zu planende Experiment heranziehen, indem man diese Einzelkriterien gegenüber den Aspekten des jeweiligen einzelnen Untersuchungsfalls vergleichend „abcheckt".

■ In keinem einzelnen Experiment können sämtliche der in Tabelle 2.1 aufgelisteten Kriterien gleichzeitig realisiert werden, da ein solches Idealexperiment empirisch nicht durchführbar ist. Beispielsweise lassen sich bestimmte Gütemerkmale kaum gleichzeitig optimieren, weil sie einander – zumindest partiell – ausschließen.

■ In den verschiedenen Lehrbüchern zur Versuchsplanung gibt es inzwischen eine weitgehende Übereinstimmung bzgl. der wichtigsten Grundlagen und Kriterien eines guten Designing. Im Einzelnen gehen die Darstellungen der Autoren jedoch mehr oder weniger stark auseinander. Hier ist jegliche rigide („apodiktische") Kriterienfestlegung ausdrücklich nicht intendiert, sondern lediglich eine didaktisch orientierte Hilfestellung bei der Wahl eines guten Designs beabsichtigt (s. Kap. 4.5).

Tabelle 2.1

Übersicht über die typischen Maßnahmen zur Gewährleistung der internen Validität gemäß dem Max-Kon-Min-Prinzip der Versuchsplanung (Kerlinger, 1979). (zit. nach Sarris, 1992)

1 Maximiere die Primärvarianz („Signal")
- Wahl von Extremgruppen
- Wahl von so genannten optimalen Stufen
- Umwandlung eines Störfaktors in eine weitere experimentelle UV („Kontrollvariable")

2 Kontrolliere die Sekundärvarianz (systematische Fehler)
- Eliminierung eines Störfaktors
- Konstanthaltung eines Störfaktors für alle Versuchsgruppen und experimentellen Bedingungen
- Randomisierung der Probanden und der Bedingungen
- Umwandlung eines Störfaktors in eine weitere experimentelle UV („Kontrollvariable")
- Nachträgliche statistische Kontrolle: Kovarianzanalyse

3 Minimiere die Fehlervarianz („Rauschen")
- Wahl eines Wiederholungs- oder Block-Versuchsplans
- Anheben der Standardisierung der Untersuchungssituation
- Erhöhung der Zuverlässigkeit (und Gültigkeit) des Messinstruments

Zur Kontrolle der Effekte unterschiedlicher Arten von Störfaktoren sind verschiedene *experimentelle* und *statistische* Kontrolltechniken verfügbar. Unter den *experimentellen* Kontrolltechniken lassen sich mehrere Verfahren zusammenfassen, die der Untersucher bereits *vor* der eigentlichen Datenerhebung bei der Planung und Vorbereitung von Experimenten anzuwenden hat. Hierzu zählt zum einen der Einsatz *apparativer* Hilfen (Instrumente bzw. Apparate) zum anderen auch die Verwendung bestimmter Versuchsplanungsstrategien (vgl. Kap. 4, Kap. 5). Bei den *statistischen* Kontrolltechniken handelt es sich dagegen um solche Verfahren, die erst *nach* der Datenerhebung eingesetzt werden. Mit Hilfe von statistischen Kontrollen wird also die Wirkung von Störvariablen nicht von vornherein verhindert, sondern es wird erst *nachträglich* eine bereits erfolgte Auswirkung von Störfaktoren bei der Datenauswertung erfasst und auszuschalten versucht (vgl. Kap. 7.5).

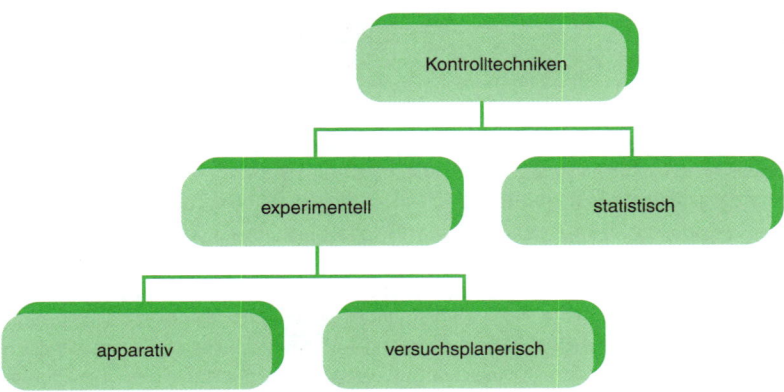

Welche Kontrolltechnik im jeweiligen konkreten Fall anzuwenden ist, richtet sich unter anderem danach, ob und inwieweit die jeweiligen Typen von Störvariablen bekannt oder unbekannt sind. Vor allem für die Anwendung *apparativer* Kontrollverfahren ist eine explizite Kenntnis der zu kontrollierenden Variablen in jedem Fall erforderlich, bei den versuchsplanerischen Kontrolltechniken variiert diese Voraussetzung in Abhängigkeit vom Design.

2.4 Validitätskriterien für das Experiment

Der eigentliche Wert, den ein Experiment für die Erklärung eines kausalen Zusammenhangs zwischen verursachenden Bedingungen und resultierenden Ereignissen hat, ist von einer Vielzahl zu beachtender Merkmale abhängig. Bevor ein Experimentator Schlussfolgerungen aus seinen Ergebnissen zieht, muss deren *Gültigkeit* („Validität") sorgfältig geprüft werden. Cook u. Campbell (1976) nennen vier Arten von Kriterien, die als Maßstäbe zur Beurteilung der Güte eines Experiments verwendet werden können. Diese Gütekriterien sind:

- Konstruktvalidität
- inferenzstatistische Validität
- interne Validität
- externe Validität.

Def.
es-
lesen

Konstruktvalidität Ein Experiment verfügt dann über eine hohe Konstruktvalidität, wenn die unabhängige Variable in psychologisch inhaltlich eindeutiger Weise auf die abhängige Variable wirkt und somit keine Konfundierung mit psychologisch irrelevanten Variablen vorliegt. Für den psychologisch inhaltlichen Wert eines Experiments ist es daher von fundamentaler Bedeutung, dass sowohl die unabhängige Variable als auch die abhängige Variable derart operationalisiert wurden, dass diese den jeweiligen psychologischen Konstrukten tatsächlich angemessen sind. Die *Konstruktvalidität* bezieht sich also auf die Frage, ob und inwieweit die im Experiment beobachteten Variablen *sachrepräsentativ* für das Konstrukt sind. Mit anderen Worten ist die Konstruktvalidität eines Experiments allgemein umso höher, je mehr die unabhängigen und abhängigen Variablen das jeweilige theoretische Konzept tatsächlich repräsentieren (Box 2.2).

Box 2.2: Arten von Experimenten

Wenn in der Fachliteratur von verschiedenen Arten von Experimenten gesprochen wird, dann geschieht dies in der Regel entweder mit Blick auf den Kenntnisstand der Forschung oder aber mit Blick auf die experimentelle Umgebung. Im ersten Fall wird das *Erkundungs-* dem *Entscheidungsexperiment* gegenübergestellt, im zweiten Fall unterscheidet man das *Labor-* vom *Feldexperiment*.

Von einem *Erkundungsexperiment* („Pilotstudie") spricht man, wenn durch das Experiment lediglich vorläufige Kenntnisse über einen bestimmten, noch wenig erforschten Problembereich gewonnen werden sollen, so dass dann – darauf aufbauend – gezielte experimentelle Fragestellungen möglich werden. Die Hypothese eines Erkundungsexperiments ist dementsprechend nur selten präzise formuliert. Einem *Entscheidungsexperiment* liegt demgegenüber eine aufgrund des bereits vorhandenen Wissens über den Untersuchungsgegenstand *spezifizierte* Hypothese zugrunde. So lässt sich aufgrund der Ergebnisse eines Entscheidungsexperiments eine relativ klare Entscheidung über die Gültigkeit der Hypothese oder die einer Alternativhypothese treffen

Unter einem *Laborexperiment* werden üblicherweise solche Experimente verstanden, die in einem „Labor" durchgeführt werden, d.h. in einer Umgebung, die der Experimentator nach seinen eigenen Vorstellungen gestalten kann, wohingegen dies für ein *Feldexperiment* typischerweise gerade nicht zutrifft.

In einem Laborexperiment ist es möglich, eine Vielzahl von Störvariablen zu *kontrollieren*, um auf diese Weise die Abhängigkeit des Verhaltens von bestimmten Bedingungen in optimaler Form zu untersuchen. Ein *Feldexperiment* ist demgegenüber eine Untersuchung, die alle Charakteristika eines Experiments trägt, jedoch anstelle des Labors das „freie Feld", (die natürliche Umgebung), als Untersuchungsrahmen beibehält. Im Feldexperiment werden also die experimentellen Bedingungen in einer natürlichen Umgebung vom Experimentator manipuliert und die Störvariablen dabei, soweit es die Situation zulässt, kontrolliert. Der wesentliche Unterschied zwischen Labor- und Feldexperiment liegt, in methodischer Hinsicht, im Ausmaß der möglichen *Kontrolle von Störvariablen*. Durch das hohe Maß an Kontrolle werden im Labor häufig Bedingungen geschaffen, die eine Generalisierung auf eine konkrete, im alltäglichen Leben anzutreffende Situation nicht erlauben. Feldexperimente sind demgegenüber häufiger situationsrepräsentativ. Sie verfügen dementsprechend über eine höhere *externe Validität* (im Falle gleich hoher interner Validität) im Vergleich zum Laborexperiment

Labor : + Kontrolle von Störvariablen → interne Validität

Feld : + Natürl. Umgebung → generalisig externe Validität

Inferenzstatistische Validität   Das Kriterium der inferenzstatistischen Validität bezieht sich auf die Gültigkeit der Schlussfolgerungen des in einer Probandenstichprobe erhobenen statistischen Befundes auf die zugehörige Gesamtheit aller Individuen. Es geht folglich um die Übertragbarkeit eines Effekts der experimentellen Behandlung auf die Grundgesamtheit (Population) (s. Kap. 7.1).

Interne Validität   Ein Experiment wird als *intern* valide bezeichnet, wenn die zur abhängigen Variablen erhobenen Messwerte eindeutig – also „artefaktfrei" – auf die als unabhängige Variable manipulierten Versuchsbedingungen zurückzuführen sind. Eine notwendige Voraussetzung einer kausalen Interpretation von Effekten der experimentellen Bedingung auf die abhängige Variable besteht darin, dass keine wissenschaftlich plausiblen alternativen Bedingungen für das Zustandekommen dieses Effekts angeführt werden können (Campbell & Stanley, 1966). Je besser also eine oder mehrere Störvariablen in einem Experiment kontrolliert werden, umso höher ist dessen interne Validität und umgekehrt (s. Kap. 4.3, Box 4.5).

Externe Validität   Die *externe* Validität eines Experiments hängt – neben dem Erfordernis einer Stichprobenrepräsentativität sowie einer Konstruktvalidität – von der Beantwortung der Frage ab, ob und inwieweit man von der speziellen Versuchssituation – etwa einer „Laborsituation" – auf andere, z.B. auch natürliche Situationen, schließen kann (allgemeine Situationsrepräsentativität). Während sich die „Konstruktvalidität" auf die Variablen bezieht, meint die „externe Validität" die Gültigkeit der gesamten Versuchsanordnung.

Zusammenfassung

Das Grundprinzip eines Experiments besteht in der Erfassung gesetzmäßiger Abhängigkeitsbeziehungen im Sinne von „Wenn-Dann"-Beziehungen. Weil grundsätzlich nicht auszuschließen ist, dass andere als die spontan beobachtbaren Bedingungen die eigentlichen Ursachen für das Auftreten von bestimmten Ereignissen sind, muss der Untersucher in das zu beobachtende Geschehen systematisch eingreifen und dabei die Wirkungen der eingeführten Bedingungen erfassen. Er verändert direkt oder indirekt die *unabhängigen Variablen* und registriert als Folge der Manipulation die Messwerte oder *abhängigen* Variablen. Es ist kaum anzunehmen, dass eine gesetzmäßige Beziehung zwischen zwei oder mehr Variablen auf der Basis eines monokausalen *Modells* erklärbar ist. Zusatzbedingungen wie z.B. *physiologische* Eigenarten des Organismus (Organismusvariablen), aber auch besondere Motivations- und Persönlichkeitsmerkmale eines Individuums (Personenvariablen) sowie Bedingungen der sozialen Umwelt (Reizvariablen) wirken auf die Beziehung der Variablen ein. Eine kausale Interpretation der eigentlich interessierenden Wirkung der unabhängigen Variablen auf die abhängigen Variablen wird zunichte gemacht, wenn sich deren Datenstreuung durch so genannte *Störvariablen* in systematischer Weise verändert. Der Untersucher muss daher bemüht sein, eine experimentelle Kontrolle der Datenfluktuation herzustellen. Mittels der *experimentellen Versuchsplanung* werden eine optimale experimentelle Datensammlung und statistische Datenauswertung angestrebt. Die gesamte Datenfluktuation (*Gesamtvarianz*) der abhängigen Variablen setzt sich aus der Primärvarianz, die allein auf die Variation der *experimentellen* Bedingung zurückzuführen ist, sowie der Fehlervarianz, welche systematische (Sekundärvarianz) oder unsystematische (Zufallsfehler) Ursachen hat, zusammen. Das Bestreben des Untersuchers besteht darin, die Primärvarianz zu *maximieren*, die systematische Fehlervarianz zu *kontrollieren* und die unsystematische Fehlervarianz zu *minimieren*. Zur Kontrolle der Effekte unterschiedlicher Arten von Störfaktoren kann auf verschiedene experimentelle und statistische Kontrolltechniken – unter Berücksichtigung verschiedener Validitätskriterien – zurückgegriffen werden.

Aktuelle Internet-Links

Eine zentrale Darstellung von Test und Experiment als paradigmatische psychologische Methoden findet sich auf den Seiten von W. Stangl am Institut für Pädagogik und Psychologie der Johannes Kepler Universität Linz:

http://www.stangl-taller.at/TESTEXPERIMENT/index.html

Wichtige Fachbegriffe[1]

Blockbildung (B(R), Parallelisierung)   Max-Kon-Min-Prinzip
Deskriptive Statistik   Organismusvariable
Externe Validität   Primärvarianz
Faktor   Randomisierung (R)
Fehlervarianz   Sekundärvarianz
Feldexperiment   Stichprobe
Grundgesamtheit (Population)   Störvariable
Inferenzstatistik   Validität
Interindividuell   Variablenkonfundierung
Interne Validität   Varianz
Intraindividuell   Versuchsplan
Konstruktvalidität   Wiederholungsmessung (W)
Korrelative Designs   Zentrale Tendenz
Kovarianzanalyse   Zufallsfehler
Laborexperiment   Zufallsgruppen-Design

---

1 Erläuterungen der Fachbegriffe finden sich im Glossar am Ende des Buches.

TEIL II

Stadien des psychologischen Experiments

3   Stadium 1: Problemstellung und Hypothesenbildung . .   45

4   Stadium 2: Versuchsplanung   59

5   Stadium 3: Versuchsaufbau und Instrumentierung   85

**6   Stadium 4: Versuchsdurchführung und Versuchsleiter-
      merkmale**   101

7   Stadium 5: Datenanalyse   121

**8   Stadium 6: Dateninterpretation und
      Schlussfolgerungen**   147

Dieser Teil II geht vertiefend auf die einzelnen Stadien bzw. Stationen einer typischen experimentalpsychologischen Untersuchung ein. Zunächst wird die Rolle der Gewinnung von wissenschaftlich relevanten *Hypothesen* (Kap. 3) und der hierauf basierenden *Versuchsplanung* (Kap. 4) dargestellt. Danach werden die Hauptmerkmale des *Versuchsaufbaus* (Kap. 5) sowie der *Versuchsdurchführung* (Kap. 6) eines psychologischen Experiments behandelt. Im Anschluss daran wird ein Überblick über die wichtigsten Grundlagen der deskriptiven sowie inferentiellen *Statistik* (Kap. 7) gegeben, bevor abschließend auf das Stadium der *Schlussfolgerungen* (Kap. 8) eingegangen wird.

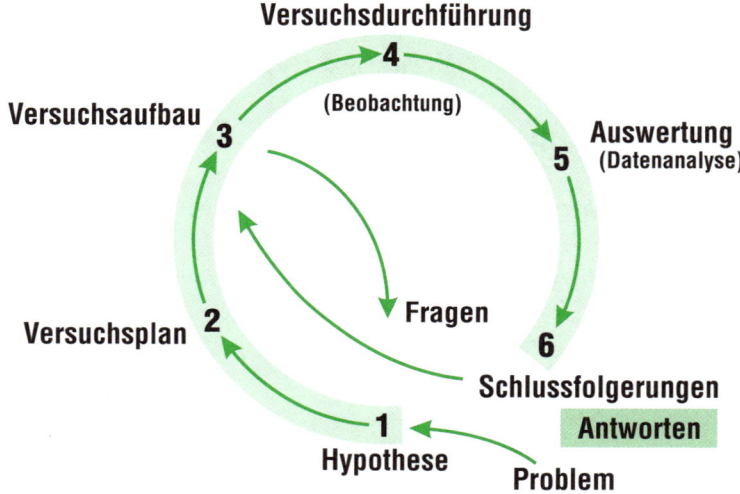

Stadium 1: Problemstellung und Hypothesenbildung

3

ÜBERBLICK

3.1 **Suchen und Generieren von wissenschaftlichen Hypothesen** 46

3.2 **Operationalisierung von theoretischen Sätzen** . . . 47
Box 3.1: Morgan's Canon 50

3.3 **Hypothesen als Vorhersagen** 50

3.4 **Beispiele für prüfbare Hypothesen** 51

3.5 **Gütemerkmale von Hypothesen** 55
Box 3.2: Hauptmerkmale guter Hypothesenbildung 56

Der Prozess der wissenschaftlichen Erkenntnisgewinnung in der Experimentalpsychologie wird durch das obige *Spiralenmodell* skizziert. In diesem Modell sind die einzelnen Stadien einer typischen experimentalpsychologischen Untersuchung als *Stationen* des auf Erkenntnisfortschritt ausgerichteten Wegs gekennzeichnet (vgl. Stadium 1 bis 6).

3.1   Suchen und Generieren von wissenschaftlichen Hypothesen

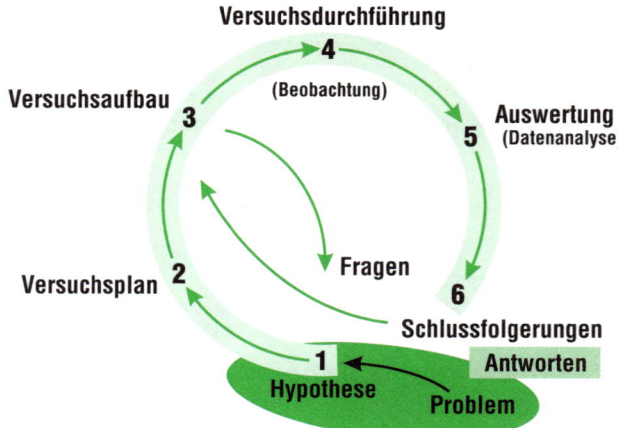

Den Anstoß zu einer experimentellen Untersuchung gibt naturgemäß eine zunächst eher globale Fragestellung (Problem), auf die man sich durch systematische Beobachtung der Realität eine Antwort erwartet. Eine Fragestellung wird in eine Hypothese umgeformt. Unter einer „Hypothese" versteht man eine in spezielle Aussageform gekleidete Fragestellung. In ihrer Aussageform beinhaltet sie bestenfalls einen vorläufigen Lösungsentwurf für das in Frage stehende Problem und gibt somit auch eine vorläufige „Antwort" auf die Fragestellung. Die Hypothese ist dementsprechend eine präzisierte Vermutung. Über deren wahrscheinliche Gültigkeit oder Ungültigkeit kann der Experimentator aufgrund seiner Befunde entscheiden, indem er die in der Hypothese formulierten Aussagen mit den unter kontrollierten Bedingungen gesammelten Beobachtungsdaten konfrontiert. Für die Qualität der Hypothesen spricht, wenn diese den kritischen Prüfungen standhalten.

Herkunft von Hypothesen   Forschungshypothesen können sich aus einem systematischen oder einem unsystematischen Denkansatz ergeben. Bei einem systematischen Denkansatz haben die Hypothesen ihren Ursprung in der Auseinandersetzung mit wissenschaftlichen Theorien bzw. Modellen oder konkreten Forschungsergebnissen. Die Hypothesenbildung kann verschiedene Ziele haben, die einander keineswegs ausschließen; d.h. sie kann entweder auf die

■ *Replikation* wichtiger bzw. gut bekannter Untersuchungsbefunde,

■ *Klärung* (Aufdeckung) von widersprüchlichen Forschungsresultaten oder

■ *Verallgemeinerung* von bisher bekannten singulären Einzelfakten

bezogen sein.

Bei einem eher *unsystematischen* Denkansatz gibt es keine Theorien oder Modelle, an denen sich der Forscher orientiert. Vielmehr resultiert die Hypothesenbildung aus wissenschaftlicher Neugier, Intuition sowie kreativem Zufall (s. Illu 3.1 ⟳). Ein Beispiel für eine solche Vorgehensweise liefert die Entdeckung der sog. REM-Schlafphasen: *Kleitman* untersuchte langsame, rollende Augenbewegungen, die eine schlafende Person zeigt, im Zusammenhang mit der Schlaftiefe; sein Schüler *Aserinsky*, der diese Bewegungen beobachten sollte, bemerkte, dass die schlafende Person in bestimmten Phasen schnelle Augenbewegungen zeigte. Diese Entdeckung führte dazu, die Funktion der Schlafphasen mit schnellen Augenbewegungen (REM) näher zu untersuchen. Es zeigte sich, dass die nach der Art der Augenbewegungen unterschiedenen Schlafphasen sich auch in funktionaler Weise unterscheiden (Aserinsky & Kleitman, 1953).

Die unbestreitbare Tatsache, dass auch der unsystematische Denkansatz zu bedeutenden Ergebnissen geführt hat, brachte manche Wissenschaftstheoretiker (z.B. Feyerabend, 1970) oder auch Psychologen zu der Ansicht, ein methodisch systematischer Denkansatz sei für den echten wissenschaftlichen Fortschritt unerheblich, ja gegebenenfalls sogar hinderlich. Aber richtig ist wohl eher, dass kreatives Forschen immer sowohl des systematischen als auch des unsystematischen, an Einfallsreichtum gebundenen Denkansatzes bedarf. Das bedeutet für den konkreten Fall zum einen eine souveräne „systematische" Beherrschung des einschlägigen Methodenapparats, zum anderen aber auch den wachen Sinn für das Beobachten und Entdecken von Neuem (s. Orig 3.1 ⟳).

3.2 Operationalisierung von theoretischen Sätzen

In Untersuchungen zum Zusammenhang von Lernen und Ängstlichkeit kann zum Beispiel das Konzept „Lernen" in sehr unterschiedlicher Weise definiert werden, so dass dementsprechend auch unterschiedliche Befunde zu erwarten sind. Nach einem Experiment von Taylor (1951) lernen hoch ängstliche Personen besser als Personen mit niedriger Angst (Abb. 3.1); Spielberger (1966) kommt dagegen in einer anderen Untersuchung zu einem genau umgekehrten Ergebnis (Abb. 3.2).

Welcher Befund ist nun richtig? – Eine Analyse der verwendeten Lern-*Definitionen* zeigt, dass „Lernen" in beiden Fällen auf eine jeweils andere Weise operationalisiert, d.h. durch eine andere Herangehensweise einer Überprüfung zugänglich gemacht wurde. Im ersten Versuch handelte es sich um *klassisches Konditionieren* (Lidschlag-Konditionierung als Verhaltensmaß), im zweiten um *schulisches Lernen* (Schulleistung als Verhaltensmaß). Beide Untersuchungsbefunde haben nur im Kontext ihres jeweiligen theoretischen und empirischen Begründungszusammenhanges ihre Bedeutung. Ein allgemeiner Satz, wie etwa „Ängstlichkeit verbessert das Lernen", sagt also noch recht wenig aus. Er kann nur pauschal darauf hinweisen, was in dem Experiment untersucht wurde. Die Bedeutung dieser Aussage wird erst präzisiert, wenn ausgeführt wird, wie Lernen und Ängstlichkeit im jeweiligen Gesamtzusammenhang operationalisiert wurden. Diese hier – stark vereinfacht – dargestellte Problematik gilt grundsätzlich, auch wenn die angeführte Gegenüberstellung in gewisser Weise als *extremtypisch* zu bezeichnen ist (s. Demo 3.1 ⟳).

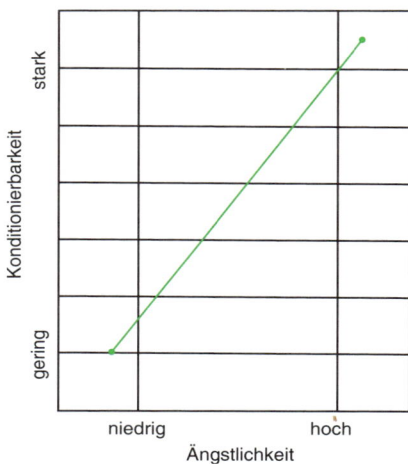

Abbildung 3.1: Abhängigkeit des „Lernens" (Konditionierbarkeit, AV) von der „Ängstlichkeit" von Probanden – ein positiver Zusammenhang. (Nach den Daten von Taylor, 1951)

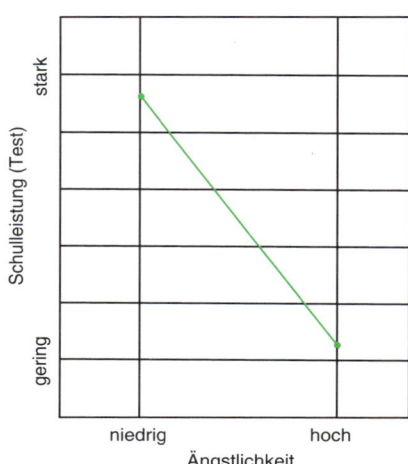

Abbildung 3.2: Abhängigkeit des „Lernens" (Schulleistung, AV) von der „Ängstlichkeit" der untersuchten Probanden – ein negativer Zusammenhang. (Nach den Daten von Spielberger, 1966)

Zwischen der Formulierung der Hypothesen und der Manipulation konkreter unabhängiger Variablen sowie der Beobachtung und Messung von einzelnen abhängigen Variablen besteht demnach ein enger Zusammenhang. Indem die *Hypothese* gleichzeitig Angaben über die experimentelle Handlung („Operation") macht sowie konkrete Messanweisungen beinhaltet, bestimmen die Möglichkeiten und Grenzen der Manipulation und Messung von Variablen gleichzeitig die Möglichkeiten und Grenzen der Formulierung empirisch überprüfbarer Hypothesen. Von der Art und Weise der *Operationalisierung* der theoretischen Konzepte, d.h. also von der geeigneten Wahl der abhängigen (AV) und unabhängigen (UV) Variablen, hängt naturgemäß der Geltungsbereich des erhobenen experimentellen Befundes ab: Je repräsentativer die für das theoretische Konstrukt selbst sind, um so größer ist der Geltungsbereich des Befundes, d.h. um so höher ist die *Konstruktvalidität* eines Experiments (Cook & Campbell, 1979). Eine Auflistung der typischen Fehler bei der Generierung von Hypothesen enthält Tabelle 3.1.

An dieser Stelle ist festzuhalten: Die Möglichkeiten der experimentellen Methode in der Psychologie sind besonders eng an den *Einfallsreichtum* des Experimentators geknüpft, Fragestellungen derart in Hypothesenform zu formulieren, dass das Experiment eine Antwort auf die häufig recht komplexe Fragestellung geben kann. Dies setzt voraus, dass der Experimentator sich gleichzeitig Techniken und Versuchsanordnungen einfallen lässt, die den psychologischen Sachverhalt in angemessener Weise erforschbar machen.

Tabelle 3.1

Typische Fehler bei der Generierung wissenschaftlicher Hypothesen (1)

1 Es wird eine Hypothese formuliert, die zu allgemein gehalten ist, als dass sie in sinnvoller Weise untersucht werden könnte.

2 Es werden die Begriffe in der Hypothese nicht operational definiert, so dass deren experimentelle Realisation als abhängige und unabhängige Variablen nicht möglich ist.

3 Es wird versäumt, rechtzeitig an das Designing des Experiments, an dessen Durchführung sowie an die Auswertung der experimentellen Daten zu denken.

4 Es wird versäumt, die einschlägige Fachliteratur zu studieren.

5 Es wird zu sehr auf die Sekundärliteratur geachtet.

6 Es wird beim Studium der Fachliteratur zu sehr auf die empirischen Befunde und zu wenig auf die dabei benutzten Methoden geachtet.

7 Bei der Lektüre der Fachliteratur wird das wissenschaftliche Thema nicht genügend eingegrenzt (der Leser „verliert sich" in der Literatur und wird dadurch entmutigt).

8 Bei der Durchsicht der Fachliteratur werden zu viele Exzerpte angefertigt und dabei nicht klar genug zwischen Wichtigem und Unwichtigem unterschieden.

Definition und Kontrolle von UV und AV Eine saubere Planung des Versuchs bestimmt in entscheidender Weise das Ausmaß der *internen* Validität des Experiments. Mit anderen Worten, der Versuch ist derart zu planen, dass bei der späteren Auswertung die Befunde auf eine möglichst eindeutige *Wenn-Dann-Beziehung* zwischen unabhängigen und abhängigen Variablen zurückführbar sind, die Wirkung von Störvariablen also möglichst auszuschließen ist. Von Bedeutung in diesem Zusammenhang ist die Wahl der Abstufung der Hauptfaktoren (unabhängige Variablen, *UV*). Dies lässt sich an einem Versuchsbeispiel wie folgt verdeutlichen:

In einer Untersuchung über die Abhängigkeit der Pulsfrequenz (*AV*) von dem Schwierigkeitsgrad einer geistigen Tätigkeit (*UV*) tritt nicht unbedingt zwischen zwei verschiedenen Bedingungen geistiger Aktivität ein Pulsfrequenzunterschied auf. Der Unterschied ist erst dann zu erwarten, wenn sich die beiden Aktivitäten bezüglich ihres Schwierigkeitsgrades in deutlichem Maße voneinander unterscheiden. Ein Verfahren zur Erhöhung des Effekts der unabhängigen Variablen auf die Messwerte der abhängigen Variablen kann demnach darin bestehen, möglichst *extreme* Varianten der unabhängigen Variablen vorzusehen. Eine Voraussetzung für ein solches Vorgehen ist allerdings das Bestehen einer *monotonen* Beziehung zwischen unabhängigen und abhängigen Variablen. Das heißt, dass mit einer Erhöhung respektive Verminderung der Werte der unabhängigen Variablen stets eine Erhöhung bzw. Verminderung der Messwerte der abhängigen Variablen einhergeht (Box 3.1).

Box 3.1: Morgan's Canon

Morgan's Canon (Occam's Razor). – Dieses Gütekriterium besagt, dass bei sonst gleichem Voraussagewert einfachere Grundlagen solchen vorzuziehen sind, die eine kompliziertere und damit oft auch wohl spekulativere Basis der Hypothesenbildung zur Voraussetzung haben. Dem Psychophysiologen Clifford T. Morgan (1906) verdanken wir dazu die folgende Überlegung, die speziell am tierpsychologischen Fall erörtert wurde:

„In no case is an animal's activity to be interpreted in terms of higher psychological processes, if it can be fairly interpreted in terms of processes which stand lower in the scale of psychological ... development." (Morgan, 1906, p. 59)

Mit dieser Überlegung ist die Forderung verbunden, dass das Verhalten und Erleben von Tieren zunächst mittels einfachster, *sparsamer* Erklärungen zu deuten ist. Beispielsweise sollte man tierisches Verhalten dann nicht als „einsichtsvoll" zu erklären versuchen, wenn dieses auf (komplexere) Instinktketten zurückzuführen ist. Analog dazu sollte sich auch die Hypothesenbildung danach richten (*Prinzip der Sparsamkeit*).

Das mit „*Occam's Razor*" Bezeichnete meint im Grunde dasselbe wie Morgan's Canon, nur ist es ein sämtlichen Wissenschaften gemeinsames Prinzip der sparsamen Hypothesen- und Theorienbildung. In den sog. weichen Bereichen der Psychologie wird vergleichsweise wenig sparsam, hingegen in den sog. harten Bereichen wesentlich sparsamer bei den Hypothesenbildungen vorgegangen (Meehl, 1978).

Morgan, C. T. (1906). An introduction to comparative psychology. (2nd ed.) London: Scott

Meehl, P. E. (1978). Theoretical risks and tabular asterisks: Sir Karl, Sir Ronald, and the slow progress of soft-psychology. Journal of Consulting and Clinical Psychology, 46, 806 – 834.

3.3   Hypothesen als Vorhersagen

Insoweit Hypothesen gemäß den Ausführungen der beiden voranstehenden Abschnitte dieses Kapitels formuliert werden, stellen sie gewissermaßen *Vorhersagen* im Sinne von „*Wenn-Dann*"-Beziehungen dar. Empirisch sinnvolle Hypothesen müssen immer an der Erfahrungswirklichkeit testbar sein: Je genauer die Hypothesen getestet werden können, desto besser sind sie im eigentlich wissenschaftlichen Sinne. Nur insoweit Hypothesen so genau formuliert und damit gut empirisch testbar sind, haben sie auch den Charakter von Vorhersagen. Derlei Hypothesen sind Vorhersagen vom Typ der *Wahrscheinlichkeitsvoraussagen*. Man denke dabei an die drei nachfolgenden Bedingungen, die erfüllt sein müssen, wenn man von einer Beziehung der Art „*Wenn X, dann (wahrscheinlich) Y*" sprechen darf:

- X geht Y zeitlich voraus
- weitere Bedingungen außer X, auf die Y eine Folge sein könnte, sind nicht wirksam (oder aber durch Randomisierung ausbalanciert)
- die Messung von (X und) Y ist (höchstens) mit einem *Zufallsfehler,* nicht aber mit einem systematischen Fehler behaftet (s. dazu das *Max-Kon-Min-Prinzip,* Box 2.1).

Dieselbe Beziehung lässt sich dann im Sinne einer als Vorhersage zu verstehenden Hypothese auch folgendermaßen formulieren: *Wenn X die Ausprägung von Y bedingt bzw. dem zu beobachtenden Y vorangeht und weitere Bedingungen (Störfaktoren) unwirksam sind, dann* tritt (wahrscheinlich) Y ein.

Bevor das Prinzip dieser allgemeinen Hypothesenbildung aus der Sicht des Experimentalpsychologen spezifiziert wird, sei noch auf ein psychophysiologisches „Experiment" hingewiesen, das der spätantike Arzt Galenus (130-201 n. Chr.) an einer seiner Patientinnen, die er auf ihre Schlaflosigkeit hin behandelte, durchführte ($N = 1$):

Galenus berichtet, dass diese Patientin während einer seiner ärztlichen Konsultationen die Nachricht erhielt, es werde heute der Tänzer Alpha im Theater auftreten. Daraufhin wurden bei ihr deutliche Zeichen der Veränderung in Ausdruck und Farbe des Gesichts sowie an ihrem Puls bemerkbar. Um die vermutete Ursache für diese Veränderungen zu untersuchen, ließ Galenus der Dame daraufhin in den nächsten Tagen von sich aus (fingierte) Nachrichten zukommen, derart, dass einmal die Tänzer Eta oder Theta und dann wiederum der Tänzer Alpha auftreten würden. Was Galenus vorhergesagt hatte, trat ein: Während sich bei der Dame keinerlei Ausdrucksveränderungen in den beiden Fällen Eta und Theta zeigten, kam es im Falle von Alpha jedoch abermals zu starken Alterationen des Ausdrucks, worauf Galenus schloss: „So fand ich heraus, dass die Dame in den Tänzer [Alpha] verliebt war. Sorgfältige Beobachtungen an den folgenden Tagen bestätigten dies." (zitiert nach Hofstätter, 1972)

Offensichtlich verhielt sich Galenus getreu dem kausaltheoretischen Muster der oben angeführten Hypothesenbildung und sagte dementsprechend vorher: Wenn der Tänzer Alpha im Theater auftritt und meine Patientin erfährt davon (X), dann zeigt sie (wahrscheinlich) Anzeichen der Unruhe (Y). Wenn dagegen andere Tänzer auftreten (X_0), dann zeigt sie diese Alterationen (wahrscheinlich) nicht (Y_0).Gemäß derselben Logik einer *zweistufigen* Bedingungsvariation war übrigens auch das schon an anderer Stelle zitierte Experiment im alten Ägypten geplant und durchgeführt worden, das der einführenden Illustration des *Zweistichprobendesigns* diente, nur dass dort zwei Probandengruppen getestet wurden (s. Kap. 2.1).

3.4 Beispiele für prüfbare Hypothesen

Obwohl es in der heutigen Experimentalpsychologie viele Versuche mit nur *zweistufiger* Bedingungsvariation gibt, wird dieser Designtyp zunehmend seltener und steht dann nur am Anfang einer Erkundungsphase auf einem neu zu bearbeitenden Gebiet. Das heißt, dass die allgemeinen Ansprüche an die Hypothesenbildung eines psychologischen Experiments heute im Vergleich zu früher wesentlich gewachsen sind. Dementsprechend würde etwa im Hinblick auf den *unifaktoriellen* Designfall die allgemeine Hypothese präziser wie folgt lauten: *Wenn ein X (UV) mit seinen Abstufungen* $X_1, X_2, X_3 >, \dots , X_p$ *dem zu beobachtenden variablen Ereignis Y vorangeht und weitere Bedingungen (Störfaktoren) unwirksam sind, dann* tritt wahrscheinlich Y (AV) in entsprechend abgestufter Weise ein ($Y_1, Y_2, Y_3 \dots, Y_p$).

Während für *mehrfaktorielle* Fälle die allgemeine Hypothesenformulierung analog lautet, interessiert an dieser Stelle besonders der Sachverhalt, dass eine genuin relevante Hypothese („*wenn* ..., *dann* ...") heutzutage typischerweise sehr präzise abgestuft formuliert sein muss, um ein wissenschaftlich anspruchsvolles Experiment zu begründen. Dafür werden im Folgenden einige Beispiele angeführt, die ihrerseits schrittweise den Aspekt des wissenschaftlichen Anspruchs illustrieren. Zu beachten ist dabei, dass die statistische Hypothesenprüfung eine andere, dem Laien ungewohnte *Formulierungsbasis* für die ansonsten gleiche Hypothese hat, indem sie immer von der Aufstellung und Testung der sog. *Nullhypothese*(H_0) ausgeht und diese der sog. *Alternativhypothese* (H_1) gegenüber stellt (s. Kap. 7.3).

Versuchsbeispiel (Fortsetzung): Schlaf- und Traumexperiment

Beispiel 1: Zweistufiges unifaktorielles Experiment In dem obigen Versuchsbeispiel „*Schlaf- und Traumexperiment*" (vgl. Kap. 2.2) ist aus Vereinfachungsgründen zunächst nur der Faktor A (Traumphasen vs. traumfreie Schlafphasen) betrachtet worden. Wenden wir uns nun dem zweiten Faktor – der wiederholten Darbietung der 85 dB lauten Weckreize (Faktor B) – zu und betrachten diesen vorerst im Sinne eines zweistufigen unifaktoriellen Experimentes. In Abhängigkeit von der erstmaligen Darbietung (X_0) und der wiederholten Darbietung (X_1) der Weckreize wurde im Originalexperiment die *Zeit bis zum Aufwachen* (*AV*) untersucht (Jovanovič, 1978).

    Hypothese: Wenn Weckreize wiederholt (X_1) dargeboten werden, dann zeigen sich (wahrscheinlich) längere Aufwachzeitwerte ($\overline{Y}_1$), als wenn die Weckreize erstmalig (X_0) dargeboten werden ($\overline{Y}_0$).

Wissenschaftlich inhaltliche Hypothese: $\overline{Y}_1 \geq \overline{Y}_0$ (Arbeitshypothese)
    (für die Mittelwertsprüfung)
Statistische Hypothese: $\overline{Y}_1 = \overline{Y}_0$ (Nullhypothese)

    Unter Beachtung des oben Geforderten ist klar, dass ein solches Experiment nur eine sehr grobe Hypothesenbildung zur Voraussetzung hat. Der in Abbildung 3.3 dargestellte Trend lässt verschiedene Alternativfunktionen der allgemeinen Art $Y = f(X)$ zu.

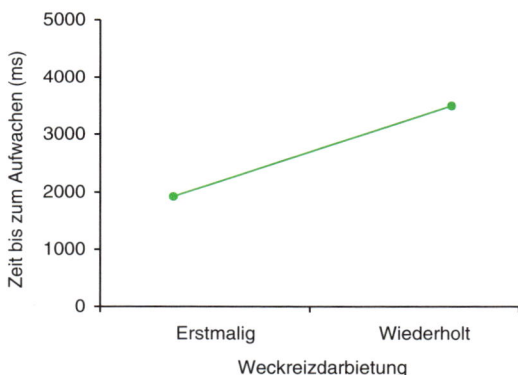

Abbildung 3.3: Abhängigkeit der Aufwachzeit (AV) von der Wiederholung des Weckreizes. (Nach Daten von Jovanovič, 1978).

Beispiel 2: Vierstufiges unifaktorielles Experiment (mit Trendfaktor) Tatsächlich wurde in dem Originalexperiment die Abhängigkeit der Aufwachzeit (*AV*) von der insgesamt *vierfach* wiederholten Weckreizdarbietung, die damit einen *Trendfaktor* (X_1, X_2, X_3, X_4) bildet, geprüft.

    Hypothese: Die Aufweckzeiten ($\overline{Y}_1, \overline{Y}_2, \overline{Y}_3, \overline{Y}_4$) werden mit zunehmend wiederholter Darbietung (X_1, X_2, X_3, X_4) immer länger.

Wissenschaftlich inhaltliche Hypothese: $\overline{Y}_1 < \overline{Y}_2 < \overline{Y}_3 < \overline{Y}_4$ (Arbeitshypothese)
    (für die Mittelwertsprüfung)
Statistische Hypothese: $\overline{Y}_1 = \overline{Y}_2 = \overline{Y}_3 = \overline{Y}_4$ (Nullhypothese)

    Klarerweise begründet eine solche Hypothesenformulierung die Durchführung eines wesentlich *präziseren* Experiments, als dies vergleichsweise für das Beispiel 1 zutrifft. Das heißt es erlaubt, den Trendtyp der Ergebnisse für $\overline{Y}_1$, $\overline{Y}_2$, $\overline{Y}_3$ und $\overline{Y}_4$ zu prüfen (Abb. 3.4).

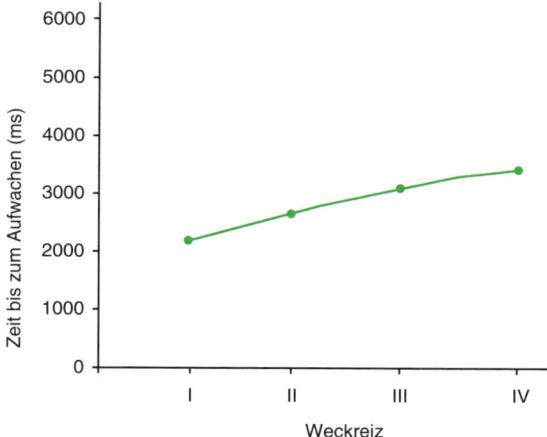

Abbildung 3.4: Abhängigkeit der Aufwachzeit (AV) von der vierfachen Wiederholung der Weckreize – ein positiver Trend. (Nach Daten von Jovanovič, 1978).

Beispiel 3: Zweifaktorielles Experiment (mit einem Trendfaktor) Betrachten wir das Experiment nun in seiner Vollständigkeit.

Hypothese: Wiederholte Weckreize (Trendfaktor A mit Wiederholungsmessung: X_{A1}, X_{A2}, X_{A3}, X_{A4}) wirken in Traumphasen (X_{B1}) wesentlich schwächer als während einer traumfreien Phase (X_{B2}) (Faktor B mit Wiederholungsmessungen auf beiden experimentellen Stufen).

Wissenschaftlich inhaltliche Hypothese: $\overline{Y}_1 > \overline{Y}_2 > \overline{Y}_3 > \overline{Y}_4$ (Arbeitshypothese)

(für die Mittelwertsprüfung)

Statistische Hypothese: $\overline{Y}_1 = \overline{Y}_2 = \overline{Y}_3 = \overline{Y}_4$ (Nullhypothese)

Im Vergleich zu unseren Beispielen 1 und 2 weist der vorliegende Hypothesenfall einen entscheidenden Vorteil auf: er sagt alle drei experimentellen Effekte voraus, nämlich die für die Faktoren *A* und *B* sowie deren möglichen *Wechselwirkungseffekt A x B* (Abb. 3.5, s. dazu auch Kap. 4.2, Box 4.3).

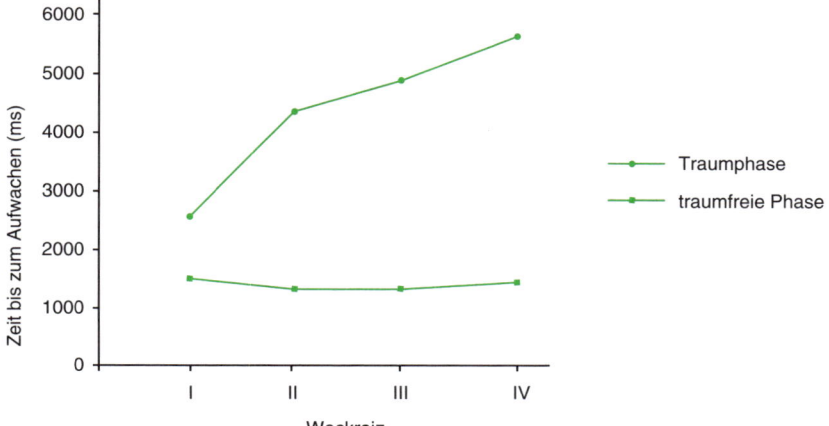

Abbildung 3.5: Der Traum als „Wächter" des Schlafes: Wie aus der Erhöhung der Weckschwelle ersichtlich, ist man während der Traumphasen schwerer weckbar als während traumfreier Schlafphasen. (Nach Daten von Jovanovič, 1978).

Beispiel 4: Modellgeleitetes zweifaktorielles Experiment (mit Trendfaktoren) Ein vor mehreren Jahren entwickeltes *mathematisches Modell* zur *Größengewichtstäuschung* sagt die Größe der Täuschung (AV) in Abhängigkeit von der physikalischen Schwere (X_A) und dem physikalischen Volumen (X_B) vorher (N.H. Anderson, 1970). Für den modelltheoretisch wichtigeren der beiden Faktoren, das physikalische Volumen (B), lautet die Hypothese:

Hypothese B: Wenn das Volumen der ansonsten jeweils objektiv gleich schweren Gewichte klein (B_1), mittel (B_2) oder groß (B_3) ist, dann fällt das subjektive Gewichtsurteil vergleichsweise (wahrscheinlich) schwerer (Y_1), gleich (Y_2) oder leichter (Y_3) aus. Wissenschaftlich inhaltliche Hypothese: $\bar{y}_1 > \bar{y}_2 > \bar{y}_3$ (Arbeitshypothese)

(für die Mittelwertsprüfung)

Statistische Hypothese: $\bar{y}_1 = \bar{y}_2 = \bar{y}_3$ (Nullhypothese)

Wie schon im Beispiel 3 weist der vorliegende Hypothesenfall den Vorteil auf, dass er alle drei experimentellen Effekte – nämlich die für die Faktoren A und B sowie deren *Wechselwirkungseffekt A x B* (Abb. 3.6, Teilabbildung A) – voraussagt.

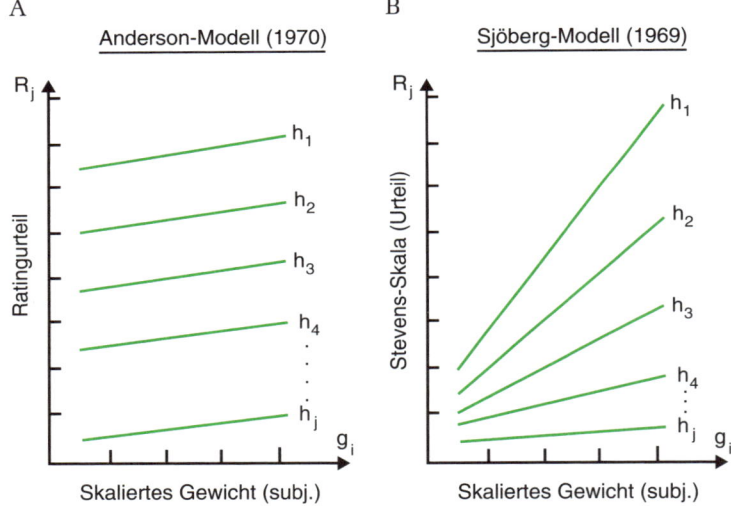

Abbildung 3.6: Schematische Repräsentation zweier mathematischer Modelle, die jeweils unterschiedliche Vorhersagen von Wahrnehmungstäuschungstrends für die Größengewichtstäuschung machen, wobei g_j das subjektive Gewicht und h_j die subjektive Höhe für verschieden schwere und große physikalische Objekte bedeuten. A: Andersons (1970) Paralleltrend-Vorhersage; B: Sjöbergs (1969) Wechselwirkungstrend-Vorhersage (nach Sarris 1995).

Wichtig zu wissen ist, dass eine mathematische (Modell-)Hypothese leichter *falsifizierbar* ist (*Deskriptive Statistik, Inferenzstatistik*: s. Kap. 7). Beispielsweise könnte ja ein ganz anderes mathematisches Modell ein und dieselben (Größengewichtstäuschungs-)Datensätze ggfs. viel besser vorhersagen und psychologisch inhaltlich erklären. Tatsächlich ist dies im vorliegenden Fall auch wirklich so geschehen: Während der Amerikaner N.H. Anderson (1970) sein Modell der Größengewichtstäuschung untersuchte und die Arbeit darüber veröffentlichte, hatte zur selben Zeit der Schwede L. Sjöberg (1969) an demselben Thema gearbeitet, ein *anderes* mathematisches Vorhersagemodell formuliert, getestet und darüber ebenfalls publiziert (Abb. 3.6, Teilabbildung B). Diese voneinander unabhängig entwickelten Modelle mit ihren jeweils verschiedenen *Hypothesen* und *Vorhersagen* für ein und denselben Sachverhalt können unmöglich beide richtig sein. Entweder ist *Modell A* oder *Modell B* falsch – oder beide Modelle sind unzulänglich. Einige Jahre später haben andere Untersucher diesen Widerspruch entdeckt, kritische Nachuntersuchungen durchgeführt und sind dabei zu dem Ergebnis gekommen, dass beide Vorhersagemodelle einen experimentell nur begrenzten Wert haben, da sie bestenfalls nur für die jeweils verschieden gewählten, speziellen Untersuchungsvoraussetzungen gelten – und im übrigen vermutlich beide unvollständig bzw. falsch sind (Sarris & Heinecken, 1976; vgl. Sarris, 1995). Das liegt hauptsächlich daran, dass Anderson und Sjöberg jeweils eine andere *Operationalisierung* ihrer *AV* vorgenommen hatten (sog. Stevens-Skala versus Ratingskala).

Das zuletzt behandelte Beispiel verdeutlicht zwei wesentliche Sachverhalte:

- Je präziser und informationsreicher *Hypothesen* formuliert sind, desto günstiger sind die Voraussetzungen für ihre *Falsifikation* (nur über das allgemein akzeptierte wissenschaftslogische Prinzip der Falsifikation schreitet nach Karl Popper eine empirische Wissenschaft voran; s. Box 1.1).

- Schon während des Stadiums der Hypothesenbildung (1) ist es wichtig, die Erfordernisse des Stadiums des Versuchsplans (2), aber auch die des Versuchsaufbaus (3) rechtzeitig mit einzukalkulieren, z.B. die Wahl von mehreren Faktoren ins Auge zu fassen.

Das Stadium (1) ist und bleibt von zentraler Bedeutung während des gesamten Experiments, aber auch von Anfang an sind die Implikationen des späteren Stadiums der *Datenauswertung* (5) sowie der abschließenden *Dateninterpretation* (6) mit zu beachten.

3.5 Gütemerkmale von Hypothesen

Abgesehen davon, dass eine jede gute *Hypothesenbildung* keinen einzigen der oben in Tabelle 3.1 zusammengestellten typischen Fehler enthalten darf, sollte sie darüber hinaus noch einige grundsätzliche Gütemerkmale aufweisen. An diese Merkmale wird zu Recht immer wieder erinnert, weil sie einerseits für jede experimentelle Wissenschaft gelten, aber andererseits in der Psychologie als Wissenschaft vielfach nur ansatzweise befriedigen (vgl. hierzu auch Erdfelder & Bredenkamp, 1994). In Box 3.2 werden diejenigen Gütemerkmale von Hypothesen angeführt, die man in der einschlägigen Fachliteratur am häufigsten vorfindet. Es sind dies die vier Kriterien der (1) *Testbarkeit und Falsifizierbarkeit*, der (2) *Präzisierbarkeit*, der (3) *Theorienrelevanz* und (4) *Morgan's Canon* bzw. *Occam's Razor* (s. Box 3.1).

Box 3.2: Hauptmerkmale guter Hypothesenbildung

Testbarkeit und Falsifizierbarkeit. – Wie im vorigen Abschnitt gezeigt, gilt dieses Gütemerkmal als die eigentliche Voraussetzung für jegliche wissenschaftliche Relevanz einer Hypothese. Dieses Merkmal ist ein allgemein anerkanntes Basiskriterium, das heutzutage sowohl in den „harten" als auch in den „weichen" Bereichen der Psychologie akzeptiert wird.

Präzisierbarkeit. – Anhand der obigen Beispiele 1 bis 4 wurde das Gütemerkmal der Präzisierbarkeit von Hypothesenbildungen erläutert. Dabei müssen zwei verschiedene Aspekte voneinander getrennt werden. Der eine Aspekt betrifft die *qualitativ-konzeptuelle Präzision* von Hypothesen. Das hiermit Gemeinte wird durch das Beispiel 3 illustriert: Aufgrund des zweifaktoriellen Designings (Hinzunahme einer konzeptuell wichtigen weiteren Variablen) ist eine sehr viel differenziertere, d.h. genauere („präzisere") Hypothesenbildung erfolgt, als wenn man nur die in Beispiel 2 dargestellte einfache Variante berücksichtigt (s. Kap. 4.2, Exkurs). Demgegenüber ist mit *quantitativer Präzision* das gemeint, was anhand von Beispiel 4 behandelt wurde. Dort ist der Vorhersagewert einer Modellhypothese im quantitativen Sinne besonders erhöht.

Theorienrelevanz. – Da die Theorienbildung praktisch der Gradmesser für die Bedeutung einer jeden Wissenschaft bzw. eines Wissenschaftsbereichs ist, ist es evident, dass aus Theorien oder Modellen abgeleitete Hypothesen von besonderem Wert sind. Denn auf diese Weise wird der sog. Beziehungsreichtum einzelner Hypothesenbildungen im Vergleich zu solchen erhöht, die nicht von Theorien oder Modellen abgeleitet bzw. ableitbar sind.

Morgan's Canon. – Dieses Gütemerkmal einer guten Hypothesenbildung bezieht sich auf das Prinzip des kreativ einfachen Denkens und Arbeitens in der Experimentalpsychologie (s. Box 3.1; s. ferner Orig 3.1).

Zusammenfassung

Erkenntnisprozesse beginnen mit Hypothesen, die gezielte Erfahrungen erst möglich machen. Erfahrungen können Anlässe sein, um neue, vorläufige Hypothesen zu generieren. Vor allem in den Wissenschaften werden sie so formuliert, dass sie leicht zu kritisieren, am besten sogar widerlegbar sind. Für die Qualität der Hypothesen spricht, wenn sie den kritischen Prüfungen Stand halten. Es gibt kein Fundament der Erkenntnis, kein Verfahren und keine Instanz, die uns mit Sicherheit zur Wahrheit führen. Die Wissenschaft arbeitet mit Hypothesen, um gezielte Erfahrungen zu ermöglichen. Hypothesen haben ihren Ursprung entweder in der Auseinandersetzung mit wissenschaftlichen Theorien bzw. Modellen und konkreten Forschungsergebnissen (systematischer Denkansatz) oder begründen sich in wissenschaftlicher Neugier, Intuition bzw. kreativem Zufall (unsystematischer Denkansatz). In der Hypothese werden gleichzeitig Angaben über die experimentelle Handlung („Operation"), d.h. die Manipulation unabhängiger Variablen, sowie über die konkrete Messung abhängiger Variablen gemacht. Von der Art und Weise der Operationalisierung der theoretischen Konzepte hängt der Geltungs- und Gültigkeitsbereich des erhobenen experimentellen Befundes ab: Je repräsentativer die Operationalisierungen für das theoretische Konstrukt selbst sind, um so valider ist der Befund, d.h. um so höher ist die Konstruktvalidität eines Experiments. Versuche sind derart zu planen, dass bei der späteren Auswertung die Befunde auf eine möglichst eindeutige *Wenn-Dann*-Beziehung zwischen unabhängigen und abhängigen Variablen zurückführbar sind, die Wirkung von Störvariablen also möglichst auszuschließen ist.

Typische Fehler bei der Generierung wissenschaftlicher Hypothesen gilt es zu kennen und zu vermeiden. Als Kriterien für die Güte von Hypothesen gelten deren Testbarkeit und Falsifizierbarkeit, die Präzisierbarkeit, die Theorienrelevanz und das Prinzip des kreativen und sparsamen Denkens bei der Hypothesenbildung.

Aktuelle Internet-Links

Auf der Basis seines Buches „Methods in Behavioral Research" stellt Paul C. Cozby (2004,8. Auflage) unter der Web-Adresse *http://methods.fullerton.edu/* eine geordnete Liste von WWW-Verweisen zu psychologischen Tutorien, Datenbanken, Organisationen und Software zur Verfügung. Studierende, die Interesse an quantitativen Traumforschungsstudien haben und mehr über dieses Forschungsgebiet wissen möchten, finden unter der Web-Adresse *http://mind.ucsc.edu/dreams/* viele Informationen.

Wichtige Fachbegriffe[1]

Alternativhypothese (H1)	Nullhypothese (H0)
Arithmetisches Mittel (Mittelwert)	Operationale Definition
Deskriptive Statistik	Validität
Falsifikation / falsifizierbar	Wechselwirkung
Inferenzstatistik	

---

1 Erläuterungen der Fachbegriffe finden sich im Glossar am Ende des Buches.

Stadium 2: Versuchsplanung[1]

4.1 Konzeption und Systematik der Versuchspläne. . . 60

Box 4.1: Randomisierung: Zufallsgruppenbildung 62
Allgemeine Gütemerkmale eines Versuchsplans 63

4.2 Experimentelle Versuchspläne. 66

Versuchspläne mit Randomisierung 66
Versuchspläne mit Wiederholungsmessungen 67
Versuchspläne mit Blockbildung. 67
Exkurs: Trendanalysen, Wechselwirkungen, Mischdesigns. . . 68
Box 4.2: Trendanalytische Versuchsplanung. 69
Box 4.3: Wechselwirkungen („Interaktionen") 71

4.3 Quasi-experimentelle Versuchspläne 72

Box 4.4: Validitätsbedrohung
(quasi-experimentelles Designing). 73
Konzeption der quasi-experimentellen Versuchsplanung 74
Box 4.5: Cross-over Designs 75

4.4 Ex post facto- und korrelative Versuchsanordnungen. 77

Ex post facto-Versuchsanordnungen 77
Korrelative Anordnungen 80

4.5 Kritische Betrachtung: Optimale Designwahl. 80

Übersicht – die acht Hauptdesigns 80
Realistische Designwahl – eine Orientierungshilfe 81
Box 4.6: Flussdiagramm für die Designwahl. 82

4

ÜBERBLICK

---

1 Erstsemester in Psychologie können dieses Kapitel zunächst überblicksweise, d.h. bis zum ersten Teil von Kap. 4.2 bearbeiten. Spätestens aber ab dem zweiten Studiensemester sollte eine vollständige Bearbeitung erfolgen. (s. Hinweise für die Studierenden).

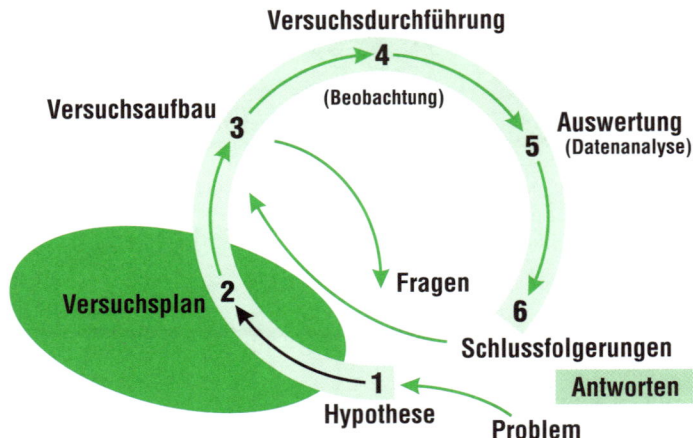

Definition des Versuchsplans

Unter einem Versuchsplan (*Design*) versteht man ein standardisiertes, routinemäßig anwendbares Schema (Strukturschema), das dem Aufbau, der Kontrolle und der methodologischen Bewertung einer empirischen Untersuchung von unabhängigen (*UV*) und abhängigen (*AV*) Variablen sachlogisch zugrunde liegt.

4.1 Konzeption und Systematik der Versuchspläne

Unter Bezugnahme auf das Spiralenmodell lässt sich die obige *Design*-Definition besonders einfach spezifizieren. Danach ist ein *Versuchsplan* (2) ein standardisiertes Untersuchungsschema, dessen Logik im Rahmen des allgemeinen Forschungsprozesses eine Verbindung zwischen der *Hypothese* (1), dem *Versuchsaufbau* (3), der *Versuchsdurchführung* (4) sowie der *statistischen Auswertung* (5) herstellt. Dabei steht das Untersuchungsanliegen meist im Zusammenhang mit bedingungsanalytischen Fragestellungen, d.h. mit Fragen nach *Ursache-Wirkungs-Beziehungen* zwischen unabhängigen und abhängigen Variablen.

Gemäß dem allgemeinen Grundmodell der experimentell-korrelativen Forschungsmethodologie werden verschiedene *Haupttypen* von Versuchsplänen voneinander unterschieden (Tab. 4.1). Bei den Designsymbolen wird besonderer Wert auf die systematische Verwendung gelegt: Für alle Designs bedeutet das Symbol X die Stufe einer experimentell *unabhängigen* Variablen (*UV*), das Symbol Y dagegen den Messwert (Realisation) einer *abhängigen* Variablen (*AV*).

Tabelle 4.1

Einteilung der Versuchspläne (Designs) nach vier Haupttypen in der Systematik der Versuchspläne (vgl. dazu die Hinweise für Studierende)

Experimentelle Designs (R, W, $B(R)$)

Quasi-experimentelle Designs (Q)

Ex post facto-Designs (E),

Korrelative Designs (K)

Die Symbole R, W, $B(R)$ usw. bedeuten:
R = Zufallsgruppenversuchsplan („randomized group design")
W = Versuchsplan mit Wiederholungsmessungen („repeated measures design")
$B(R)$ = Blockversuchsplan („randomized block design")
Q = Quasi-experimenteller Faktor
K = Korrelativer („correlational") Faktor
O = Organismusfaktor

Die jeweilige Anzahl dieser Symbole gibt an, ob es sich um ein uni-, ein bi- oder ein trifaktorielles Design handelt (z.B. R = unifaktoriell; RR = bifaktoriell; RRR = trifaktoriell usw.).

In Tabelle 4.2 ist ein Designschema am Beispiel eines einfachen experimentellen *Zweigruppenversuchsplans* mit Zufallsgruppenbildung (R) dargestellt. In seinem linken und mittleren Teil sind die beiden Versuchsgruppen (1, 2) zusammen mit den Abstufungen der zeitlich vorangegangenen experimentellen *Behandlungen* (Stufen, Treatments) notiert, dagegen im rechten Teil die abhängigen Messwerte der *Beobachtungen* (Y) symbolisiert. In diesem Sinne repräsentieren also die *Zeilen* (Reihen) – von oben nach unten – jeweils verschiedene *Versuchsgruppen* (links), *Treatments bzw. Behandlungen* (Mitte) und *Messungen* (rechts). Das Symbol R steht für *Randomisierung* (Box 4.1).

Tabelle 4.2

Allgemeine Verwendung von Designsymbolen, dargestellt am Beispiel eines experimentellen Zweigruppenversuchsplans mit Zufallsgruppenbildung (Randomisierung, R).

Design 1.0	Zweigruppenplan ohne Vorher-Messung: Design R – 2.		

	Versuchs-gruppe	Vorher-Messung	Treatment X	Nachher-Messung
R	1	–	X_1	$\overline{Y}_{1\,nach}$
	2	–	$X_2(X_0)$	$\overline{Y}_{2\,nach}$

AV: Messwerte der abhängigen Variablen ($\overline{Y}$)

Box 4.1: Randomisierung: Zufallsgruppenbildung

Zur Untersuchung der Auswirkung verschiedener – zum Beispiel *zweier* unterschiedlicher – experimenteller Bedingungen muss die Zuordnung der Bedingungen zu den Gruppen per Zufall erfolgen. Das heißt, dass aus einer Gesamtgruppe von Probanden zwei Untergruppen mittels *Zufallsaufteilung* gebildet werden (Abb. 4.1).

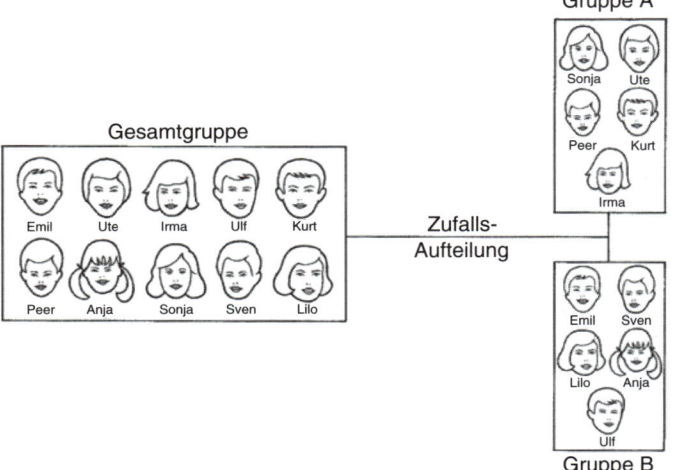

Abbildung 4.1: Zufallsaufteilung einer Gesamtgruppe von N = 10 Probanden (links) in zwei gleiche große Untergruppen (rechts) (Aus Sarris, 1999).

Anstelle des Münzwurfs (s. Demo 2.1 ✐) bedient man sich heutzutage entweder einer Zufallszahlentabelle (Tab. 4.2) oder aber Computeralgorithmen. Bei Verwendung einer Zufallszahlentabelle erhält jeder Versuchsteilnehmer aus der Gesamtgruppe in der Reihenfolge seines Erscheinens eine Zahl aus der Zufallstabelle. Dabei kann, wenn beispielsweise *zwei* Zufallsgruppen gebildet werden sollen, festgelegt werden, dass alle Probanden mit gerader Zufallszahl der Gruppe A, mit ungerader Zufallszahl der Gruppe B zugewiesen werden (s. Abb. 4.1). Die Computeralgorithmen sind entweder als spezifische Stichprobenziehungsroutinen in Statistikprogrammen oder aber als Zufallszahlengeneratoren verfügbar und ermöglichen so, auf einfache Weise, eine automatisierte Zufallsstichprobenziehung

Allgemeine Gütemerkmale eines Versuchsplans

Die vier Designtypen werden – abgestuft nach ihrer *kausalhypothetischen* Relevanz – im Hinblick auf die drei wesentlichen Hauptmerkmale einer allgemeinen Versuchsplanungslogik bewertet; dabei bedeuten: Plus (+) = Gütemerkmal vorhanden, Minus (–) = Gütemerkmal nicht vorhanden.

Gütemerkmal I: Kausaltheoretische Hypothese – vor Versuchsbeginn – ist vorhanden

Eine *positive* Bewertung (+) setzt voraus, dass bereits vor Versuchsbeginn eine klare kausalbezogene Hypothesenbildung vorliegt, gemäß derer die theoretisch bestmögliche Versuchsplanung für den konkreten Untersuchungsfall erfolgt. – Beispiele hierfür stellen alle diejenigen Untersuchungen dar, welche die entsprechenden Symbolvermerke eines strengen Experiments tragen (R, W, $B(R)$).

Gütemerkmal II: Experimentelle Variable ist manipulierbar

Eine *positive* Bewertung (+) hat zur Voraussetzung, dass die einschlägig relevanten experimentellen Variablen auch tatsächlich gemäß den theoretischen Sätzen und der Hypothesenbildung sachrepräsentativ – sowohl im *qualitativen* als auch im *quantitativen* Sinne – variiert werden.

Gütemerkmal III: Alle übrigen Versuchsbedingungen sind kontrollierbar

Eine *positive* Bewertung (+) setzt voraus, dass es gelingt, alle einschlägig zu erwartenden *Störgrößen* (Störvariablen) auszuschalten. Auch mit dem Gütemerkmal III ist ein besonders *hoher* methodischer Anspruch – nämlich derjenige der experimentellen Kontrolle – gestellt, der streng genommen nur selten zu erfüllen ist. Denn natürlich kann in einem Gebiet, dessen wissenschaftlicher Status noch relativ niedrig ist, die Erfassung von Störgrößen kaum zufrieden stellend gelingen, besonders, wenn man nicht genau weiß, welches die *relevanten* Einflussgrößen und welches die *Störgrößen* sind.

Im Falle des Vorliegens von drei Pluszeichen (+++), wobei alle drei Gütemerkmale (I, II, III) gegeben sind, hat man es mit einem idealen Design zu tun, bei dem sämtliche experimentell relevanten Faktoren variierbar sowie alle Störvariablen kontrolliert bzw. kontrollierbar sind. Umgekehrt gilt, dass beim Vorliegen von drei Minuszeichen (– – –) – es fehlen alle drei Gütemerkmale (I, II, II) – grundsätzlich mit sämtlichen Fehlern gerechnet werden muss, welche die interne Validität eines Experiments gefährden (s. Box 4.4, S. 73; vgl. dazu Illu 4.1 👁️: *Schulversuche: „Experimente", die keine sind*). – Eine Mittelstellung nimmt das quasi-experimentelle Design ein.

Gegenüber der herkömmlichen Methodologie weist die in Abbildung 4.2 dargestellte Abstufung der vier Designtypen einen gewichtigen Unterschied auf: In der modernen Versuchsplanung wird das klassische Experiment nur als ein besonderer Fall (Idealfall) einer psychologischen Untersuchungsmethode verstanden. Im Vergleich zu der früheren Auffassung geht die heutige Forschungsstrategie von einer methodologisch abgestuften Hierarchie bezüglich der Verwendung von Versuchsplänen aus. Dabei kommt den oben angeführten Gütemerkmalen (I, II, III) die Bedeutung von allgemeinen Bewertungskriterien für die einzelnen Designtypen zu.

		1 Strenges Experiment	2 Quasi- Experiment	3 Ex post Korre- facto lative Untersuchung	4 Vorexperi- mentelle Untersuchung
I	Kausaltheoretische Hypothese vor Versuchsbeginn vorhanden und hinreichend begründet	+	+	(+)	−
II	Experimentelle Variablen manipulierbar bzw. manipuliert	+	+	−	−
III	Alle übrigen Versuchsbedingungen kontrollierbar bzw. kontrolliert	+	−	−	−

Abbildung 4.2: Allgemeines Gliederungsschema für eine Systematik der Versuchspläne nach den vier allgemeinen Designtypen und deren Bewertung nach verschiedenen Gütemerkmalen (I, II, III). (Modifiziert nach Boesch & Eckensberger, 1969)

Typischerweise entsprechen die „*strengen*" Experimente eher den Laborexperimenten, hingegen die „*korrelativen*" Untersuchungen mehr den Feldversuchen (Abb. 4.3).

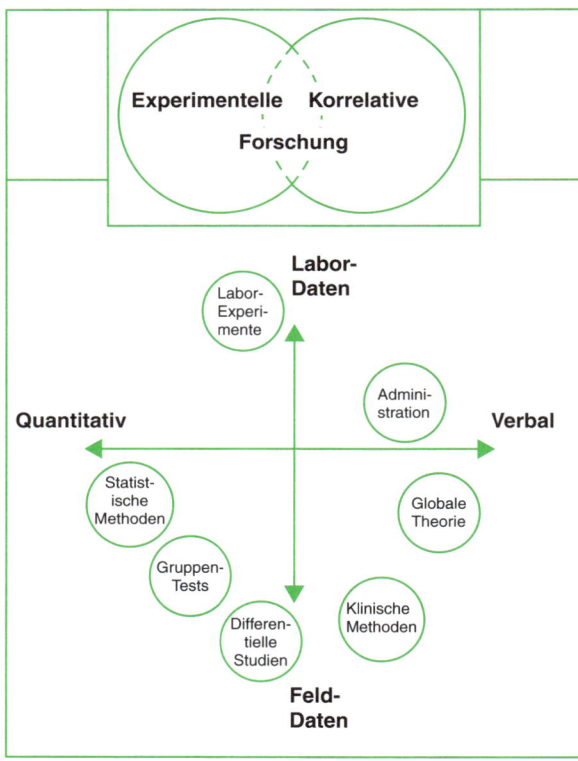

Abbildung 4.3: Zuordnung einzelner Arbeitsbereiche der Psychologie zu den beiden bipolaren Dimensionen „Labor- vs. Felddaten" (Vertikale) und „Quantitativ vs. Verbal" (Horizontale). (Modifiziert nach Thorndike, 1954)

Kurzbeschreibung der Designtypen   Zum näheren Verständnis der vier allgemeinen Designtypen werden hier noch die folgenden Hinweise gegeben (Abb. 4.2):

Vorexperimentelle Designs: Die so genannten vorexperimentellen Designs („*observational studies*" nach Cochran, 1983), auch „ungültig" genannten Versuchspläne, dienen größtenteils nur der methodologischen *Abgrenzung* der experimentellen von der nicht-experimentellen Forschung. Tatsächlich entspricht die Logik der vorexperimentellen Designs eher der des naiven *Alltagsdenkens* als der einer wissenschaftlich relevanten Untersuchungsstrategie.

Strenge Experimente: Die strengen experimentellen Designs, welche den kausaltheoretisch besten Designtyp repräsentieren, werden untergliedert, in

- Versuchspläne mit Zufallsgruppenbildung (*Randomisierung, R*),
- Versuchspläne mit wiederholten Messungen (*Messwiederholung, W*),
- Versuchspläne mit Blockgruppenbildung (*B(R)*),
- Mischversuchspläne.

Quasi-Experimente: Der quasi-experimentelle Versuchsansatz erreicht zwar nicht die kausaltheoretische Bedeutung des strengen Experiments; allerdings stellen die quasi-experimentellen Designs eine wichtige Ergänzung des klassischen, für sich allein zu einseitigen strengen Experiments dar.

Ex post facto- und korrelative Versuchsanordnungen: Bei der *ex post facto*-Versuchs- (Therapie) anordnung wird nur Y systematisch beobachtet. Dann folgt rückblickend eine Suche nach X. Diese Anordnungen wie auch die *korrelativen Designs* besitzen gegenüber den *Quasi*-Experimenten – wenn überhaupt – nur einen sehr geringen bzw. gar keinen kausaltheoretischen Wert. Dies gilt unbeschadet der Tatsache, dass statistische Kausalanalysen von korrelativen Untersuchungsansätzen her entwickelt worden sind.

Moderne gegenüber klassischer Versuchsplanung   Seit den letzten 25 Jahren hat sich mehr und mehr gezeigt, dass in vielen Bereichen der Psychologie das *strenge* (rigorose) Experiment eine *Fiktion* darstellt, die den Forschungsprozess sogar eher behindert als fördert (Campbell & Stanley, 1966; Cronbach, 1975). Denn abgesehen davon, dass vielfach ethische Richtlinien experimentelle Eingriffe (in die Privatsphäre) verbieten, ist häufig dort, wo ein „strenges" Experimentieren praktisch möglich wäre, keineswegs immer mit einer erhöhten Präzision („interne" Validität) auch eine Erhöhung der „externen" Validität und damit auch eine solche des psychologischen Erkenntnisgewinns gegeben. Andererseits werden auch die weniger strengen Designs – insbesondere die quasi-*experimentellen* Designs sensu Campbell u. Stanley (1966) – immer mehr im Rahmen einer kausaltheoretisch geleiteten Forschung in vielen *sozialwissenschaftlichen* und *biomedizinischen* Bereichen, dabei nicht zuletzt auch in der Psychologie, mit beachtlichen Erfolgen eingesetzt (s. Übersicht im *Anhang A.3: „Systematik der Versuchspläne"*).

[handschriftliche Notiz:] Höhere interne Validität durch starke Kontrolle kann zu nieelign externer Validität führen!

4.2   Experimentelle Versuchspläne

Die experimentellen Versuchspläne (Designs mit *Zufallsgruppenbildung*, *Wiederholungsmessungen*, *Blockbildung*) stellen naturgemäß die wichtigsten Designs im Rahmen der gesamten Experimentalpsychologie dar, weshalb sie im Folgenden näher erläutert werden.

	1 Strenges Experiment	2 Quasi- Experiment	3 Ex post Korre- facto lative Untersuchung	4 Vorexperi- mentelle Untersuchung
I Kausaltheoretische Hypothese vor Versuchsbeginn vorhanden und hinreichend begründet	+	+	(+)	–	–
II Experimentelle Variablen manipulierbar bzw. manipuliert	+	+	–	–	–
III Alle übrigen Versuchsbedingungen kontrollierbar bzw. kontrolliert	+	–	–	–	–

Versuchspläne mit Randomisierung

Versuchspläne mit *Randomisierung* (Zufallsgruppenbildung) werden auch als *Between-Designs* bezeichnet, da diese auf dem Mittelwertsvergleich *zwischen* den verschiedenen experimentell behandelten Gruppen basieren. Eine Gesamtgruppe wird per Randomisierung den einzelnen experimentellen Bedingungen zugeordnet. Dies kann mittels einer Zufallszahlentabelle, dem Losentscheid oder dem Münzwurf geschehen. Es wird dabei angenommen, dass sich die interindividuellen Unterschiede (zwischen den einzelnen Versuchsteilnehmern) zufällig auf die einzelnen Bedingungen verteilen. Voraussetzung hierfür ist die *Stichprobentheorie*, welche besagt, dass jedes Mitglied einer Gruppe die gleiche Chance haben muss, gezogen zu werden (s. Kap. 7.1).

Zu diesen Versuchsplänen zählen (*Randomisierung, R*):

- *Zweistichprobenversuchspläne* (1 UV, 2 Stufen): mit der Bezeichnung „Zweistichproben" ist hier die *Zweistufigkeit der UV* gemeint (Beispiele: Demo 4.1 ☞, Orig 4.1 ☞, Illu 4.2 ☞). Diese Designs gibt es entweder *mit Vorher*-Messung oder *ohne Vorher*-Messung. Ein Spezialfall ist das *Solomon-Dreigruppen*-Design (Kontrolle der *Testeffekte* durch Vorher-Messung).

- *Mehrstichprobenversuchspläne* (mehrere Stufen): entweder unifaktoriell mit mindestens drei Stufen (Beispiele: Illu 4.2 ☞; s. auch Orig 7.1 ☞) oder mehrfaktoriell mit mindestens je zwei Stufen.

Vorteile Die Zufallsgruppenpläne zielen auf die Kontrolle der interindividuellen Datenfluktuation, indem durch die Randomisierung eine Gleichheit der Ausgangsbedingungen für alle Versuchsgruppen gewährleistet wird. Merkmale der Versuchsteilnehmer, die als Störvariablen wirken könnten, verteilen sich zufällig auf die einzelnen

Bedingungen. Dadurch üben Organismusfaktoren keinerlei systematischen Effekt auf die AV aus, was die interne Validität eines Experiments erhöht. Eine explizite Kenntnis der Störvariablen ist hierbei nicht notwendig.

Nachteile Allerdings erfordert die Randomisierung entsprechend dem *Gesetz der großen Zahl* eine ausreichend große Stichprobe (*Ökonomie*-Problem). Zudem ist zu beachten, dass durch diese Vorgehensweise der Zufallsfehler typischerweise hoch ist.

Versuchspläne mit Wiederholungsmessungen

Diese Pläne werden auch als *Within*-Designs bezeichnet, wobei eine einzige Versuchsgruppe sämtlichen experimentellen Bedingungen unterzogen wird. Innerhalb dieser Bedingungen werden Vergleiche der Auswirkungen der experimentellen Variation vorgenommen.

Diese Versuchspläne lassen sich wiederum untergliedern in (*Wiederholungsmessung, W*):

■ *Zweistichprobenversuchspläne* (1 Gruppe, 1 Faktor, 2 Stufen): der Begriff „Zweistichproben" bezieht sich erneut auf die Zweistufigkeit des Faktors und bedeutet nicht etwa, dass es sich hier um zwei unterschiedliche Gruppen handelt. – (Beispiel: Orig 4.2).

■ *Mehrstichprobenversuchspläne* (1 Gruppe, mehrere Stufen): entweder unifaktoriell mit mindestens drei Stufen oder mehrfaktoriell mit mindestens je zwei Stufen. – (Beispiel: Orig 2.1 ☜).

Vorteile Die – störende („Rauschen") – interindividuelle Datenvariabilität wird zwischen den experimentellen Bedingungen vollständig eliminiert. Eine explizite Kenntnis der Störvariablen ist nicht notwendig; zudem kann auch mit kleineren Stichproben gearbeitet werden, was die Versuchsdurchführung ökonomisch gestaltet.

Nachteile Das Problem von Versuchsplänen mit wiederholten Messungen liegt in den möglichen Effekten durch *Testübung*; das heißt, die vorangegangenen Messungen können die nachfolgenden beeinflussen – es ergibt sich eine Konfundierung (Verquickung) zwischen der UV und der Bedingungsabfolge. Aus diesem Grund sollte auf einen hinreichend großen Zeitabstand zwischen den Versuchssitzungen und auf eine Ausbalancierung der Abfolge geachtet werden.

Versuchspläne mit Blockbildung

Blockversuchspläne bzw. Versuchspläne mit parallelisierten Gruppen dienen insbesondere der Verminderung der zufälligen Fehlervarianz (inter- und intraindividuelle Datenfluktuation). Bekannte Störfaktoren werden erfasst und die Probanden bezüglich der Ausprägungen in diesen Variablen systematisch den einzelnen Bedingungen zugeordnet, so dass die experimentellen Gruppen von Anfang an *homogener* werden. In der Regel prüft ein *Vortest* die Ausprägung eines Merkmals, das hoch mit der experimentellen *AV* korreliert. Die Versuchsteilnehmer werden anschließend in eine Rangreihe gebracht; danach werden Blöcke (statistische Zwillinge) von Versuchsteilnehmern mit benachbarten Rängen gebildet: Versuchsteilnehmer innerhalb eines Blocks sind sich bezüglich des Vortestmerkmals ähnlicher als Probanden aus unterschiedlichen Blöcken. Die Zuordnung der Versuchsteilnehmer eines Blocks zu den experimentellen Bedingungen erfolgt dann nach dem Zufall (*R*).

Diese Versuchspläne werden wiederum untergliedert in (*Blockgruppenbildung, B(R)*):

■ *Zweistichprobenversuchspläne:* (Beispiel: Orig 4.3 ⬭),

■ *Mehrstichprobenversuchspläne:* entweder unifaktoriell mit mindestens drei Stufen oder mehrfaktoriell mit mindestens jeweils zwei Stufen.

Vorteile Dieser Designtyp stellt einen Kompromiss zwischen den beiden anderen strengen Designs dar, indem er die jeweiligen Vorteile kombiniert: Mit dem Zufallsgruppenplan ist diesem Design gemeinsam, dass hier verschiedene experimentelle Gruppen unter verschiedenen Versuchsbedingungen untersucht werden. Aufgrund der Kontrolle der Between-Varianz verwendet er zudem dieselben statistischen Verfahren wie Designs mit wiederholten Messungen. Bei den Versuchsplänen mit Blockbildung sind die Ausgangsunterschiede zwischen den experimentellen Bedingungen wesentlich geringer als per Randomisierung. Auch ist eine geringe Stichprobengröße aufgrund der Verringerung des Zufallsfehlers möglich.

Nachteile Jedoch wird bei diesen Designs eine explizite Vorkenntnis der Störvariablen vorausgesetzt. Das Vortestmerkmal muss deutlich mit der AV korrelieren. Der Versuchsaufwand ist hierbei typischerweise sehr hoch.

Exkurs: Trendanalysen, Wechselwirkungen, Mischdesigns

Eine jede moderne Systematik der Versuchspläne enthält auch solche Designs, mit deren Hilfe sich methodologisch anspruchsvollere Fragestellungen untersuchen lassen.

Trendanalysen Bereits die Schlaf-Traum-Untersuchung von Jovanovič (1974, 1978) enthält einen so genannten *Trendfaktor* (s. Kap. 3.4, Abb. 3.6). Im Zusammenhang mit der Überprüfung einer bestimmten Dosis-Wirkung-Beziehung in einem psychopharmakologischen Experiment interessiert z.B. die Frage nach dem Nachweis eines *monotonen*, *bitonen* oder gar *tritonen* Trends (Abb. 4.4). Im Falle einer sehr niedrigen bis eher niedrigen Dosierung (linker Abbildungsteil) lässt sich nämlich – gemäß der so genannten *Forth-Düker-Hypothese* – unter Umständen eine paradoxe Leistungssteigerung nachweisen, und das im Falle einer graduell fein abgestuften Dosisstärke (*X*-Achse). In Box 4.2 wird das methodologisch Wesentliche zum trendanalytischen Designing näher erläutert (s. auch Orig 4.4 ⬭).

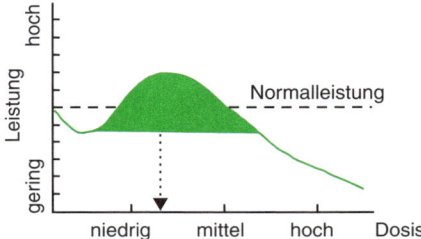

Abbildung 4.4: Hypothetischer Untersuchungsbefund eines psychopharmakologischen Experiments (schematische Darstellung eines tritonen, d.h. dreiästigen Datentrends): Die Entdeckung einer möglichen paradoxen Leistungssteigerung bei relativ niedriger Dosierung (Forth-Düker-Modell). – Vgl. Text.

In der psychopharmakologischen Originalarbeit (Forth, 1966) wurde der fragliche Dosisbereich eines zu untersuchenden Sedativums in insgesamt zehn Abstufungen $(X_1, X_2, X_3, ..., X_{10})$ an ein und derselben Probandengruppe systematisch geprüft – erst

aufgrund dieser trendanalytischen Versuchsplanung war der Nachweis eines (paradoxen) tritonen – anstelle eines trivialen monotonen – Wirkungstrends möglich
(s. Abb. 4.4). Dieses experimentelle Resultat, dessen methodische Voraussetzungen
ausführlich an anderer Stelle diskutiert wurden (Sarris, 1968), hätte mithilfe eines
drei- oder gar nur zweistufig konzipierten Designs nicht erzielt werden können!

Box 4.2: Trendanalytische Versuchsplanung

Von einem trendanalytischen Untersuchungsansatz in der experimentellen Psychologie spricht
man, wenn die unabhängige Variable (*UV*) aus drei oder mehr *graduell* abgestuften Bedingungen
bzw. Treatments (*X*) besteht. Dadurch lässt sich prüfen, ob und in welcher Weise die AV-Werte (*Y*)
wachsen, wenn *X*(*UV*) wächst. Naturgemäß heißt das, dass hierbei sowohl die X- als auch die
Y-Achse zumindest ordinal skaliert sein müssen.

Ein typisches Beispiel für trendanalytisches Experimentieren enthält eine psychopharmakologische
Untersuchung der Dosis-Wirkung-Beziehung, wobei die Dosis (*UV*) im Sinne einer graduellen
„*kleiner*"-„*größer*"-Abstufung variiert wird (Abb. 4.4). Das damit generell Gemeinte lässt sich
auch anhand eines Negativbeispiels verdeutlichen: Im Falle eines allzu einfachen Zweigruppenver-
suchs können durchaus *irrige* Schlussfolgerungen aus den resultierenden Daten gezogen werden
(man studiere dazu in Abb. 4.5 die ausführliche Abbildungslegende!). Auch können verschiedene
Zweistichproben-Untersucher, welche jeweils andere UV-Bereiche (Ausschnitte) experimentell
prüfen, notfalls zu diametral entgegengesetzten Befunden auf Grund ihrer jeweils limitiert erhobenen Datensätze gelangen, übrigens ohne dass sie sich des Grundes dafür bewusst sind (vgl. dazu
den linken versus rechten Trendabschnitt in Teilgrafik C von Abb. 4.5).

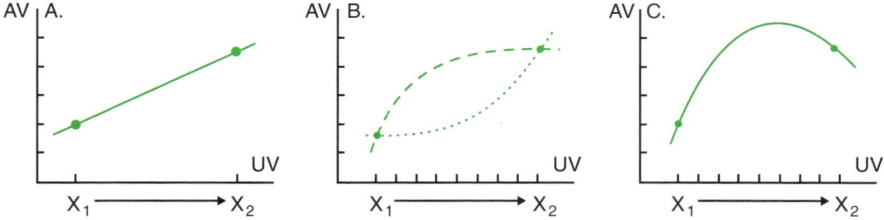

Abbildung 4.5: Zur Wahl eines trendanalytischen Mehrstichprobendesigns: Zwei gemäß einem Zweistichproben-
versuchsplan – unter den Bedingungen X_1 und X_2 – erhaltene Durchschnittswerte werden in der grafischen
Darstellung üblicherweise durch eine Gerade miteinander verbunden; dabei wird die Annahme einer linearen
bzw. monotonen Beziehung zwischen der UV und AV, meist stillschweigend, gemacht (A.). Demgegenüber kann
die tatsächliche Beziehung z.B. eher positiv oder eher negativ beschleunigt sein (B.) oder gar non-monoton, z.B.
biton (C.) sein. – Die gesamte UV-AV-Beziehung lässt sich grundsätzlich durch die Verwendung eines Mehrstich-
probenversuchsplans geeignet untersuchen, im Sinne einer trendanalytischen Designverwendung. (Sarris, 1992)

Gerade in den Bereichen der Allgemeinen Psychologie – zum Beispiel Psychophysik und Wahrnehmungspsychologie – ist trendanalytisches Experimentieren in der heutigen Forschung zur Regel
geworden. Wie das trendanalytische Designing verdeutlicht, ist es ohnehin das Hauptziel einer
jeden experimentellen Forschung, die unabhängige(n) Variable(n) – d.h. die *Inputs* (*UV*) – möglichst quantitativ systematisch zu manipulieren, um so quantitative *Verhaltensgesetze* auffinden
bzw. bestätigen zu können.

Trendanalytisches Experimentieren erlaubt grundsätzlich eine – auch im statistisch-methodischen Sinne – wesentlich präzisere Prüfung, als dies naturgemäß für die einfachen *Zweigruppendesigns* gilt. Hierauf hinreichend aufmerksam zu machen, ist eines der Anliegen der heutigen experimentalpsychologischen Grundausbildung. Beispielsweise enthält das Untersuchungsmaterial zu einem besonders einfach nachvollziehbaren Praktikumsexperiment zur *„Begriffsbildung"* wenigstens eine dreistufige Variation der *„Konkret-Abstrakt"*-Dimension (*UV*), und das gemäß einem monotonen „Trend" (*AV*) als Funktion des hier dreistufig gewählten Abstraktionsgrads des Versuchsmaterials (Sarris, 1995; vgl. hier Abb. 4.6, Abb. 4.7).

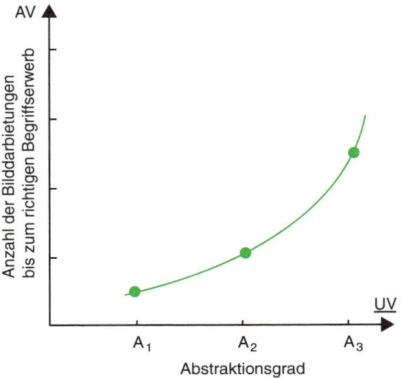

Abbildung 4.6: Trendanalytischer Hauptbefund bei einem (Praktikums-)Experiment zur Begriffsbildung: Abstraktionsgrad der dargebotenen Bildobjekte (UV, dreistufig). (Nach Sarris, 1995)

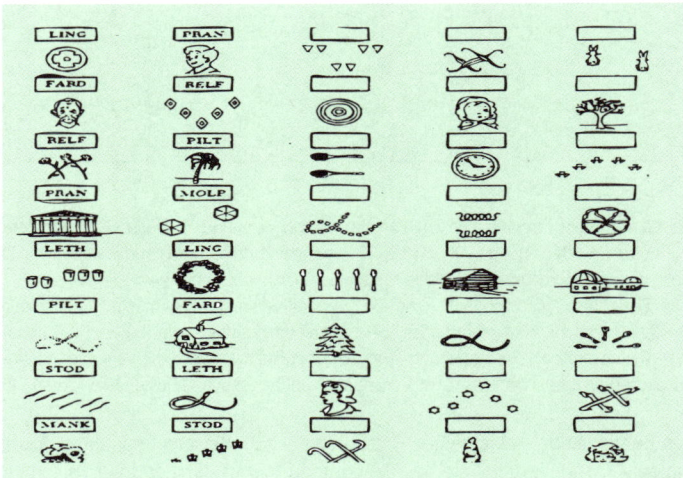

Abbildung 4.7: Materialvorlage (Ausschnitt) zur Untersuchung der Begriffsbildung („Konzepterwerb") in einem humanpsychologischen Praktikumsexperiment. (Modifiziert nach Sarris, 1995, Bd. I, Kap. 4)

Wechselwirkungseffekte Die moderne Versuchsplanung geht nahezu routinemäßig von der Überprüfung der möglichen *Wechselwirkungen* („Interaktionen") zwischen zwei oder mehr Einflussfaktoren aus (s. dazu das Schlaf-Traum-Beispiel, Kap. 3.3; s. ferner Box 4.3).

Box 4.3: Wechselwirkungen („Interaktionen")

Die Untersuchung von zwei oder mehr Faktoren mittels ein und desselben Versuchsplans erlaubt die Analyse einer besonderen Art des Zusammenwirkens der Faktoren – nämlich die des möglichen Nachweises von so genannten Wechselwirkungen (*Interaktionen*), falls in der Natur solche besonderen Kombinationseffekte tatsächlich existieren. In inhaltlicher Hinsicht entsprechen Wechselwirkungen dem gestaltpsychologischen Postulat, demzufolge *„das Ganze* (hier: Gesamtwirkung) *mehr als durch die Summe seiner Teile"* (hier: Einzeleffekte) verursacht ist. Das bedeutet, dass die Einzelfaktoren im Falle von Wechselwirkungen *nicht-additiv* zusammenwirken. In grafischer Veranschaulichung dargestellt, heißt das, dass die resultierenden Datentrends bei Wechselwirkungen *nicht-parallel* zueinander verlaufen. Dieser Sachverhalt wird anhand der in Abbildung 4.8 dargestellten Trends illustriert.

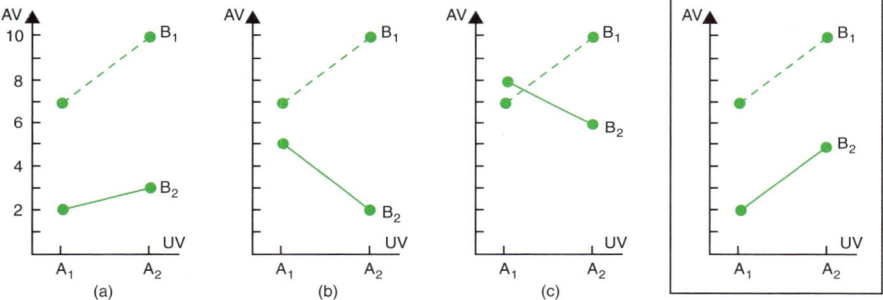

Abbildung 4.8: Typische Beispiele für Wechselwirkungen (Interaktionen) von zwei Faktoren, vereinfacht dargestellt mit jeweils nur zwei Merkmalsabstufungen. a: Ordinale; b und c: disordinale Wechselwirkung der Faktoren *A* und *B* im Vergleich zur Noninteraktion (keine Wechselwirkung: s. Paralleltrends in der Teilabb. rechts). (Nach Bredenkamp, 1980)

In dieser Abbildung wird der Fall der *Nicht-Wechselwirkung* (rechts: *parallele* Datentrends) schematisch den drei verschiedenen Typen von Wechselwirkungen gegenübergestellt. Man unterscheidet hierbei zwischen *ordinalen* und *disordinalen* Interaktionen. Ordinale Interaktionen liegen vor, wenn eine Faktorstufe der anderen Faktorstufe unter allen möglichen Stufen des zweiten Faktors in der Ausprägung mindestens ebenbürtig oder überlegen ist (vgl. Abb. 4.8 (a)). Disordinale Interaktionen liegen vor, wenn die Unterschiede der Faktorstufen von *B* unter A_1 und unter A_2 in unterschiedlicher Richtung ausfallen (vgl. Abb. 4.8 (b) und (c)). Während bei *ordinalen* und *disordinalen* Interaktionen die Effekte über die Faktorstufen beider Faktoren in ähnlicher Form vorliegen, spricht man ergänzend von einer semiordinalen bzw. hybriden Wechselwirkung dann, wenn sich der Effekt unter den Stufen des einen Faktors gleichsinnig, unter denen des anderen Faktors aber unterschiedlich verhält.

Die multifaktorielle Versuchsplanung erlaubt die systematische Analyse solcher Wechselwirkungen. Psychologisch wichtige Beispiele für das damit Gemeinte finden sich an anderer Stelle (Kap. 3.2, Abb. 3.5; Kap. 4.2, Abb. 4.2). Mittels der so genannten Varianzanalyse wird die statistische Signifikanz von Wechselwirkungen aufgrund eines so genannten *F-Tests* überprüft (s. auch Varianzanalyse in Kap. 7.3): Liegt eine Wechselwirkung („Interaktion") vor, dann gilt grundsätzlich, dass die Größe des jeweiligen Effekts des einen Faktors (*A*) von der jeweiligen Stufe des anderen Faktors (*B*) bzw. der anderen mituntersuchten Faktoren (*B, C, ...*) abhängt.

Mischdesigns Unter einem *Mischversuchsplan* („*mixed design*") versteht man ein zwei- oder mehrfaktorielles Design, bei dem die einzelnen Faktoren *verschiedenen* Designtypen entsprechen (z.B. Zufallsgruppenfaktor, *R*; Faktor mit wiederholten Messungen, *W*; Blockdesign-Faktor, *B*(*R*)). Die Verwendung eines Mischversuchsplans hat – günstigenfalls – die folgenden Vorzüge:

- *Prinzip der Gütemerkmalskombination:* Auf dieser Basis können die mit den verschiedenen Designtypen verbundenen *Vorteile* miteinander kombiniert werden.

- *Prinzip der Sekundär- und Fehlervarianzkontrolle:* Dieser Vorteil betrifft die geeignete Kontrolle von systematischen und unsystematischen Fehlerquellen (vgl. dazu das *Max-Kon-Min-Prinzip* der Versuchsplanung; s. Box 2.2).

- *Prinzip des experimentell-korrelativen Forschungsmodells:* Hierbei wird das Anliegen des experimentell-korrelativen Designing – im Sinne einer speziellen Designwahl – genutzt, nämlich die Kombination von streng experimentellen Faktoren und Organismusvariablen, und das zwecks sachrepräsentativer sowie artefaktfreier Forschungsanalysen (*semiexperimentelles* Designing). Bestenfalls wird bereits vor – und nicht nach – der Versuchsdurchführung ein semiexperimentelles Designing in Betracht gezogen (vgl. dazu Kap. 8.2, Box 8.1).

4.3 Quasi-experimentelle Versuchspläne

Unter *quasi-experimentellen* Versuchsplänen versteht man allgemein solche Designs, die in der Experimentalpsychologie einen kausaltheoretisch deutlich geringeren Status als die streng experimentellen Versuchspläne besitzen.

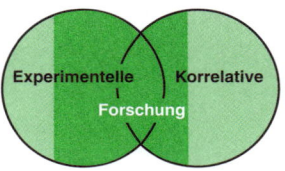

		1 Strenges Experiment	2 Quasi- Experiment	3 Ex post Korre- facto lative Untersuchung	4 Vorexperi- mentelle Untersuchung
I	Kausaltheoretische Hypothese vor Versuchsbeginn vorhanden und hinreichend begründet	+	+	(+)	–
II	Experimentelle Variablen manipulierbar bzw. manipuliert	+	+	–	–
III	Alle übrigen Versuchsbedingungen kontrollierbar bzw. kontrolliert	+	–	–	–

Mit den strengen experimentellen Designs verbindet die *quasi-experimentelle* Versuchsplanung das Hauptmerkmal der experimentellen Variierbarkeit von relevanten Untersuchungsfaktoren; dagegen spielen die verschiedenen, die interne Validität gefährdenden Störfaktoren hier eine besondere Rolle (Box 4.4).

Box 4.4: Validitätsbedrohung (quasi-experimentelles Designing)

Die quasi-experimentellen Versuchsdesigns weisen das Hauptmerkmal des Experimentierens, nämlich das der experimentellen *Variierbarkeit* des jeweils relevanten Untersuchungsfaktors auf, aber es spielen diverse – die *interne Validität* gefährdende – unkontrollierte Sekundärfaktoren eine mehr oder weniger starke Rolle. Es sind vor allem die von Donald T. Campbell u. Julian C. Stanley (1966) herausgestellten Faktoren, welche die *interne Validität* besonders bedrohen (Tab. 4.3).

Tabelle 4.3

Neun typische Faktoren, welche die interne Validität von experimentellen Befunden im Sinne von Variablenkonfundierungen beeinträchtigen („Artefakte"). (Nach Campbell & Stanley, 1966; vgl. Sarris, 1999)

Validitätsbeeinträchtigender Störfaktor	Kurze Charakterisierung des Artefakts
1. Zeitgeschehen (history)	Die beobachteten Effekte gehen nicht allein auf die experimentelle Bedingungskonstellation, sondern (zusätzlich) auf unkontrollierte *zwischenzeitliche* Ereignisse zurück.
2. Reifung (maturation)	Wenn sich der zu untersuchende Sachverhalt bezüglich biologischer (oder/und psychosozialer) Reifungsmerkmale verändert, ist mit reifungsbedingten Effekten zu rechnen, die den eigentlichen experimentellen Befund überlagern.
3. Mehrfache Testung (test sophistication)	Besonders bei mehrfacher Erhebung derselben Messdaten an ein und demselben Individuum können die während des zweiten (dritten, ...) Messzeitpunkts erhobenen Daten aufgrund vorangegangener Testung beeinflusst sein (z.B. sensibilisierende Erfahrung im Umgang mit einem Test).
4. Instrumentierung (instrumentation)	Die gemessenen Werte gehen z.T. auf die (zwischenzeitlich erfolgte) Veränderung der Messinstrumente zurück (z.B. aufgrund mangelnder Objektivität und Reliabilität eines Tests).
5. Statistische Regression (regression)	Werden mehr oder weniger extrem verschiedene Leistungsgruppen z.B. mithilfe eines Vortests gebildet, dann kann die mangelnde Reliabilität (Testzuverlässigkeit) des Messinstruments zu einer statistischen „Regression" zur Mitte bei der zweiten (experimentellen) Testung führen.
6. Auswahlverzerrung (selection)	Bei nicht-zufälliger Bildung von Versuchsgruppen können die damit von Anfang an bestehenden systematischen Ausgangsdifferenzen zwischen den Gruppen den eigentlichen experimentellen Effekt überlagern.

7. Ausfalleffekte (experimental mortality)	Fallen im Untersuchungsverlauf Probanden von verschiedenen Versuchsgruppen aus, so kann das die eigentlichen experimentellen Effekte beeinflussen, insofern die Ausfallquote für die Gruppen systematisch verschieden ist.
8. Versuchsleitereffekte (experimenter-bias effects, sog. Rosenthal-Effekte)	Bleiben die Eigenschaften, Verhaltensweisen oder/und Versuchserwartungen des Untersuchers unkontrolliert, kann das eine systematische Beeinträchtigung der eigentlichen experimentellen Befunde nach sich ziehen.
9. Interaktive Effekte (interactive effects; carry-over effects)	Wird ein Individuum unter verschiedenen experimentellen Bedingungen untersucht und bleiben dabei Übertragungseffekte unkontrolliert, können dadurch die experimentellen Befunde verfälscht werden.

Die streng experimentell orientierte Forschung – insbesondere die der Allgemeinen Psychologie und Biopsychologie/Psychophysiologie – kann diese Artefaktquellen weitgehend ausschalten bzw. kontrollieren, wohingegen andere Gebiete der Psychologie, z.B. die der Sozialpsychologie oder der Angewandten Psychologie, von diesen Verzerrungen besonders bedroht sind.

Campbell, D.T. & Stanley, J. C. (1966). *Experimental and quasi-experimental designs for research*. Chicago: Rand-McNally.

Sarris, V. (1999). *Einführung in die experimentelle Psychologie*. Lengerich: Pabst.

Konzeption der quasi-experimentellen Versuchsplanung

Im Sinne von Campbell u. Stanley (1966) sind es vor allem neun Faktoren, welche die interne Validität einer quasi-experimentell konzipierten Untersuchung mehr oder weniger stark gefährden. Unter Zugrundelegung dieser in Tabelle 4.3 (Box 4.4) aufgelisteten neun validitätsmindernden Faktoren stellen demnach quasi-experimentelle Versuchspläne solche Designs dar, bei denen eine oder mehrere dieser Sekundärfehlerquellen („Störfaktoren") methodisch nicht befriedigend kontrolliert bzw. kontrollierbar sind.

Es ist meist nicht die Unzulänglichkeit des Untersuchers, sondern vielmehr ist es die Natur des psychologischen Untersuchungsobjekts selbst, welche nur eine geringe Kontrolle dieser die interne Validität bedrohenden Faktoren ermöglicht. Im quasi-experimentellen Fall können jeweils einzelne dieser neun validitätsbeeinträchtigenden Faktoren eine Rolle spielen; es kann aber auch sein, dass zwei oder gar mehrere dieser Störfaktoren gleichzeitig von Bedeutung sind. Es versteht sich, dass eine (quasi-)experimentelle Untersuchung umso weniger valide ist, je mehr Störfaktoren kombiniert auftreten. Andererseits gibt es der Natur der Sache nach bestimmte Untersuchungssituationen, die das klassische strenge („rigide") Experiment nicht nur nicht zulassen, sondern erst durch die quasi-experimentellen Designs eine bestmögliche Forschungsanalyse erfahren.

Im Übrigen ist ein quasi-experimentelles Designing nicht mit einer *„semi"*-experimentellen Versuchsplanung zu verwechseln. Denn im Falle eines semiexperimentellen Designing liegt grundsätzlich ein zwei- oder auch mehrfaktorieller Plan vor, bei dem mindestens einer dieser Faktoren eine streng experimentelle Variable ist, der andere

Faktor oder die anderen Faktoren dagegen korrelative Variablen (Organismusfaktoren) sein müssen (s. Box 8.1).

Bei den quasi-experimentellen Versuchsplänen unterscheidet man die folgenden drei Subdesigns:

- *Zeitreihenversuchspläne.* – Hierunter versteht man die quantitative Analyse eines experimentell ausgelösten Prozesses über die Zeit, wobei jeweils vor und nach dem experimentellen Eingriff verschiedene Messungen vorgenommen werden. Ein solcher Versuchsplan dient der Erfassung von prozessauslösenden Ereignissen. In der Lernpsychologie, in der Entwicklungspsychologie und in der Psychophysiologie ist dieser Subdesign-Typ von zentraler Bedeutung (Prozessforschung). Die einfachste Form sind mehrere Vorher- und Nachhermessungen an einer einzigen Versuchsgruppe unter einer einzigen experimentellen Bedingung.

- *Einzelfallversuchspläne.* – Die Entwicklung dieses Subdesigns wurde besonders durch die Versuche zur operanten Konditionierung vorangetrieben. Diese Designvariante hat zudem Bedeutung für den experimentell-korrelativen Forschungsansatz. Der differenzielle Aspekt ist hier von besonderem Forschungsinteresse, und das im Sinne des individuellen Untersuchungsfalls (Brückenschlag zwischen Allgemeiner und Differenzieller Psychologie).

- *Versuchspläne mit Ausbalancierung.* – Dieser Subdesign-Typ bezieht sich auf quasi-experimentelle Pläne, denen jeweils ein unvollständiges faktorielles Design zugrunde liegt. Dabei ist gerade bei Versuchsplänen mit Wiederholungsmessung die Methode der Ausbalancierung (cross-over designing) von großer Bedeutung (Box 4.5).

Box 4.5: Cross-over Designs

Im Rahmen der Versuchsplanung haben die so genannten *Sequenzeffekte* („Abfolgeeffekte"), die sich auf Grund der Darbietung verschiedener Behandlungen (treatments) für ein und dieselben Probanden ergeben können, häufig einen verfälschenden Einfluss auf die Ergebnisse (McGuigan, 1993). Beispiele hierfür sind Ermüdungs- oder Übungseffekte auf Seiten der Versuchsteilnehmer. Derartige Effekte versucht man mit Hilfe von Ausbalancierungsmethoden zu vermeiden. Das Grundsätzliche der Methode besteht darin, die Abfolge der Behandlungen systematisch zu variieren und auszubalancieren.

In einem *Cross-over Design* erfährt jeder Versuchsteilnehmer im Verlaufe des Experiments fortlaufend zwei oder mehr experimentelle Behandlungen. Das grundlegende *Cross-over Design* ist so definiert, dass zwei Behandlungen (A und B) in umgekehrter Reihenfolge vorgegeben werden, wobei die Zuteilung der Versuchsteilnehmer zu den Abfolgen zufällig erfolgen muss (Tab. 4.4):

Tabelle 4.4

Behandlungsanordnung im einfachen Cross-over Design

Periode	Reihenfolge 1	Reihenfolge 2
Behandlung 1	A	B
Behandlung 2	B	A

Das Cross-over Design nutzt den Umstand aus, dass in jeder Periode beide Behandlungen vorhanden sind, womit Vergleiche zwischen den Behandlungen frei von Perioden- bzw. Sequenzeffekten sind. Jeder Versuchsteilnehmer erhält beide Behandlungen, so dass der Vergleich der Behandlungen sozusagen „innerhalb" der Versuchsteilnehmer erfolgt und damit die „zwischen" den Versuchsteilnehmern bestehende Variation von der Behandlungsvariation getrennt ist. Jeder Versuchsteilnehmer stellt mithin seine eigene Kontrolle dar. In vielen Fällen sind jedoch die Beobachtungen durch einen so genannten *Carry-over Effekt* belastet; das heißt, dass sich Behandlungseffekte von einer Periode auf die nächste übertragen. Eine Möglichkeit, diesen Störeffekt zu kontrollieren, besteht darin, zwischen die Behandlungsperioden eine Ruhephase einzuschieben. Das Cross-over Design findet sich auch in verdoppelter Form, was die Kontrolle und auch Analyse von Sequenzeffekten (mehrfaktorielle Varianzanalyse) innerhalb einer Reihenfolge bzw. einer Versuchsgruppe erlaubt (s. Tab. 4.5).

Tabelle 4.5

Behandlungsanordnung im so genannten doppelten Cross-over Design

Periode	Reihenfolge 1	Reihenfolge 2
Behandlung 1	A	B
Behandlung 2	B	A
Behandlung 3	B	A
Behandlung 4	A	B

McGuigan, F. J. (1993). *Experimental psychology* (6th ed.). Englewood Cliffs: Prentice-Hall.

Vor- und Nachteile der quasi-experimentellen Versuchspläne Oben ist der forschungsstrategische Vorteil bei der Verwendung von quasi-experimentellen Designs herausgestellt worden. Das gilt grundsätzlich aber auch in speziellen Zusammenhängen, wie dies auch die moderne psychotherapeutische Erfolgsforschung zeigt (s. Illu 4.2 ⌽). Die Benutzung von quasi-experimentellen Versuchsplänen reflektiert den Wunsch und Willen, gerade in jenen zahlreichen Forschungssituationen, bei denen die Gefahr der Beeinträchtigung der internen Validität durch Störfaktoren gegeben ist, die Kunst des Möglichen zu leisten. Angesichts der Vielfalt von verschiedenen Subtypen des quasi-experimentellen Designing ist es nicht sinnvoll, etwa von „dem" quasi-experimentellen Versuchsplan zu sprechen. Das heißt, es müssen die Vor- und Nachteile immer des entsprechenden Subtyps im Kontext des jeweiligen Forschungsanliegens in Betracht gezogen werden.

4.4 Ex post facto- und korrelative Versuchsanordnungen

Bei sämtlichen bisher behandelten Designtypen werden die Veränderungen der abhängigen Variablen (Y) auf die Manipulation der unabhängigen Variablen (X) zurückgeführt und damit X als *Ursache* für Y angesehen (Kausalzusammenhang). Bei den Ex post facto- sowie den korrelativen Versuchsanordnungen verlassen wir die eigentliche Domäne des Experiments.

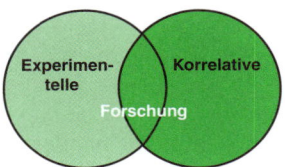

		1	2	3		4
		Strenges Experiment	Quasi-Experiment	Ex post facto	Korre-lative Untersuchung	Vorexperi-mentelle Untersuchung
I	Kausaltheoretische Hypothese vor Versuchs-beginn vorhanden und hinreichend begründet	+	+	(+)	–	–
II	Experimentelle Variablen manipulierbar bzw. manipuliert	+	+	–	–	–
III	Alle übrigen Versuchs-bedingungen kontrollierbar bzw. kontrolliert	+	–	–	–	–

Ex post facto-Versuchsanordnungen

Die Ex post facto-Anordnungen sind der wichtigste Prototyp einer Forschung, die sich um die Ableitung von hypothetischen Kausalzusammenhängen aus nicht-manipulierten bzw. nicht-manipulierbaren unabhängigen Variablen bemüht. Als Rahmenbeispiel für diesen Designtyp wird hier das viel zitierte Schema der Untersuchung der Ursachen des Lungenkrebses angeführt („Raucher"-Beispiel nach Kerlinger, 1979).

Man kann die Hypothese, dass Rauchen *Lungenkrebs* verursache, am Menschen nicht durch Manipulation der unabhängigen Variablen „Nikotingenuss" untersuchen. Denn wer wollte wohl seine Probanden etwa per Zufall in zwei Gruppen aufteilen und dann der einen ein absolutes Rauchverbot auferlegen und der anderen Gruppe die – absurde – Anweisung geben, etwa drei Jahrzehnte lang zu rauchen, bis der Untersucher bei den Teilnehmern die Entwicklung eines Karzinoms feststellen oder nicht feststellen kann. Forschungsethische Gründe verbieten selbstverständlich eine solche Realisation von Untersuchungsbedingungen, die selbst bei *Tierversuchen*, etwa im Rahmen einer Erprobung neuer Pharmaka, häufig auf Kritik stoßen (s. Kap. 1.4). Folglich können nur *bereits vorhandene* („statische", d.h. vorgegebene) Gruppierungen von „Rauchern" gegenüber „Nichtrauchern" zufallsmäßig ausgewählt und dann diese beiden *Stichproben* in Bezug auf zu beobachtende Lungenkrebserkrankungen vergleichend untersucht werden. In diesem Fall haben sich die einzelnen Probanden bereits – sozusagen in *Selbstselektion* – entweder der Versuchs- (Raucher) oder der Kontrollgruppe (Nichtraucher) „zugeordnet"; d.h. erst *nachdem* diese alternativen Gewohnheiten verfestigt und damit bereits seit langem experimentell nicht fassbare Tatsachen geschaffen wurden, wird deren kausaltheoretische Untersuchung *ex post facto* (post hoc) in Angriff genommen.

Trotz des unzweifelhaften Werts dieser Versuchsanordnung muss deren methodologische Ausgangsbasis kritisch beleuchtet werden: Da sich die beiden „Probandengruppen" (Raucher versus Nichtraucher) höchstwahrscheinlich nicht nur in Bezug auf die Variable „Nikotingenuss" (A), sondern auch durch einige andere Merkmale – z.B. Extraversion, Geschlecht usw. (B, C, D, ...) – voneinander unterscheiden, die vom Untersucher nicht vollständig zu erkennen, geschweige denn zu kontrollieren sind, verbieten sich einfache Rückschlüsse von den Veränderungen der abhängigen Variablen Y auf eine Kausalwirkung der Variablen A. Jede andere Variable B, C, D, ... (oder ganze Faktorenbündel) könnte nämlich ebenfalls das Untersuchungsergebnis (mit-)verursacht haben.

Schulleistung und wirtschaftlicher Erfolg In dem einflussreichen Methodenbuch von Chapin (1956) wird eine frühe pädagogisch-wirtschaftspsychologische Untersuchung beschrieben, in der die (vorgefundene) Korrelation zwischen der Höhe der „Schulleistung" und derjenigen des späteren „wirtschaftlichen Erfolgs" eine Erklärung gemäß folgender Kausalhypothese erfahren sollte: Je größer der Lernerfolg eines Schülers auf der Oberschule, desto sicherer bedingt dies dessen späteren wirtschaftlichen Wohlstand (Christiansen, 1935).

Zwecks Überprüfung dieser Hypothese verwendete seinerzeit Christiansen (1935) *älteres* Datenmaterial (sozusagen *ex post facto*) von Schulabgängern des Jahres 1926 und stellte hieraus eine Stichprobe von rund 2000 Fällen zusammen, die er in eine Gruppe „Schüler *mit* Abschlussexamen" und in eine andere Gruppe „Schüler *ohne* Schulabschlusszeugnis" aufteilte. Diese ehemaligen Schüler wurden, soweit noch erreichbar, aufgesucht und interviewt. Danach konnten aus beiden Probandengruppen die Daten von je 145 Gruppenmitgliedern herausgefiltert werden, so dass schließlich zwei verschiedene Schulleistungsgruppen resultierten, die aber – das ist das entscheidende Merkmal der Ex post facto-Anordnung (Tab. 4.6) – einander in sechs weiteren Variablen B, C, D, ... G, gleich waren, nämlich: Durchschnittsnoten (B), Alter (C), Geschlecht (D), Beruf des Vaters (E), sozialer Status der Nachbarschaft (F) sowie Nationalität der Eltern (G). Die vergleichende Untersuchung dieser beiden Gruppen erbrachte, dass von der Gruppe „ehemalige Schüler ohne Schulabschlusszeugnis" 83 % der Pbn ein gleich hohes oder sogar höheres Einkommen hatten als die entsprechenden 89 % der Gruppe „ehemalige Schüler mit erreichtem Abschlussexamen" – ein sehr geringer Unterschied, der die aufgestellte Hypothese *nicht* bestätigte!

	Tabelle 4.6

Ex post facto-Versuchsanordnung von Christiansen (1935) mit zwei vorgegebenen Gruppen zur Untersuchung des kausalhypothetischen Zusammenhangs von „Schulerfolg" (?X) und späterem „beruflichen Erfolg". – Design E(?X) – p.

Design E.1	Ex post facto – Versuchsanordnung mit zwei vorge-gebenen experimentell nicht behandelten Versuchs-gruppen: Design E(?X) – 2.

	Versuchs-gruppe	Vorher-Messung	Treatment (?X) („Schulerfolg")	Nachher-Messung
E	1 („mit Schul-abschluss")	–	$(?X_1)$	$\overline{Y}_{1\,nach}$
	2 („ohne Schul-abschluss")	–	$(?X_2)$	$\overline{Y}_{2\,nach}$

AV: Höhe des beruflichen Einkommens ($\overline{Y}$)

In dieser Ex post facto-Studie wurde eine differenzierte statistische Kontrolle der (möglichen) Störbedingungen vorgenommen, um so die beiden Gruppen bis auf die kausaltheoretisch einzig interessierende Variable „Schulleistung" möglichst zu parallelisieren und zu bestmöglichen – hypothetisch-kausal relevanten – Dateninterpretationen zu gelangen. An anderer Stelle wird über eine klassische sozialpsychologische Untersuchung mit amerikanischen Studentenheimbewohnern zur Frage der sozialen Kontaktbereitschaft („Freundschaftsbildungen") in quasi-kausaler Abhängigkeit von der räumlichen Wohnnähe berichtet und deren Ex post facto-Basis methodenkritisch unter die Lupe genommen (Sarris, 1999, Kap. 8.2).

Vor- und Nachteile der Ex post facto-Versuchsanordnungen Verglichen mit den quasi-experimentellen Versuchsplänen, liegt bei der Ex post facto-Versuchsanordnung keinerlei Manipulation seitens eines Untersuchers vor; es wird lediglich auf eine oder mehrere hypothetische „Verursachungen" zurückgeschlossen. Schon aus diesem Grund ist bei der Verwendung dieser Anordnung größte Vorsicht geboten. Von Vorteil ist der mögliche heuristische Erkenntnisgewinn auf Grund von Ex post facto-Studien. Während dabei die methodischen Komplikationen im Einzelnen sehr verwickelt sind, ist aber besonders festzuhalten:

Schon weil „post hoc" hergestellte „Versuchs-" und „Kontroll-" Gruppen nicht zufällig den denkbar möglichen Bedingungen (?X), nach welchen man sucht, zugeteilt sind, besteht keine exakte Möglichkeit ihrer nachträglichen statistischen Kontrolle. Der Nachteil der Verwendung einer Ex post facto-Anordnung besteht folglich in der – letztlich – vergeblichen Suche nach Kausalbeziehungen.

Korrelative Anordnungen

Unter einer korrelativen Versuchsanordnung versteht man eine Datenanordnung, die typischerweise nur mit dem Ziel der Prüfung eines korrelativen Zusammenhangs zwischen zwei oder mehreren Variablen benutzt wird. Damit ist eine korrelative Untersuchung klar vom experimentellen Versuchsplan abgegrenzt (Demo 4.3 👁).

Es ist allerdings wichtig, den vielfältigen Stellenwert der Korrelationsforschung auch für das psychologische Experiment zu berücksichtigen. Das allgemeine konzeptuelle Anliegen von korrelativen Versuchsanordnungen lässt sich dabei nach drei verschiedenen Gesichtspunkten – nämlich nach den Aspekten der Messmethodologie, des experimentellen Designing und der statistischen Kontrolle – verstehen:

- ◼ *Korrelationsforschung und Messmethodologie.* – Die Zuverlässigkeit (Reliabilität) und Gültigkeit (Validität) von Messungen, die im Hinblick auf die UV und die AV eines jeden psychologischen Experiments zu beachten sind, lassen sich über die verschiedenen Verfahren der Korrelationsberechnungen bestimmen.

- ◼ *Strenges experimentelles und korrelatives Designing.* – Das korrelative Designing lässt sich im Zusammenhang mit streng experimentell geltenden Versuchsplänen sehr sinnvoll verwenden. Zwei bekannte Beispiele dafür sind die Blockversuchspläne und die semiexperimentellen Mischversuchspläne (s. Box 8.1, S. 150).

- ◼ *Korrelativ-statistische Kontrolle in der Experimentalpsychologie.* – Auch bei streng experimentell durchgeführten Versuchen kommt es vor, dass sich Zufallsgruppen bezüglich ihrer Ausgangsmessungen (Vorhermessungen) statistisch gesichert voneinander unterscheiden. Dieser Sachverhalt hängt damit zusammen, dass allein schon durch Zufall die Aufteilung einer Gesamtgruppe in Untergruppen zu voneinander verschiedenen Ausgangsgruppen führen kann; mittels des statistischen Verfahrens der *Kovarianzanalyse* kann diese Gruppenungleichheit im Nachhinein korrigiert werden.

Die *Vor-* und *Nachteile* der korrelativen Versuchsanordnungen sind naturgemäß im Hinblick auf diese obigen Methodenaspekte zu beurteilen.

4.5   Kritische Betrachtung: Optimale Designwahl

Es gibt keine einfach zu befolgende Strategie bei der Wahl des „optimalen" Versuchsplans für eine gegebene Problemstellung angesichts der methodischen und inhaltlichen Verklammerungen der einzelnen Versuchsstadien (1) bis (6). Vor der Tendenz einer routinemäßigen Anwendung bestimmter Designs ist daher zu warnen.

Übersicht – die acht Hauptdesigns

Im Rahmen der Systematik der Versuchspläne können einige als Hauptdesigns angegeben werden, da sie in der psychologischen Forschung immer wieder zu Recht Verwendung gefunden haben (Tab. 4.7).

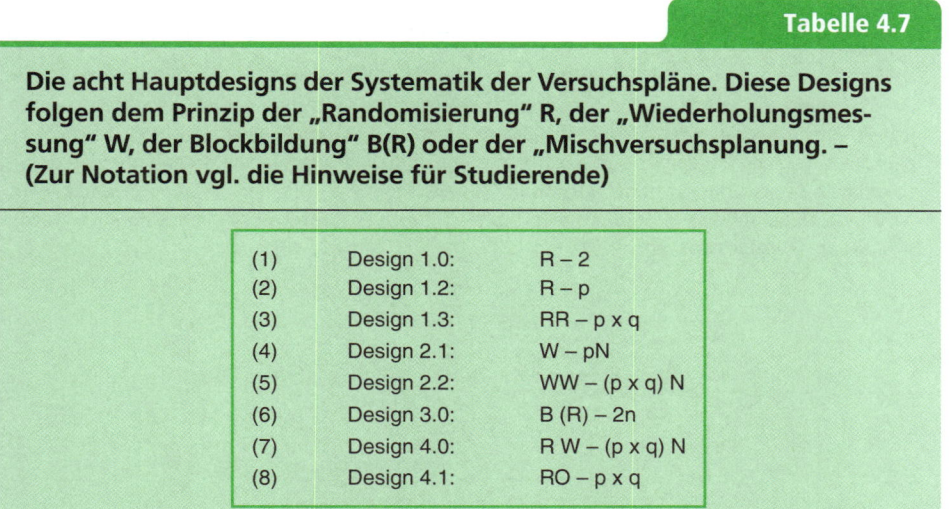

Tabelle 4.7

Die acht Hauptdesigns der Systematik der Versuchspläne. Diese Designs folgen dem Prinzip der „Randomisierung" R, der „Wiederholungsmessung" W, der Blockbildung" B(R) oder der „Mischversuchsplanung. – (Zur Notation vgl. die Hinweise für Studierende)

(1)	Design 1.0:	R – 2
(2)	Design 1.2:	R – p
(3)	Design 1.3:	RR – p x q
(4)	Design 2.1:	W – pN
(5)	Design 2.2:	WW – (p x q) N
(6)	Design 3.0:	B (R) – 2n
(7)	Design 4.0:	R W – (p x q) N
(8)	Design 4.1:	RO – p x q

Im vorliegenden Zusammenhang wird auf die verschiedenen Einsatzmöglichkeiten gerade dieser acht Hauptdesigns in verschiedenen Untersuchungszusammenhängen hingewiesen (s. dazu *Anhang A* mit den Einzelübersichten).

Realistische Designwahl – eine Orientierungshilfe

Unter der Annahme, dass die nachfolgenden Empfehlungen nur als eine pragmatische Orientierungshilfe bei der konkreten Wahl eines Designs für ein bestimmtes Untersuchungsvorhaben verstanden (und nicht etwa als eine Art *Kochrezept* des experimentalpsychologischen Designing missverstanden) werden, bietet das Flussdiagramm in Abbildung 4.9 eine erste – grobe – Entscheidungshilfe. In der Grafik ist nur ein Ausschnitt des in Box 4.6 vollständig wiedergegebenen Flussdiagramms enthalten.

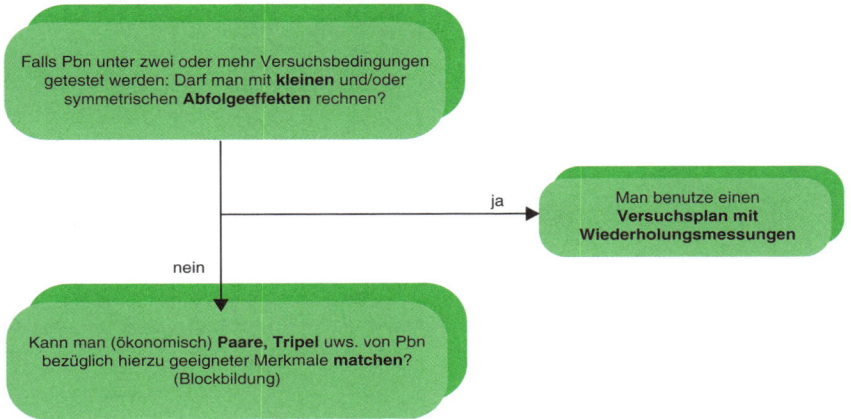

Abbildung 4.9: Flussdiagramm (Ausschnitt): eine Entscheidungshilfe bei der – vorläufigen – Wahl eines geeigneten experimentellen Designs (vgl. Box 4.6).

Box 4.6: Flussdiagramm für die Designwahl

Die Systematik der Versuchspläne ermöglicht es dem Forscher, aus einer Vielzahl von Designs den jeweils angemessenen – das heißt im jeweiligen Untersuchungskontext bestmöglichen – Versuchsplan auszuwählen. Allerdings bleibt dabei zunächst häufig die Frage offen, wie man unter den verschiedenen Designs das „richtige" auswählt. Als eine Orientierungshilfe bei der Designwahl kann ein Flussdiagramm herangezogen werden, das im Hinblick auf die jeweils optimale Kontrolle von Störfaktoren konzipiert ist (Abb. 4.10).

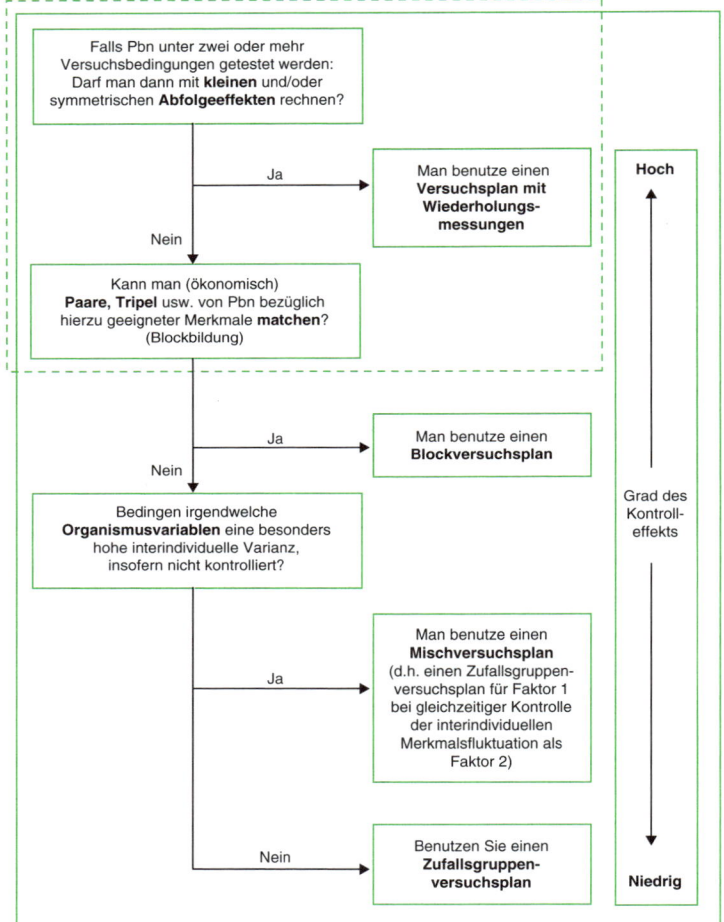

Abbildung 4.10: Flussdiagramm zur Entscheidungshilfe bei der Wahl eines geeigneten experimentellen Designs (ein Ausschnitt dieses Diagramms – vgl. gestricheltes Rechteck, links oben – befindet sich im Haupttext, Abb. 4.9). (Aus Sarris, 1992)

Zu beachten ist, dass dieses Flussdiagramm eine Orientierungshilfe bei der Designwahl nur bezüglich der strengen experimentellen Versuchspläne bietet. Übrigens kann
es unter Umständen ratsam sein, nicht nur einen einzigen Versuchsplan, sondern
mehrere Designs *vergleichend* einzusetzen (vgl. dazu Orig 4.3 ☞).

Die *Art* und das *Ausmaß* experimenteller Kontrolle, wie diese geplant und festgelegt
werden, bestimmen einen Großteil der *internen* und *externen* Validität eines Experiments. Wird z.B. eine so genannte „Wiederholungsmessung" als Kontrolltechnik in
einem angewandt-psychologischen Experiment zur Frage des Einflusses der *Licht-
tönung* (*UV*) auf das *Arbeitsverhalten* (*AV*) untersucht, sind dadurch spezifische
Untersuchungsbedingungen vorgegeben. Die Versuchsteilnehmer haben in einem solchen Experiment die Möglichkeit, verschiedene Lichtfarben vergleichend zu bewerten
(so dass übrigens eine bedeutend differenziertere Beurteilung erfolgt als dies gewöhnlich am Arbeitsplatz der Fall ist). Aufgrund eines solchen Experiments könnte daher
der Einfluss des Faktors „Lichtfarbe" bei der Arbeitsplatzbeleuchtung auf Arbeitsverhalten und Arbeitszufriedenheit beträchtlich *überschätzt* werden – das wäre ein
Beispiel für die mögliche Abhängigkeit eines experimentellen Befunds von dem
gewählten Design (s. Orig 4.6 ☞).

Zusammenfassung

Versuchspläne werden üblicherweise in die vier Haupttypen – d.h. *vorexperimentelle, experimentelle, quasi-experimentelle, ex post facto bzw. korrelative Designs* – eingeteilt. Die strengen experimentellen Designs, mit deren Hilfe auch Störfaktoren kontrolliert werden, lassen sich wiederum in Zufallsgruppen-, Wiederholungsmessungs- sowie Blockversuchspläne unterscheiden.

Versuchspläne mit Zufallsgruppenbildung – man nennt sie auch „Between" (group)-Designs – sehen die Aufteilung der Gesamtheit der Versuchsteilnehmer in zwei oder mehrere Untergruppen nach dem Zufall vor; bei gleichen Ausgangsbedingungen für alle wird jede Untergruppe je einer der verschiedenen experimentellen Behandlungen per Zufall unterworfen (dadurch soll eine Gleichheit der Ausgangsbedingungen für alle Versuchsgruppen erreicht werden, was einer Kontrolle der interindividuellen Datenfluktuation gleichkommt). Versuchspläne mit wiederholten Messungen – auch als „Within" (group)-Designs bezeichnet – sind für die Untersuchung an einer einzigen Probandengruppe konzipiert, die aber wiederholt unter sämtlichen experimentellen Bedingungen untersucht wird; damit wird interindividuelle Datenvariabilität zwischen den experimentellen Bedingungen vollständig eliminiert (eine explizite Kenntnis der Störvariablen ist hier nicht notwendig; zudem kann auch mit kleineren Stichproben gearbeitet werden). Blockversuchspläne vereinen die Merkmale der beiden erstgenannten Designtypen; d.h. wie die Zufallsgruppenversuchspläne sehen auch die Blockdesigns zwei oder mehrere Probandengruppen vor, wobei sie mit den Versuchsplänen mit wiederholten Messungen dieselben statistischen Auswertungsverfahren gemein haben (empirisch-statistische Parallelisierung).

Die quasi-experimentellen Designs erreichen zwar nicht die kausaltheoretische Stringenz des strengen Experiments, stellen aber eine wichtige Ergänzung dar. Sie teilen mit den strengen experimentellen Versuchsdesigns das Merkmal der experimentellen Variierbarkeit des jeweils relevanten Untersuchungsfaktors; allerdings gefährden unkontrollierte Sekundärfaktoren die interne Validität. – Ex post facto-Versuchsanordnungen suchen rückblickend („ex post") aus der Beobachtung der abhängigen Variablen nach den diese verursachenden Variablen; diese Anordnungen wie auch die korrelativen Designs besitzen nur einen geringen bzw. gar keinen kausaltheoretischen Wert.

Aktuelle Internet-Links

Neben einer umfangreichen Link-Sammlung kann man der Seite *http://www.phil.uni-sb.de/~jakobs/seminar/vpl/index.htm* von B. Jacobs (Universität des Saarlandes) eine Online-Einführung in die Versuchsplanung entnehmen.

Wichtige Fachbegriffe[2]

Blockbildung	Quasi-Experiment
Cross-over Design	Randomisierung
Experimentell-korrelativer Forschungsansatz	Reliabilität
Ex post facto-Anordnung	Semiexperimentelles Design
F-Test	Trendhypothese
Interindividuell	Validität
Interne Validität	Wechselwirkung (Wiederholungsmessung)
Objektivität	

---

2 Erläuterungen der Fachbegriffe finden sich im Glossar am Ende des Buches.

Stadium 3: Versuchsaufbau und Instrumentierung

5

5.1 Arbeitsschritte für den Versuchsaufbau 86

5.2 Instrumentierung des Experiments 88
Hauptfunktionen der Instrumentierung 89
Box 5.1: Gütekriterien instrumenteller Messungen 90

5.3 Instruktionsmerkmale und Instruktionstypen 95
Funktion und Abfassung der Instruktion 95
Instruktionstypen 96
Box 5.2: Instruktionsgebung und individuelles
Instruktionsverständnis 97

5.4 Rekrutierung der Versuchsteilnehmer 98

ÜBERBLICK

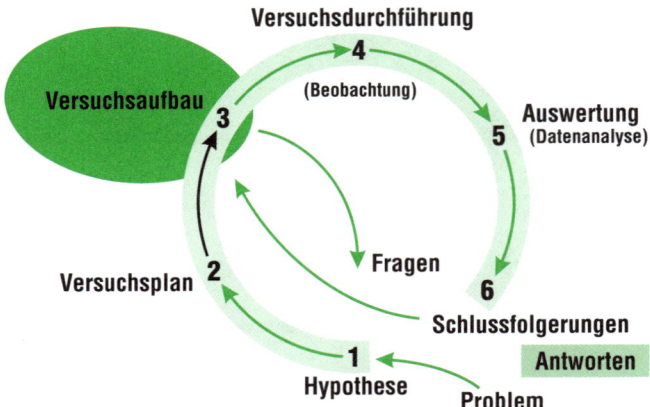

Nach der Festlegung des Designs ist – im *dritten* Stadium – ein entsprechender Versuchsaufbau erforderlich, der geeignet ist, die relevanten Einflussgrößen als unabhängige Variablen auch *de facto* zur Wirkung zu bringen und dabei die Werte der abhängigen Variablen zu messen. Von praktischem Interesse ist dafür zunächst, dass man einen *Zeitplan* entwickelt (Tab. 5.1). Wichtige Merkmale, die den Versuchsaufbau bestimmen, sind:

- die *Instrumentierung* des Versuchs
- die *Instruktion* der Versuchsteilnehmer sowie
- die *Rekrutierung* der Versuchsteilnehmer.

In diesem Kapitel werden zunächst einige praktische Hinweise für den Versuchsaufbau gegeben (Kap. 5.1), worauf anschließend die Instrumentierung des Versuchs (Kap. 5.2) sowie die verschiedenen Instruktionstypen (Kap. 5.3) behandelt werden. Abschließend werden die Hauptmerkmale der Rekrutierung der Versuchsteilnehmer (Kap. 5.4) dargestellt.

5.1   Arbeitsschritte für den Versuchsaufbau

Üblicherweise sind für die Praxis des experimentellen Versuchsaufbaus die beiden folgenden Grundsätze besonders zu beachten:

- Es müssen die Arbeitsschritte im Zusammenhang mit denjenigen der früheren (*1, 2*) und späteren (*4, 5*) Stadien vollzogen bzw. abgestimmt werden (s. *Stadienschema*).
- Es sollten sorgfältig die für dieses Stadium (*3*) typischen Fehler im Sinne einer Prüfliste (*checklist*) kontrolliert werden (s. Tab. 5.2, Kap. 5.4).

Tabelle 5.1

Zeitplan für die Planung und Durchführung einer experimentellen Arbeit – ein Musterbeispiel. (modifiziert nach Lewin, 1979)

5. April	Formulierung der Arbeitshypothesen.
6. April	Planung des Forschungsvorhabens (*Entwurf*). – Wichtige Literatur im Überblick lesen.
10. April	Forschungsprojekt schriftlich festlegen (*Rohfassung*).
12. April	Korrektur und Ergänzung der Versuchsplanung.
14. April	Apparative Methoden und Versuchsdurchführung entwerfen. Mögliche Erebnisse antizipieren und probeweise skizzieren.
19. April	Die Arbeitsmaterialien sind vorzubereiten (z.B. Fragebogen- oder Interview-Items).
26. April	Die Untersuchungsmethoden sind genauer auszuarbeiten und in einem Vorversuch mit einigen Versuchsteilnehmern auszuprobieren.
3. Mai	Aufgrund des Vorversuchs sind die apparativen Methoden gegebenenfalls zu revidieren bzw. zu adjustieren. Die Versuchssituation ist im Einzelnen festzulegen. – Aufstellung der statistischen Hypothesen (H_0, H_1).
10. Mai	Die Rekrutierung der Versuchsteilnehmer ist vorzubereiten und zu organisieren; Festlegung der Versuchszeiten. Danach ist das *Experiment* durchzuführen (Auflistung der experimentellen Ergebnisse in individuellen Rohdatenlisten).
17. Mai	Fortsetzung des Experiments; Abschluss der Datensammlung (bis ungefähr zum 22. Mai in Aussicht nehmen).
24. Mai	Beginn der *Datenanalyse*: alle Daten auflisten, möglichst *computergerecht* aufbereiten; die Häufigkeitsverteilungen grafisch darstellen und die statistischen Kennwerte berechnen.
29. Mai	Fortsetzung der Datenanalyse: Überprüfung der Hypothesen auf statistische Signifikanzen. – Datenanalyse bis zum 2. Juni abschließen!
5. Juni	Der *Versuchsbericht* ist im Entwurf zu konzipieren.
12. Juni	Der Erstentwurf des Berichts ist auszuarbeiten, ein Abstract abzufassen. – Letzte Überarbeitung und definitive Manuskripterstellung bis – spätestens – zum 15. Juni erledigen!

Im Rahmen der Vorbereitung einer für den Versuch geeigneten Instruktion ist stets darauf zu achten, dass es in manchen Bereichen der experimentellen Psychologie – namentlich in der Lern-, Motivations- und Sozialpsychologie – besondere individuumsspezifische Verständnis- und Reaktionseigenschaften der *Versuchsteilnehmer* geben kann. Dieser psychologisch wichtige Sachverhalt sollte der Studierende spätestens in einem *experimentalpsychologischen Grundkurs* praktisch nachvollziehen lernen (vgl. unten Box 5.2; s. ausführlicher Kap. 10.2).

5.2   Instrumentierung des Experiments

Für die Durchführung einer experimentalpsychologischen Untersuchung werden in der Regel technische Hilfsmittel benötigt, die unterschiedlich aufwendig sein können. Die *Geschichte* der Psychologie belegt recht eindrucksvoll die Tatsache, dass die Entwicklung des Fachs Psychologie als empirische Wissenschaft – seit etwa der Mitte des 19. Jahrhunderts – mit der schrittweisen Entwicklung und stetig zunehmenden Verwendung von *apparativen* Methoden Hand in Hand gegangen ist (Boring, 1950; s. ferner Bringmann et al., 1997). Von Beginn experimentalpsychologischer Forschung an haben bestimmte apparative Versuchsanordnungen das Bild des psychologischen Labors bestimmt. Das erste experimentalpsychologische Laboratorium der Welt wurde im Jahre 1879 von Wilhelm Wundt (1832-1920) in Leipzig gegründet (vgl. Abb. 5.1).

Abbildung 5.1: Wilhelm Wundt (sitzend) und seine Mitarbeiter im Leipziger Labor. – (Aus Sarris, 1999).

Gut ausgestattete Psychologische Institute verfügen seit Anfang des 20. Jahrhunderts über eigene Mechanikerwerkstätten und spätestens seit den siebziger Jahren des vergangenen Jahrhunderts auch über Elektronikerwerkstätten, in denen die für die Durchführung von Experimenten erforderlichen Gerätschaften hergestellt werden können. Während sich der Experimentalpsychologe noch bis in die zweite Hälfte des 20. Jahrhunderts hauptsächlich *mechanischer* Konstruktionen von Untersuchungsgeräten bediente, sind die apparativen Versuchsanordnungen heute besonders stark von der *Elektronik* bestimmt (Brickenkamp, 1986).

Ein besonders bekannt gewordenes Beispiel für die Untersuchung von Scheinbewegungen (*Phi-Phänomen*), die von Max Wertheimer (1880 – 1943; s. Abb. 5.2) in Frankfurt im Rahmen seiner berühmt gewordenen Gestaltpsychologie rasch das Interesse der Fachwelt gefunden haben, lässt sich mit denkbar einfachen Mitteln realisieren (s. Demo 5.1 ✏). Der nordamerikanische Experimentalpsychologe F.J. McGuigan (1993) hebt in seinem bekannten Methodenlehrbuch die kreativ-anschauliche Leistung von Wertheimer hervor, die noch heute von Bedeutung ist (s. ferner Sarris, 1995, 2002; Shepard, 2001; King, B. & Wertheimer, M., 2005).

Abbildung 5.2: Max Wertheimer (1912) mit einem Schumannschen Radtachistoskop zur Untersuchung von Scheinbewegungen. – (Aus Sarris, 1987, 1995)

Wissenschaftliche Fragestellungen und technische Entwicklungen stehen in einem *Wechselwirkungsverhältnis* zueinander. Dies bedeutet allerdings nicht, dass durch den bloßen Einsatz von immer komplizierter werdenden Gerätschaften auch die Untersuchungen wissenschaftlich bedeutsamer würden.

Hauptfunktionen der Instrumentierung

Die Instrumentierung eines Experiments kann unterschiedliche *Funktionen* haben (*Kontroll-, Steuer-, Registrier-* und *Messfunktion*; s. Box 5.1).

Box 5.1: Gütekriterien instrumenteller Messungen

Die Art der instrumentellen Messungen ist in grundsätzlicher Weise bereits durch die operationale Definition der abhängigen und unabhängigen Variablen in der Hypothese vorgegeben (s. Kap. 3.2). – Für den konkreten Versuchsaufbau hat der Experimentator jedoch spezielle Verfahren zur Registrierung oder Messung seiner Daten bereitzustellen und darauf zu achten, dass die auf diesem Wege erhobenen Daten auch wirklich die gewünschte *abhängige Variable* (*AV*) repräsentieren. Insofern hat die Datenerhebung einen direkten Bezug zur *Konstruktvalidität* des Experiments, da verschieden registrierte oder gemessene Daten in unterschiedlichem Maße das hinter der abhängigen Variablen stehende theoretische Konstrukt repräsentieren können.

Unter Außerachtlassung der Aspekte der „internen" Validität (s. Box 4.6) wird die Frage der *Gültigkeit* (Validität) hier unter messtechnischen Gesichtspunkten berührt. Von Validität spricht man nämlich auch bezüglich des apparativen Verfahrens selbst: Ein Verfahren ist *valide*, wenn es das zu Messende auch tatsächlich inhaltlich misst. Als Voraussetzung für die Validität des Registrierungsverfahrens gelten die beiden Testkonstruktionskriterien der *Objektivität* und *Reliabilität* – nämlich:

Objektivität   Die Messergebnisse dürfen nicht vom Untersucher selbst abhängig sein; d.h. verschiedene Untersucher müssen bei ihrer Datenerhebung wenigstens im Prinzip zu identischen Ergebnissen gelangen; d.h. das Verfahren muss so geartet sein, dass es eine intersubjektiv übereinstimmende Auswertung ermöglicht.

Reliabilität   Mit *Reliabilität* ist die (messtechnische) Zuverlässigkeit des Verfahrens gemeint. Ein vollkommen reliables Verfahren führt etwa – seine „Objektivität" vorausgesetzt – zu verschiedenen Zeitpunkten im Prinzip zu identischen Messwerten für ein und denselben Sachverhalt. Meist sind die in der Psychologie angewendeten Instrumente allerdings nicht vollkommen reliabel; d.h. die zu verschiedenen Zeitpunkten unter konstanten Bedingungen erhobenen Messwerte korrelieren nicht hundertprozentig – die Verfahren haben typischerweise einen „*Messfehler*", der ein Maß der Variation der Messwerte bei wiederholten Messungen ist. Bei der Datenerhebung ist naturgemäß darauf zu achten, dass nur solche Verfahren benutzt werden, deren Messfehler möglichst klein sind

Von den Bewertungskriterien für die Instrumentierung ist die *Validität* das zentrale, weil übergeordnete Gütekriterium. Die Objektivität und Reliabilität der Erhebungsverfahren sind notwendige, wenn auch nicht hinreichende Voraussetzungen für deren Validität.

Kontroll- und Steuerfunktion   Zunächst lassen sich Versuchsgeräte (Apparate) dazu verwenden, *Störeinflüsse* zu kontrollieren. Die *Kontrolle* lässt sich apparativ auf verschiedenen Wegen erreichen, nämlich durch (a) *Eliminierung* (b) *Abschirmung* und (c) *Konstanthaltung*.

■ Eine *Eliminierung* von Störeinflüssen ist insbesondere im *sensorischen* Bereich nahezu perfekt möglich. Dazu gibt es technische Anordnungen, die eine fast völlige Ausschaltung sensorischer Reize verschiedener Sinnesmodalitäten gestatten. Zum Beispiel: Eine *schallisolierte Kabine* hält die *Außengeräusche* von dem Versuchsteilnehmer ab (Psychoakustik).

■ Ein besonders extremes Beispiel für die Eliminierung von Reizen stellen Untersuchungen zur sensorischen Deprivation dar, in denen das Erleben und das Verhalten von Individuen unter Bedingungen des Entzuges jeder Art sensorischer Reizung erforscht werden (Abb. 5.3).

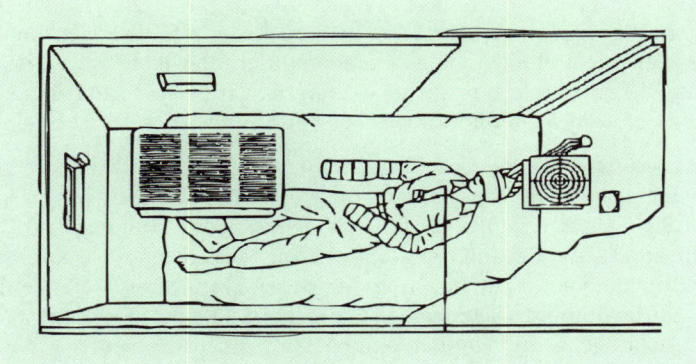

Abbildung 5.3: Kontroll- und Steuerfunktion der Instrumentierung in der Experimentalpsychologie: Laborversuch zur sensorischen Deprivation – ein extremes Beispiel für die Eliminierung bzw. Abschirmung von äußeren Störeinflüssen (nach Heron, 1957).

Ist eine Eliminierung von Störeinflüssen nicht möglich oder zu aufwendig, kann man versuchen, deren Wirkung auf den zu untersuchenden Sachverhalt zu mindern, indem man das Untersuchungsobjekt zumindest gegen sie *abschirmt*. Statt zum Beispiel eine schalltote Versuchskabine zu benutzen, welche den Versuchsteilnehmer gegen Außengeräusche vollständig isoliert (Eliminierung), reicht es für bestimmte Fragestellungen aus, die Störgeräusche in ihrem Grad zu *reduzieren*. Eine Abschirmung gegen akustische Einflüsse erlaubt z.B. ein Paar Kopfhörer gegen störende Randstrahlen im Gesichtsfeld beim kurzfristigen Betrachten von Bildvorlagen (optischen Reizvorlagen) schützt ein *Einblicktubus* (usw.).

Unter bestimmten Bedingungen kann man eine Abschirmung gegenüber Störeinflüssen auch ohne die Reduktion der zu kontrollierenden physikalischen Reize herstellen, und zwar dann, wenn es nur darauf ankommt, dass der Proband eine Störgröße nicht wahrnimmt. Das Klicken eines Schalters lässt sich zum Beispiel dadurch eliminieren, dass man den Versuch unter einem bestimmten Geräuschpegel durchführt, in dem das Klickgeräusch des Schalters „untergeht". Von besonderer Bedeutung sind apparative Verfahren auch dann, wenn es darum geht, eine *Konstanthaltung* der Versuchsbedingungen zu erreichen. Konstante Versuchsbedingungen sind eine wesentliche Voraussetzung für eine exakte *Reproduzierbarkeit* von Versuchen.

Zur Kontrolle der Darbietungsbedingungen visueller Gegebenheiten findet man neben Dia- und Filmprojektoren sowie Videoanlagen einige speziell für psychologische Fragestellungen entwickelte Geräte wie etwa das Tachistoskop. Zur Kontrolle der Darbietungsbedingungen akustischer Gegebenheiten verfügt man im Labor neben üblichen Audiogeräten häufig über einen Frequenzgenerator, der es erlaubt, Töne bestimmter Frequenz und Intensität zu produzieren. Zur Kontrolle der Darbietungsbedingungen taktiler Gegebenheiten dient das sog. Ästhesiometer, zur Kontrolle kinästhetischer Darbietungsbedingungen das Ergometer (z.B. Fahrradergometer).

Einige Versuche erstrecken sich über einen längeren Zeitraum und benötigen sehr *komplexe* Versuchsanordnungen. In solchen Experimenten werden häufig Apparate eingesetzt, die den gesamten Versuchsablauf steuern und überwachen. Der Einsatz derartiger Steueranlagen erlaubt eine *ökonomische* Versuchsdurchführung und erhöht in der Regel die Präzision eines Experiments (z.B. Online-Steuerung durch Computer).

Neben anderen einfachen Steuereinrichtungen – wie z.B. dem *Diapiloten*, mit dem die Projektion von Diapositiva *automatisiert* werden kann – finden sich im Labor auch komplizierte und zum Teil recht variable Steuereinrichtungen bis hin zu elektronischen *Programmsteuerungsanlagen* und *Prozessrechnern*. Ein Beispiel hierfür stellt etwa ein modern eingerichtetes psychophysiologisches Forschungslabor dar (s. unten, Abb. 5.5).

Registrier- und Messfunktion Der Einsatz von Geräten zum Zwecke der *Messung* erfolgt zunächst einmal im Sinne einer Präzisionserhöhung (Messung von Variablen im Sinne der Registrierung und Kontrolle der *abhängigen* Variablen).

Einfache Beispiele hierfür sind die Stoppuhr zur Messung von Reaktionszeiten oder das sog. Handdynamometer zur Messung der Muskelkraft. Messgeräte werden darüber hinaus auch häufig dort eingesetzt, wo es darum geht, Effekte zu messen, die ohne spezielle Geräte nicht beobachtet werden können, weil sie entweder generell nicht unmittelbar beobachtbar sind – wie elektrobiologische Vorgänge (z.B. Hirnströme oder Muskelpotentiale) – oder weil sie unterhalb der Wahrnehmungsschwelle des Beobachters liegen (wie etwa sehr schnelle Veränderungen bei den Augenbewegungen).

Hierher gehören die Geräte zur Messung von:

a) Bioelektrischen Potentialen
    Elektroencephalograph (EEG)
    Elektromyograph (EMG)
    Elektrokardiograph (EKG)
    Elektrodermatograph (EDG)
    Magnetresonanztomografie (FMRI)

b) Schnellen Veränderungen
    Augenbewegungskamera
    Tremormeter

Ein gutes Beispiel für eine psychologisch sinnvoll begründete Messung wird in Abbildung 5.4 dargestellt. Die Abbildung gibt eine von Krech (1935) verwendete Apparatur zur Messung der Stärke der zielgerichteten Motivation („Nahrungstrieb") von Ratten wieder. Die hier wiedergegebene Aufzeichnung der Zugkraft des Tieres wird als Indikator für die Stärke des Nahrungstriebs verstanden (vgl. unten die Lashleysche Sprungapparatur zur Untersuchung des Wahrnehmungs-Unterscheidungsvermögens bei Nagetieren).

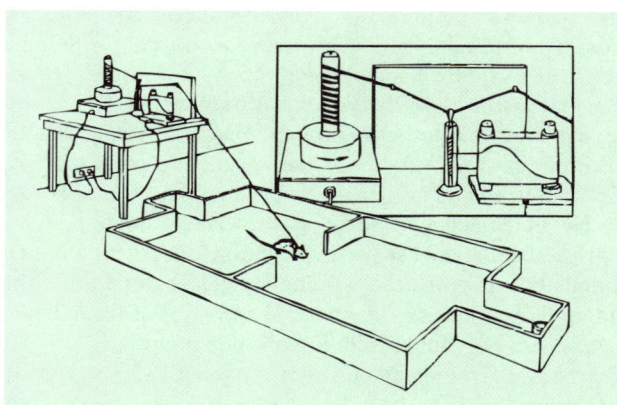

Abbildung 5.4: Beispiel für eine psychologisch sinnvoll begründete Messung (Operationalisierung) von zielgerichteter Motivation in einem Tierexperiment von Krech (1935). (Nach Krech et al., 1985)

Tatsächlich wird bei apparativen Verhaltensmessungen zunächst etwas im Sinne der zuvor festgelegten sog. operationalen Definition geleistet (Kap. 3.2). Beispielsweise wird mit der Verwendung eines Geräts zur Messung von Gleichgewichtsbewegungen zunächst noch nichts über die psychologisch-inhaltliche Bedeutung der betreffenden Messdaten ausgesagt. Wenn wir allerdings wissen, dass dieser Apparat etwa im Rahmen einer psychopharmakologischen Untersuchung den Schlafmitteleinfluss auf die Psychomotorik erfassen soll, dürfte dessen psychologische Bedeutung leicht einsehbar werden: In diesem Falle soll mittels der Apparatur die allgemeine „psychomotorische Unruhe" erfasst werden.

Beispielsweise war über viele Jahre die Annahme, Ratten seien in der Lage, visuelle Muster zu unterscheiden („diskriminieren"), experimentell nicht zu bestätigen. Erst durch die Verwendung einer speziellen von Lashley (1930) entwickelten Apparatur, der sog. Lashleyschen Sprungapparatur wurde es möglich, die visuelle Diskriminationsfähigkeit von Ratten nachzuweisen. Ratten sind tatsächlich dazu fähig, verschiedene visuelle Muster voneinander zu unterscheiden. Das Beispiel belegt zugleich die große Gefahr, aus einer experimentell nicht bestätigten Hypothese auf deren prinzipielle Ungültigkeit zu schließen. Grundsätzlich gilt nämlich, dass die Beibehaltung einer Nullhypothese keinerlei positiven Beleg bedeutet.

Um eine genaue, objektive und ökonomische Erfassung sowie Speicherung von Beobachtungen oder Messungen zu ermöglichen, setzt man häufig Registriergeräte ein. Neben Filmkamera, Videoanlagen und Magnetophongeräten findet man im Labor auch Schreiber und Drucker sowie elektromagnetische und elektronische Zähler. Es handelt sich hierbei um Apparaturen, welche die Daten zum Zwecke *statistischer* Weiterverarbeitung aufnehmen und speichern (s. Kap. 7.1).

Während sich der Experimentalpsychologe noch bis vor wenigen Jahren hauptsächlich der mechanischen Konstruktion von Untersuchungsgeräten bediente, sind die apparativen Versuchsanordnungen heute besonders stark von der Elektronik und Computertechnologie geprägt (Abb. 5.5; s. ferner Coren, 1986).

Die fortschreitende *Computertechnik* ermöglicht beispielsweise die Aufdeckung von hirnphysiologischen Prozessen in Form von EEG-Signalen im Hirnstrombild oder bildgebenden Verfahren (s. Box 9.1). So scheinen die als „evozierte Potentiale" (*evoked potentials*) bezeichneten Signale in einem engen Zusammenhang mit bestimmten psychologisch relevanten Variablen, wie etwa der sog. selektiven Aufmerksamkeit, zu stehen.

Die durch einen Reiz (z.B. Lichtsignal) hervorgerufene elektrophysiologische Antwort des Gehirns (Reaktion) ist im normalen Hirnstrombild nicht zu erkennen, da die spontane elektrische Gehirnaktivität („Rauschen") um ein Vielfaches größer als die reizunspezifische EEG-Antwort („Signal") ist. Um das im „Rauschen" eingebettete „Signal" herausanalysieren zu können, wird der elektronische „Averager" eingesetzt, mit dessen Hilfe das Signal/Rausch-Verhältnis zugunsten einer geeigneten Signalerkennung wesentlich erhöht werden kann. Dabei wird die – hypothetisch als Zufallsschwankung aufgefasste – EEG-Spontanaktivität (reizspezifischer Hirnstromverlauf) aufgrund eines fortlaufenden „Mittelns" (averaging) zu den verschiedenen Zeitpunkten der Reizdarbietung (Signal) herausgefiltert und somit das spezifische „Signal" sichtbar gemacht (zu Grundlagen und Methoden der Psychophysiologie siehe Rösler, 2001).

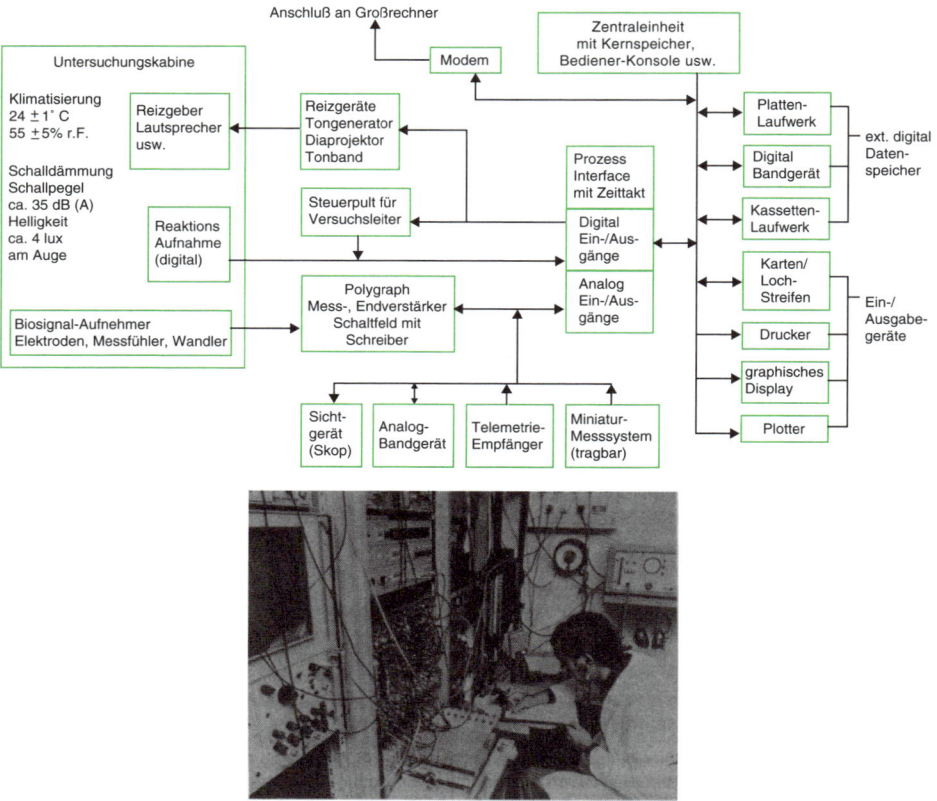

Abbildung 5.5: Beispiel einer elektronisch ausgerüsteten Versuchsanlage in der psychophysiologischen Forschung. – Block-diagramm eines psychophysiologischen Labors mit schallisolierter und klimatisierter Untersuchungskabine. Foto: Messplatz (VI-Raum) eines psychophysiologischen Forschungslabors. (Nach Fahrenberg et al., 1979; s. ferner Kandell et al., 1996).

Für die Instrumentierung von heute und morgen gelten jedoch weiterhin die klassischen Gütekriterien der Objektivität, Reliabilität und Validität. Verschiedene Untersucher müssen zu denselben Messdaten gelangen („Objektivität"); diese Messungen müssen präzise und wiederholbar anfallen („Zuverlässigkeit" bzw. „Reliabilität"); und die Instrumente müssen das messen, was inhaltlich gemessen werden soll („Gültigkeit" bzw. „Validität"; s. oben Box 5.1).

5.3 Instruktionsmerkmale und Instruktionstypen

Unabhängig davon, dass eine „Instruktion" klar und einfach die *Versuchsanweisung* enthalten muss, hat sie im Rahmen der Versuchsteilnehmer-Versuchsleiter-Kommunikation einen *psychodynamisch* wichtigen Stellenwert, auf den besonders zu achten ist.

Funktion und Abfassung der Instruktion

Ein wesentliches Mittel, einen Versuchsteilnehmer in einer psychologischen Untersuchung zu einem bestimmten *aufgabenspezifischen* Verhalten zu veranlassen, ist die *Versuchsanweisung* bzw. *Instruktion*. Die „Instruktion" hat im psychologischen Experiment *zwei* verschiedene Funktionen, nämlich die der *Information und der Motivation*: Die Instruktion *informiert* den Versuchsteilnehmer über

- den *Untersuchungsgegenstand* (allgemeiner Zweck des Versuches)
- die *Versuchsanordnung* (z.B. Funktion verschiedener für den Versuchsteilnehmer sichtbarer Apparate)
- die *konkrete Aufgabe*.

Die Instruktion *motiviert* den Versuchsteilnehmer:

- etwas Bestimmtes im Sinne der psychologischen Fragestellung zu leisten
- eine bestimmte Haltung während des Versuches einzunehmen (Entspannung, Aufmerksamkeit, Kooperation usw.).

Die *Abfassung* von Instruktionen erfordert vom Experimentator, dass dieser sich bereits im voraus eingehend mit der *psychologischen* Ausgangssituation seiner Versuchsteilnehmerinnen und Versuchsteilnehmer beschäftigt, d.h. mit ihren Sprachgewohnheiten, ihrem Kenntnisstand (z.B. auch ihrem intellektuellen Niveau) und mit ihrer allgemeinen *Einstellung* („*Vor*"-Urteil) dem Experiment gegenüber. Seine Instruktion wird naturgemäß jeweils einen anderen Wortlaut haben, je nachdem ob er etwa *Kinder, Studenten, Arbeiter* und *Angestellten*, psychisch *Gesunde* oder psychisch *Kranke* usw. zu untersuchen hat. Allgemein ist bei der Abfassung von Instruktionen auf die *Eindeutigkeit* in der Aussage sowie besonders auf eine *klare* und *straffe* Formulierung (Hervorhebung des Wesentlichen) zu achten. Die Instruktion sollte stets einen direkten Bezug zur konkreten Versuchssituation haben. Sie sollte so klar und eindeutig abgefasst sein, dass verschiedene Versuchsteilnehmer die Anweisung stets in gleicher Weise auffassen (s. Illu 5.1 ⏺).

Eine als „gelungen" zu bezeichnende Versuchsanweisung zeichnet sich allgemein durch die folgenden Merkmale einer *Versuchsteilnehmer-Versuchsleiter-Kommunikation* aus:

- Die Instruktion ist so klar und für jedermann verständlich abgefasst, dass alle Probanden grundsätzlich *dasselbe* Aufgabenverständnis erhalten. Es ist dabei darauf zu achten, dass die Instruktion – insofern diese wie üblich *mündlich* vorgetragen wird – nicht etwa in einem „*Schrift*deutsch" abgefasst ist, sondern dem gesprochenen Wort entgegenkommt.
- Der Versuchsleiter trägt die standardisierte Instruktion dem Probanden frei vor, und zwar in einer solchen natürlichen Weise, dass sich ein jeder Proband individuell angesprochen fühlt.
- Der Versuchsteilnehmer gewinnt *vor, während* und *nach* der Versuchsdurchführung den allgemeinen Gesamteindruck, dass seine Tätigkeit als eine *partnerschaftliche* Mitarbeit akzeptiert wird.

Instruktionstypen

Es gibt verschiedene *Typen* von Instruktionen, aus denen der Versuchsleiter die der jeweiligen Fragestellung angemessene auszuwählen hat:

- *Instruktion mit vollständiger Information* (Instruktion mit unmittelbarer und umfassender Aufklärung über das Versuchsziel). – Diese Instruktionsform wird insbesondere bei allen sog. *Leistungsexperimenten* benutzt.
  Beispiel: Es soll die Abhängigkeit des Aufmerksamkeitsverhaltens vom Grad des Schlafentzuges untersucht werden. In diesem Fall wird das Versuchsziel dem Versuchsteilnehmer umfassend und von vornherein mitgeteilt.

- *Instruktion mit unvollständiger Information* (Instruktion mit unmittelbarer, jedoch unvollständiger Aufklärung über das Versuchsziel). – Diese Instruktionsform wird immer dann verwendet, wenn eine unmittelbare volle Instruktion die Unwissentlichkeit (Untersuchungsnaivität) der Versuchsteilnehmer gefährden und damit das Untersuchungsziel beeinträchtigen könnte. Es wird in diesem Falle zwar unvollständig, aber nicht falsch – im Sinne einer Täuschung – instruiert.
  Beispiel: Es soll die Abhängigkeit einer perzeptiv-kognitiven „Einstellung" unter verschiedenen Kontextbedingungen untersucht werden, indem ein und derselbe Wahrnehmungsgegenstand der einen Versuchsgruppe in einem Kontext A, der anderen Versuchsgruppe dagegen in einem Kontext B dargeboten wird. In diesem Fall wird der Versuchsleiter seine eigentliche Untersuchungsabsicht während des Versuches nicht nennen, sondern die Versuchsteilnehmer lediglich allgemein instruieren, um die für die Versuchsabsicht erforderliche Naivität zu bewahren. Auf der anderen Seite wird jedoch dem Versuchsteilnehmer nichts „Falsches" in der Instruktion mitgeteilt (s. Kap. 6.1, Abb. 6.1).

- *Instruktion mit Falschinformation* (Instruktion mit falschen Angaben über das eigentliche Versuchsziel). – Diese Instruktionsform ist allein schon aus ethischen Gründen problematisch (Kap. 1.4). Sie darf – wenn überhaupt – im Experiment höchstens dann benutzt werden, wenn die beiden oben genannten Instruktionsformen nicht ausreichen, um die für die eigentliche Untersuchungsabsicht erforderliche Naivität des Versuchsteilnehmers zu gewährleisten (s. dazu Orig 5.1 ☞). Dieser Instruktionstyp ist gerade im Bereich der experimentellen Motivations- und Sozialpsychologie häufiger anzutreffen, und zwar dann, wenn etwa Fragen der sog. „sozialen Erwünschtheit" (social desirability) untersucht werden (s. Box 5.2).

Naturgemäß ist diese letztgenannte Instruktionsform, welche mit *Falschinformation* arbeitet, besonders bedenklich, weil ihre Verwendung das *Vertrauen* einer Person, die sich ja freiwillig dem Versuchsleiter als Versuchsteilnehmer zur Verfügung gestellt hat, belasten kann. Vor der Wahl eines Täuschungsmanövers in einem psychologischen Versuch muss sich der Versuchsleiter zunächst versichern, dass die „Täuschung".

- unmittelbar notwendig ist

- von dem Versuchsteilnehmer vor, während und im Anschluss an den Versuch psychologisch *adäquat verarbeitet* werden kann und außerdem

- keine *ethischen* Prinzipien verletzt.

Box 5.2: Instruktionsgebung und individuelles Instruktionsverständnis

Die Bedeutung der jeweils geeigneten Instruktionsgebung – im psychologischen Experiment wie auch im psychologischen Test (Lienert & Raatz, 1994) – ist auch und gerade im Rahmen des Versuchsaufbaus (*Stadium 3*) und naturgemäß in dem der Versuchsdurchführung (*Stadium 4;* s. Kap. 6) zu beachten. Psychologiestudierende können das damit Gemeinte im experimentellen Praktikum nachvollziehen, und zwar z.B. bei der Untersuchung der Rolle des persönlichkeitsspezifischen Instruktionsverständnisses in der verbalen Konditionierung (*Grundversuch 8: „Klassisches Konditionieren und Persönlichkeitsunterschiede"*; Sarris, 1995, Bd. II).

Fragestellung Die Bedeutung des bewussten Wahrnehmens einer regelhaften Beziehung zwischen Verstärker und Reaktion beim verbalen Konditionieren wird untersucht. Theoretischer Hintergrund dieses Grundversuchs ist die Kritik von Spielberger (1962, 1966) an der behavioristischen Auffassung, kognitive Vermittlungsprozesse seien keine Voraussetzung für eine erfolgreiche Konditionierung. Bei einer Satzbildungsaufgabe werden die Versuchsteilnehmer unter der Experimentalbedingung durch eine zustimmende sprachliche Äußerung („gut") verstärkt, wenn sie Sätze mit den Pronomina *„Ich"* oder *„Wir"* formulieren; bei den Teilnehmern der Kontrollgruppe wird dagegen der Gebrauch von Selbstreferenzen *nicht* verstärkt. Es wird erwartet, dass sich eine Zunahme der Häufigkeit verstärkter Pronomina nur bei Versuchsteilnehmern nachweisen lässt, die eine regelhafte Beziehung zwischen den eigenen sprachlichen Reaktionen und den Verstärkungen des Versuchsleiters bemerkt haben.

Die Arbeitsschritte für den Versuchsaufbau zu diesem Praktikumsexperiment lassen sich im Anschluss an die Fragestellung an Hand der zu verwendenden Arbeitsmaterialien (AM 1 – 6) nachvollziehen (Musahl, Stolze & Sarris, 1995):

Arbeitsmaterialien (AM) Für diesen Grundversuch werden folgende Arbeitsmaterialien verwendet:

- Instruktion (AM 8.1),
- Versuchsmaterial (AM 8.2) mit der Beispielkarte und der Verben- und Pronomina-Abfolge für die sechs Versuchsabschnitte,
- Protokollblatt (AM 8.3), pro Versuchsteilnehmer sechs Exemplare, sowie
- Fragebogen für das Postkonditionierungs-Interview (PKI, AM 8.4).

AM 8.1: Instruktion (Ausschnitt) – Alle Versuchsteilnehmer werden zunächst folgendermaßen instruiert:

„Im Verlaufe dieser Untersuchung sollen Sie Sätze bilden. Ich zeige Ihnen eine Reihe von Karten, auf denen jeweils ein Zeitwort und mehrere Fürwörter stehen. ..."

AM 8.2: Versuchsmaterial – Die Beispielkarte (oben) wird während der Instruktion vorgelegt. Der 1. Abschnitt (20 Übungsdurchgänge) soll immer in der unten angegebenen Reihenfolge der 20 Verben und 6 permutierten Pronomina vorgegeben werden. In den Abschnitten 2 bis 6 wird die Kartenreihenfolge in vorher festgelegter Zufallsfolge dargeboten. Es sind daher insgesamt 121 Karten (DIN A6, unliniert) herzustellen.

AM 8.3: Protokollblatt – Für jeden Versuchsteilnehmer sind insgesamt 6 Abschnitte zu je 20 Durchgängen zu protokollieren – gemäß diesem Protokollblatt also sechs Exemplare. Auf dem ersten Blatt sollen die Probanden-Kennziffern (bzw. der Name), die Namen der beiden Versuchsleiter und die Zuordnung zur Experimental (E)- bzw. Kontroll (K)-Gruppe vermerkt werden. Das jeweils verwendete Pronomen wird angekreuzt.

AM 8.4: Fragen des Postkonditionierungs-Interviews (PKI) – Die Fragen 1 bis 6 werden allen Probanden gestellt; die Fragen 7 bis 12 werden nur den Probanden der Experimentalgruppe (E) gestellt. – Bei Probanden der Experimentalgruppe, die bis zur 6. Frage eine korrekte Reaktions-Verstärker-Beziehung verbalisieren, entfallen die Fragen 7 bis 12; ihnen werden die anschließenden Fragen A und B gestellt.

Der Faktor der individuumspezifischen Bedeutung der Instruktionsgebung wird auf der Basis des Vergleichs der Datensätze für die „wissentlichen" versus „unwissentlichen" Probanden untersucht (zweifaktorielles Mischdesign, vgl. Musahl et al., 1995). Dieses Beispiel für den Versuchsaufbau illustriert die methodologische Relevanz des *experimentell-korrela*tiven Untersuchungsansatzes (Kap. 4.1). Im günstigen Fall werden – bereits in diesem Stadium – die für das Stadium 5 („Statistische Auswertung") erforderlichen Auswertungsmaterialien hergestellt (Musahl et al., 1995, s. dort AM 8.5 bis 8.9).

Musahl, H.-P., Stolze, G. & Sarris, V. (1995). Experimentalpsychologisches Praktikum: Arbeitsbuch. (2. Aufl.) Lengerich: Pabst.

Spielberger, C.D. (1962). The role of awareness in verbal conditioning. In C.W. Eriksen (Ed.), Behavior and awareness. Durham, N.C.: Duke University Press.

Spielberger, C.D. & DeNike, L.D. (1966). Descriptive behaviorism versus cognitive theory in verbal operant conditioning. Psychological Review, 73, 306-326.

5.4 Rekrutierung der Versuchsteilnehmer

Der Gegenstand experimentalpsychologischer Forschung ist – neben dem *Tier* – vor allem der *Mensch*. Als Teilnehmer an einem Experiment bezeichnet man das Untersuchungsobjekt in der traditionellen experimentellen Humanpsychologie als „*Versuchsperson*" („*Vp*"; Plural: „*Vpn*"). Aus diesem Begriff hören heutzutage viele, die (meistens) die Wirklichkeit experimentalpsychologischer Forschung nicht kennen, eine seelenlose „Verdinglichung" des Menschen heraus. Um diese Konnotation zu vermeiden, sprechen wir in diesem Text durchgehend *neutral* vom „*Versuchsteilnehmer*" bzw. „*Probanden*".

Im angloamerikanischen Wortgebrauch heißt es seit geraumer Zeit „*participant*" (oder: „*observer*") – anstelle des dort offiziell verpönten „*subject*" (Gillis, 1976). Die Annahme, dass ein Mensch allein schon dadurch, dass er als „Versuchsperson" an einem Experiment teilnimmt, „verdinglicht" werde, ist übrigens leicht *ad absurdum* zu führen: Früher haben selbst höchst bekannte Psychologen sich untereinander als „Versuchspersonen" zur Verfügung gestellt. Pointiert weist Holzkamp (1964) auf die Lächerlichkeit der Annahme hin, „dass zum Beispiel „...Herr Dr. Bühler, die Herren Professor Külpe und Dr. Dürr, die als Vpn dienten, in ihrer Würde als menschliche Subjekte angetastet haben könnte oder dass z.B. Wertheimer (1912) in seinem berühmten Experiment über das *Phi-Phänomen* die Herren Dr. Wolfgang Köhler und Dr. Kurt Koffka, die neben Frau Koffka in seinem Versuch die Rolle der ‚Vpn' übernahmen, auf ethisch nicht vertretbare Weise ‚zum Objekt gemacht' hätte, worauf alle drei gemeinsam die *Gestaltpsychologie* begründeten." (Holzkamp, 1964, S. 84).

Grundsätzlich ist zunächst festzulegen, auf welchen Personenkreis („Populationsträger") sich die Untersuchung beziehen soll und welchen Geltungsbereich die Untersuchung anstrebt. Hiernach bestimmt sich, wie die Grundgesamtheit definiert wird, aus der eine Stichprobe zu entnehmen ist. Die Definition der Gesamtheit (Population) und das angewandte Verfahren der Stichprobenauswahl bestimmen in entscheidendem Maß die statistische Validität des Experiments. Im Sinne einer hohen statistischen Validität des Experiments kommt es bei der Rekrutierung von Teilnehmern darauf an, ein hohes Maß von Stichprobenrepräsentativität zu erzielen. Dabei kann sich der Experimentator verschiedener Verfahren bedienen. Eines der wirkungsvollsten ist das der Zufallsauswahl (Randomisierung; R; s. Kap. 4.1), bei der jede Person als Messwerteträger der zuvor definierten Grundgesamtheit mit ein und derselben Wahrscheinlichkeit in die Stichprobe aufgenommen wird, wobei angenommen wird, dass die jeweilige Stichprobe die Grundgesamtheit befriedigend repräsentiert.

In der Forschung wird häufig auch mit sog. anfallenden Stichproben (Gelegenheitsstichproben) gearbeitet; d.h. es werden Versuchsteilnehmer herangezogen, die dem Experimentator „gerade zur Verfügung stehen". Dabei handelt es sich bei universitärer Forschung häufig um Studenten. Studentische Teilnehmerinnen und Teilnehmer sind sicherlich nicht bezüglich aller Merkmale repräsentativ für die Bevölkerung. Bezüglich derjenigen Merkmale, die in allgemeinpsychologischen Untersuchungen Beachtung finden – wie z.B. die Sehtüchtigkeit in wahrnehmungspsychologischen Untersuchungen – kann jedoch davon ausgegangen werden, dass Studenten keine besondere Subpopulation bilden.

Wie viele Versuchsteilnehmer (Probanden)? Es gibt einige praktische, aber auch statistisch komplizierte Überlegungen zur Frage nach der zu wählenden Versuchspersonenanzahl; diese Frage ist letztlich nur auf Grund von bisherigen wissenschaftlichen Resultaten zu der jeweiligen inhaltlichen Thematik zu beantworten (Kraemer & Thiemann, 1987).

Tabelle 5.2

Typische Fehler beim Versuchsaufbau (Stadium 3)
1. Es wird versäumt, die relevanten Merkmale der Grundgesamtheit zu definieren.
2. Es wird eine zu kleine Stichprobe erhoben, so dass eine statistisch zuverlässige Aussage über das Verhalten von Individuen in der Grundgesamtheit nicht möglich ist.
3. Die Instruktion ist nicht klar und eindeutig genug abgefasst; d.h. ein gleich bleibendes Instruktionsverständnis bei den verschiedenen Versuchsteilnehmern ist nicht gewährleistet.
4. Es werden inadäquate technische Verfahren eingesetzt.
5. Die Instrumentierung des Versuches ist komplizierter als von der Sache her erforderlich.

Zusammenfassung

Der experimentelle Versuchsaufbau erfolgt unter Vermeidung typischer Fehler in Abstimmung mit ebenso den vorausgehenden Stadien, welche sich mit Problemstellung und Hypothesenbildung sowie der Versuchsplanung befassten, wie auch mit den noch folgenden Stadien. Die Rekrutierung von Versuchsteilnehmern, die Instrumentierung des Experiments sowie die Formulierung der Probandeninstruktion verlangen eingehende Überlegungen und konkrete Planung. Dazu ist die Kenntnis der wichtigsten herkömmlichen technischen Hilfsmittel der psychologischen Forschungspraxis zur Kontrolle und Steuerung sowie zur Registrierung bzw. Messung der Probandenreaktionen erforderlich. Die Instrumentierung muss den Bewertungskriterien der Objektivität, Reliabilität und Validität genügen.

Ein wesentliches Mittel, einen Versuchsteilnehmer in einer psychologischen Untersuchung zu einem bestimmten aufgabenspezifischen Verhalten zu veranlassen, ist die Versuchsanweisung bzw. Instruktion. Die Instruktion hat im psychologischen Experiment die Funktionen über den Untersuchungsgegenstand, die Versuchsanordnung, die Instrumente und die konkrete Aufgabe zu informieren und darüber hinaus den Versuchsteilnehmer zu motivieren, etwas Bestimmtes im Sinne der psychologischen Fragestellung zu leisten bzw. eine bestimmte Verhaltensweise während des Versuches einzunehmen. Die Instruktion soll so klar und für jedermann verständlich abgefasst sein, dass alle Probanden grundsätzlich dasselbe Aufgabenverständnis erhalten. Letztlich ist eine Instruktion gelungen, wenn der Versuchsteilnehmer den Eindruck gewinnt, dass seine Tätigkeit als eine wichtige partnerschaftliche Mitarbeit akzeptiert wird.

Aktuelle Internet-Links

Wie psychologische Experimente gestaltet werden können wird auf den Seiten „Psychologische Experimente" der Fernuniversität Hagen dargestellt:

http://psychologie.fernuni-hagen.de/Lernportal/Lernumgebung/HTML/Experimente.html

Studierende, die an psychologischen Online-Experimenten teilnehmen möchten, können dies im WEB-LABOR für EXPERIMENTELLE PSYCHOLOGIE tun – zu finden unter:

http://www.psychologie.unizh.ch/sowi/Ulf/Lab/WebExpPsyLabD.html

Wichtige Fachbegriffe[1]

Apparat	Permutation
Computersteuerung	Reliabilität
Instruktionsgebung	Tachistoskop
Instruktionstypen	Validität
Instrumentierung	Versuchsanweisung (Instruktion)
Objektivität	Versuchsaufbau

---

1 Erläuterungen der Fachbegriffe finden sich im Glossar am Ende des Buches.

Stadium 4: Versuchsdurchführung und Versuchsleitermerkmale

6

6.1 Merkmale der Versuchsdurchführung 102
Versuchsdurchführung. 102
Versuchsleiter-Versuchsteilnehmer-Kommunikation 102

6.2 Instruktion und Exploration der Versuchsteilnehmer 106
Instruktionsgebung. 106
Exploration 107

6.3 Reaktive Messwerte und ihre Kontrolle 108
Box 6.1: Versuchsleiter-Versuchsperson-Dynamik: ein experimentelles Beispiel 108
Reaktive Messeffekte als Versuchsartefakte. 110
Box 6.2: Reaktive Messeffekte – die Rolle des Versuchsleiters 113
Kontrolle von reaktiven Messeffekten 115

6.4 Exkurs: „Traumfresserchen"-Versuch (Exploration) 117

ÜBERBLICK

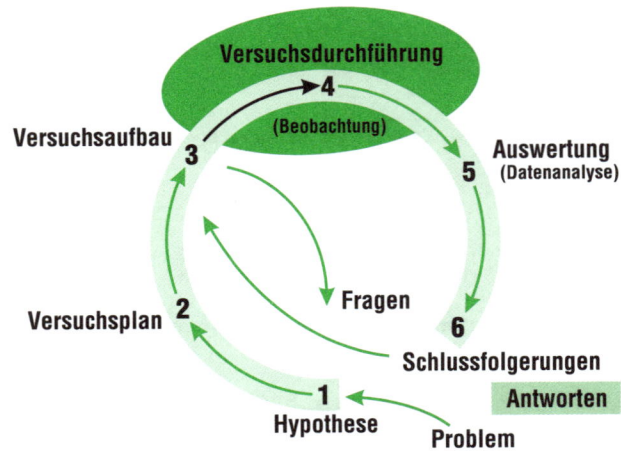

6.1 Merkmale der Versuchsdurchführung

Versuchsdurchführung

Die geplante Versuchsanordnung muss so realisiert werden, dass eine systematische Beobachtung des zu untersuchenden Sachverhaltes möglich ist, ohne dass mit der Durchführung des Experiments dieser Sachverhalt durch damit verbundene systematische Störeffekte verändert wird. Bei der Durchführung des Experiments muss der *Versuchsleiter* daher besonders sorgfältig und umsichtig sein; die beste Planung und Vorbereitung eines Experiments nützen nichts, wenn die konkrete Versuchsdurchführung Mängel aufweist.

Versuchsleiter-Versuchsteilnehmer-Kommunikation

Ein psychologisches Experiment ist nicht allein durch die spezifische, im allgemeinen *standardisierte* Aufgabenstellung seitens des Versuchsleiters und durch die individuelle Aufgabenbearbeitung seitens der Versuchsteilnehmer gekennzeichnet, es sind darüber hinaus einige Komponenten der Versuchssituation zu beachten, die mit der natürlichen Psychodynamik der *Versuchsleiter-Versuchsteilnehmer-Kommunikation* zusammenhängen. Es sollte von vornherein klar sein, dass der eigentliche Ablauf eines Experiments durch die komplizierten *Wechselwirkungen* zwischen allen drei „Instanzen" (a) *Versuchsleiter*, (b) *Versuchsteilnehmer* und (c) *Versuchssituation* bestimmt wird.

Versuchsleiter Im psychologischen Experiment werden durch den Versuchsleiter Bedingungen geschaffen, die bei den Versuchsteilnehmern Prozesse auslösen, deren Ergebnisse zur Überprüfung der aufgestellten Hypothesen dienen sollen. Solche *Prozesse* können sein:

- Wahrnehmungen
- Erinnerungen
- Entscheidungen
- Emotionen

Das Experiment ist dabei generell als eine *soziale Situation* aufzufassen, bei der die einzelnen am Versuch beteiligten Personen – Versuchsteilnehmer und Versuchsleiter („Vl") – eine Rolle übernehmen, die von ihrem Rollenverhalten im alltäglichen Leben in aller Regel abweicht:

▮▮ *... Wir alle spielen viele verschiedene Rollen in unserem Leben. Wenn ich den weißen Laborkittel eines Verhaltenswissenschaftlers trage, dann bemühe ich mich darum, die Organismen (einschließlich der Menschen) objektiv zu erfassen, sie mit ungetrübtem Auge zu sehen und nicht etwa durch eine rosarote Brille. Objektiv sein heißt – jedenfalls teilweise – sich dem Studienobjekt gegenüber unemotional einzustellen, persönlich oder subjektiv unbeteiligt zu sein. Eine solche ‚hartherzige' Einstellung ist besonders notwendig (und sehr schwierig), wenn man sich mit emotionalen, personenbezogenen oder subjektiv strukturierten Problemen zu befassen hat.* **▮▮**

(McConnell, 1974, 10).

Das Zitat lässt erkennen, dass der in der Rolle als Vl fungierende Experimentalpsychologe um *Objektivität* und *Unvoreingenommenheit* seinen Versuchsteilnehmern gegenüber bemüht sein muss. Dies ist eine der notwendigen Voraussetzungen für die in einer jeden psychologischen Untersuchung anzustrebende *vertrauensvolle Zusammenarbeit* zwischen Versuchsleiter und Versuchsteilnehmer.

Typische Beispiele für eine emotional positive Versuchsteilnehmer-Versuchsleiter-Kommunikation liefern naturgemäß gerade die *entwicklungspsychologischen* Experimente mit Kindern und Jugendlichen. Da bekanntermaßen die kindliche Reaktionsbasis – im Vergleich zu derjenigen des Erwachsenen – besonders stark durch spontane affektiv-situative Komponenten einer Untersuchungssituation bestimmt wird, ist gerade hier die Schaffung einer grundsätzlich positiv getönten *kindgemäßen* Untersuchungsatmosphäre eine unabdingbare Voraussetzung für die Gewinnung (ökologisch) valider Resultate.

Beispielsweise kann die Kindgemäßheit einer *psychophysikalischen* Untersuchungssituation, in der etwa 5jährige Kinder zahlreiche Schwereurteile zu verschiedenen Gewichten abgeben sollen, einfach durch die spielerische Aufgabe des Hebens und Identifizierens von kleinen (versteckten) „Sandeimerchen" – anstelle von objektiv neutralen Laborzylindern – erfüllt werden, wie dies die Untersuchungen von Wilkening (1976) verdeutlichen (Abb. 6.1). Typischerweise kann so die Untersuchungssituation für jüngere Probanden kindgerecht gestaltet werden.

Abbildung 6.1: Kindgemäßheit einer psychophysikalischen Versuchssituation zur Feststellung der Wahrnehmungs-relativität bei Schwereeindrücken verschiedener Gewichte. Im spielerischen Versuch mit Kindern wird zur korrekten Identifikation von (versteckten) „Sandeimerchen" aufgefordert. (Nach Wilkening, 1976)

Versuchsteilnehmer Ein Versuchsteilnehmer nimmt in aller Regel nicht ohne *bestimmte Erwartungen* über den Sinn und Zweck eines Experiments an einem psychologischen Versuch teil. Entsprechend unterscheidet sich das *Untersuchungsobjekt* der Psychologie prinzipiell von dem irgendeiner anderen experimentellen Wissenschaft wie etwa der Biologie, Physik oder Chemie. Je nach Vorerfahrung und Persönlichkeits-struktur kann die Teilnahme an einem Versuch bei verschiedenen Personen von unter-schiedlichen kognitiv-emotionalen Zuständen begleitet sein, wie von *Langeweile, Ärger, Furcht, Misstrauen* oder aber auch von *Neugier, Spieltrieb* und *persönlichem* oder gar *wissenschaftlichem Interesse*. Diese unterschiedlichen kognitiven und emotionalen Voraussetzungen können unter bestimmten Bedingungen einen beträchtlichen Einfluss auf den zu untersuchenden Prozess haben, insbesondere dann, wenn diese emotionalen Zustände selbst untersucht werden sollen, wie dies etwa in der *Motivations-* und *Emo-tionspsychologie* der Fall ist. Es versteht sich, dass der Versuchsteilnehmer sich in der Regel darum bemüht, eine Vorstellung vom „eigentlichen" Zweck des Versuchs zu ent-wickeln.

Eine Ursache für falsche Hypothesenbildungen von Versuchsteilnehmern im Labor-experiment ist in einem Orientierungsbedürfnis der Teilnehmer zu suchen. Unzurei-chende *Information* über Sinn und Zweck des Experiments durch den Versuchsleiter kann dazu führen, dass die Teilnehmer eine eigene Deutung vornehmen. Stets ver-suchen Versuchsteilnehmer, ihrem Tun einen Sinn zu unterstellen. Diese generelle Tendenz hat Orne (1962) experimentell nachgewiesen. Er setzte einer Reihe von Ver-suchsteilnehmern einen Stoß von 2000 Testbögen mit jeweils 244 Additionsaufgaben vor und stellte den Versuchsteilnehmern ohne irgendwelche Angaben über Sinn und Zweck des Versuchs die Aufgabe, diese Testbögen zu bearbeiten. Dann entfernte er sich mit dem Hinweis, „gelegentlich" wieder hineinzuschauen. Als die Versuchsteil-nehmer nach 5 ½ Stunden immer noch rechneten, gab der Versuchleiter auf! Wie Orne (1962) in seiner Arbeit betont, wurde in der an seinen Versuch anschließenden Befra-gung die Aufgabe von den meisten Versuchsteilnehmern als durchaus „sinnvoll" bezeichnet Sie interpretierten die außergewöhnliche Dauer des Experiments als

Charakteristikum eines *„Ausdauer-Tests"*. Immer dann, wenn anstelle des vom Versuchsleiter eigentlich intendierten psychologischen Sachverhalts andere psychische Prozesse bei dem Versuchsteilnehmer ablaufen, spricht man von einer sog. *„Objektentgleisung"* (vgl. dazu Demo 6.1).

Gemäß der obigen Darstellung lassen sich verschiedene *Grade* der Unwissentlichkeit der Versuchsteilnehmer voneinander unterscheiden (vgl. Kap. 5.3):

- Maximale *Unwissentlichkeit* liegt dann vor, wenn der Versuchsteilnehmer nicht einmal weiß, dass er Objekt eines Versuchs ist. Eine solche Situation ist oftmals bei den sog. Feldexperimenten gegeben.

- Vollständige *Wissentlichkeit* liegt im Selbstversuch vor: Versuchsteilnehmer und Versuchsleiter sind in diesem Fall identisch miteinander, so dass der Versuchsteilnehmer sowohl um die Versuchssituation weiß als auch das Anliegen und den Zweck des Versuchs kennt.

Zwischen diesen beiden Polen sind viele Abstufungen der Wissentlichkeit möglich. Beispielsweise kann ein Versuchsteilnehmer das generelle Ziel des Versuchs kennen, ohne jedoch die spezifische Aufgabensituation überblicken zu können: Er kann aber auch sowohl bezüglich des Versuchsziels als auch hinsichtlich einer speziellen Aufgabe im Unklaren gelassen werden, dabei aber immerhin wissen, dass er in einer Versuchssituation *sinnvoll* agiert. Ein Beispiel dafür ist die Untersuchung der Veränderung des psychophysikalischen *Kontrasteffekts* unter verschiedenen Lern- und Wahrnehmungsbedingungen (Sarris & Zoeke, 1985). Dabei wird z.B. in einem als „Postspiel" vorgestellten Gewichthebeversuch die altersspezifische Unterscheidung der Schwere verschiedener „Päckchen" verlangt und im Anschluss an die Trainingsphase die Beeinflussbarkeit des Schwereurteils durch andere zu hebende Gewichte geprüft (Testphase). Während der Proband in einem solchen Versuch weiß, dass er Gewichte möglichst richtig zu klassifizieren hat („Wissentlichkeit"), ist ihm aber die experimentelle Tatsache der Prüfung der systematischen *Veränderung* des psychophysikalischen Kontrasts unbekannt („Unwissentlichkeit"; vgl. die Daten in Abb. 6.2).

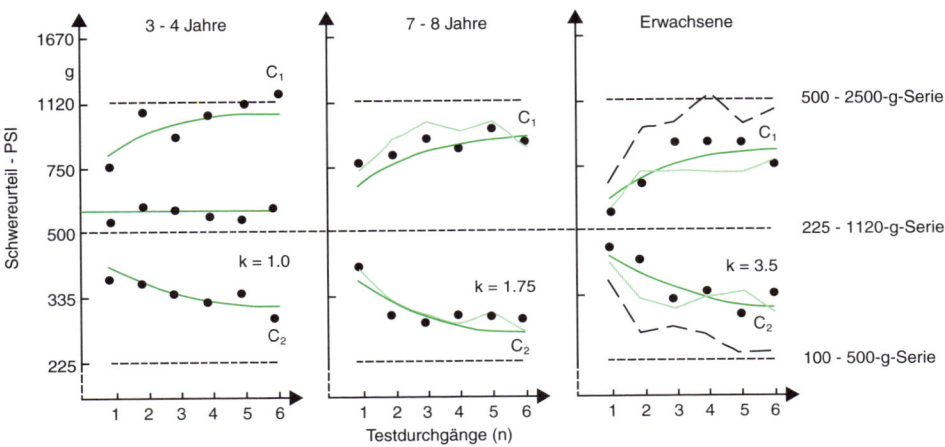

Abbildung 6.2: Ergebnisse eines Gewichthebeexperiments zur Prüfung des altersspezifischen psychophysikalischen Kontrasteffekts (PSI = Indikator für das durchschnittliche Schwereurteil der drei Altersgruppen als Funktion der Testdurchgänge n für eine leichte, C_1, und eine schwere, C_2, Gewichtsserie). Die Altersgruppen unterscheiden sich vor allem im Hinblick auf das Ausmaß des Kontrasteffekts, hier durch die altersspezifische Steigungskonstante k der Datentrends ausgedrückt (k – 1, 1.75, 3.5 für 3- und 4- bzw. 7- und 8-Jährige sowie Erwachsene). Lernkriterium: 20, 10, 4 korrekte Reaktionen im Training. (Nach Sarris & Zoeke, 1985)

Versuchssituation   Neben dem Versuchsleiter mit seinen verschiedenen Einflussnahmen sowie neben dem Versuchsteilnehmer mit dessen besonderen Einstellungen ist als dritte Instanz des psychologischen Experiments die konkrete *Versuchssituation* selbst in Rechnung zu stellen. Es handelt sich dabei generell um alle jene Randbedingungen einer Untersuchung, welche zwar definitionsgemäß nicht mit der eigentlichen psychologischen Fragestellung – und auch nichts mit der allgemeinen Versuchsleiter-Versuchsteilnehmer-Kommunikation – zu tun haben, die aber trotzdem für den konkreten Ablauf eines Experiments von nicht zu unterschätzender Bedeutung sind. Meist handelt es sich hierbei um *äußere* Einwirkungen auf den Versuch, die als „Störeffekte" zu bewerten sind.

Bereits *vor* der Durchführung eines Experiments ist die Versuchssituation im Hinblick auf derartige Störgrößen zu analysieren; es sind Vorkehrungen zu treffen, welche das Auftreten solcher Störungen möglichst vermeiden. Insbesondere muss sich der Versuchsleiter stets folgende *Fragen* rechtzeitig stellen und entsprechend beantworten:

- Sind Störungen des Versuchs von außen her ausgeschlossen?
- Erlauben die psychophysischen Bedingungen des Versuchsteilnehmers die von ihm verlangte Leistung?
- Ist die Atmosphäre des Versuchsraums sowie der gesamten Versuchsdurchführung dem Untersuchungsanliegen angemessen?
- Sind die verwendeten Versuchsapparaturen so angeordnet, dass einerseits der Versuchsleiter sie mühelos benutzen kann und andererseits der Versuchsteilnehmer nicht durch sie abgelenkt oder verunsichert wird?

Gerade aus dem zuletzt genannten Grunde haben insbesondere die Abfassung und Vorgabe einer gut ausgearbeiteten „*Instruktion*" und „*Exploration*" ihre inhaltliche Bedeutung. Die *Einübung* in die Benutzung der entsprechenden Techniken ist daher eine wichtige Aufgabe im Rahmen eines jeden experimentalpsychologischen Versuchs.

6.2   Instruktion und Exploration der Versuchsteilnehmer

Instruktionsgebung

Das Verhalten des Versuchsleiters bei der Instruktionsgebung muss so beschaffen sein, dass die Versuchsanweisung optimal an die Versuchsteilnehmer übermittelt wird. Wichtige Merkmale einer optimalen *Instruktionsgebung* sind:

- angemessene *Lautstärke*
- klare *Artikulation*
- *Hervorhebung* der wesentlichen Punkte.

Die Instruktion liegt in der Regel zumindest dem Versuchsleiter – in bestimmten Untersuchungsfällen auch dem Versuchsteilnehmer – in *schriftlicher* Form vor. Nur so lässt sich eine Instruktion über mehrere Versuche konstant halten, um ein nötiges Maß an Standardisierung zu gewährleisten. Dennoch sollte der Versuchsleiter die Instruktion nicht einfach vom Blatt ablesen, sondern diese in freier Form – *auswendig* – vortragen. Seine Instruktionsgebung sollte er dem Instruktionsinhalt und dem Versuchsteilnehmer anzupassen versuchen, auf jeden Fall aber Divergenzen zwischen seinem Verhalten und dem was er sagt, vermeiden. Eine krasse Divergenz wäre beispielsweise gegeben, falls der Versuchsleiter bei einem Versuch zur „Konzentrationsmessung" dem Versuchsteilnehmer mitteilte, dass es jetzt wichtig sei, konzentriert zu arbeiten, selbst aber lässig und gelangweilt dasitzt!

Während des Ablaufs eines Versuchs können untersuchungsspezifische Bedingungen eintreten, die vom Versuchsleiter eigentlich nicht vorgesehen sind und die von ihm auch nicht bemerkt werden. Falls solche Störquellen nicht erfasst werden, geht der Experimentator bei der Interpretation der erhobenen Befunde von Vorbedingungen aus, die eigentlich in seinem Experiment gar nicht geherrscht haben.

Exploration

Eine einfache Möglichkeit, sich gegen diese Gefahr von unerkannten Störquellen des Versuchsablaufs abzusichern, ist die Durchführung einer *Exploration* im Anschluss an den Versuch. Eine Exploration dient grundsätzlich einer nachträglichen Erfassung von Störquellen im Experiment. Da die gedachte Grundgesamtheit der *möglichen* Störfaktoren theoretisch unendlich groß ist, sollte man in der Exploration zunächst von sehr allgemeinen Fragen ausgehen und dann aufgrund der Antworten der Versuchsteilnehmer den Fragenkreis sukzessive eingrenzen. Des Weiteren lässt sich durch die Exploration zusätzlich *qualitative* Information erhalten, die bei der Interpretation der quantitativen Versuchsergebnisse hilfreich sein kann. Welche konkreten Informationen dabei wichtig sind, hängt von dem jeweiligen Versuch ab.

Die *Exploration* hat einen hohen heuristischen Wert, insbesondere dann, wenn es die Frage zu beantworten gilt, ob im Experiment überhaupt die intendierten Bedingungen durch die konkreten experimentellen Handlungen realisiert worden sind. Dieses Problem stellt sich besonders prägnant in der psychologischen *Stressforschung*. In diesem Forschungszweig wird immer wieder ersichtlich, dass durch die Induktion von Belastungen durch definierte „Stressoren" die Beanspruchung eines Individuums ganz unterschiedlich sein kann und dabei die Bewertung des Stressors durch den Versuchsteilnehmer eine nicht unerhebliche Rolle spielt. Zum Beispiel zeigte sich in vielen Arbeiten zum Problem der Lärmbelästigung, dass ein physiologischer Indikator der Beanspruchung (Pulsfrequenz) nicht mit der *objektiven* Lärmstärke, sondern mit der *erlebten* Lärmbelästigung korreliert. Das Belästigungserlebnis erwies sich im Experiment als abhängig von der individuellen Bewertung der Lärmquelle.

Durch die *Exploration* hat der Versuchsleiter die Möglichkeit abzuschätzen, ob die experimentellen Variablen im konkreten Einzelfall auch wirklich realisiert worden sind. Für die Durchführung einer *Exploration* gilt die folgende Grundregel: Es ist stets darauf zu achten, dass der Versuchsleiter nicht durch *Suggestivfragen* den Versuchsteilnehmer eine Antwort „in den Mund legt" bzw. auf bestimmte Antworten drängt. Eine gut durchgeführte Exploration bedarf nicht nur einer guten *Vorbereitung*, sondern verlangt darüber hinaus ein hohes *Einfühlungsvermögen* des Versuchsleiters gegenüber den individuellen Voraussetzungen seiner Versuchsteilnehmer (Kommunikationsfähigkeit, Erwartungen, Interessen usw.). Dies erfordert gründliche Erfahrung in der praktischen Durchführung von psychologischen Untersuchungen. Auf die Bedeutung der Exploration geht vertiefend das Versuchsbeispiel im *Exkurs* ein (s. Kap. 6.4).

Um das Vorgehen bei der Exploration effektiv zu gestalten, sollte es sich der Versuchsleiter zur Regel machen – soweit es die konkrete Fragestellung zulässt – jedes Experiment zunächst im *Selbstversuch* durchzuführen. Die Erfahrungen, die der Versuchsleiter in der Rolle des Versuchsteilnehmers sammeln kann, haben nicht nur für die Exploration, sondern auch für die spätere Formulierung der Instruktion bis hin zum besseren Verständnis der erhobenen Befunde unschätzbaren Wert.

6.3 Reaktive Messwerte und ihre Kontrolle

Die oben dargestellten Instanzen können – jede für sich genommen – einen Effekt auf die Messwerte der abhängigen Variablen haben und diese in unliebsamer Weise verzerren. Es wird in diesem Zusammenhang von der „*Reaktivität*" der psychologischen Messung gesprochen.

Zum Beispiel „reagiert" ein Versuchsteilnehmer auf die Person des Versuchsleiters und auf dessen Verhalten unter Umständen derart extrem positiv oder negativ, dass es auf diese Weise zu Datenverzerrungen kommt. Möglich wäre auch, daß der – z.B. schlecht ausgebildete bzw. indisponierte – Versuchsleiter seinerseits inadäquat auf das Verhalten sowie auf die Persönlichkeit seines Versuchsteilnehmers „reagiert". Oder er handelt in gewissem Maße nicht vorurteilsfrei („*unvoreingenommen*") im Hinblick auf seine *Erwartungen* von bestimmten Versuchsergebnissen. Ein klassisches sozialpsychologisches Experiment über „*Furcht*" und „*Angst*" illustriert beispielhaft den hier gemeinten Problemkomplex (Box 6.1).

Box 6.1: Versuchsleiter-Versuchsperson-Dynamik: ein experimentelles Beispiel

Insbesondere in komplexen motivations- und sozialpsychologisch relevanten Zusammenhängen ist die Bedeutung der *Versuchsleiter-Versuchsteilnehmer*-Interaktion empirisch gut belegt. Unter Umständen können die jeweiligen experimentellen Befunde auf Grund der „Vl"- oder/und „Vp"-bedingten *artifiziellen* („dynamischen") Beeinflussungen der erhobenen Datensätze praktisch unbrauchbar sein (Rosenthal, 1966)

Als Illustration des damit Gemeinten wird hier eine Arbeit von Sarnoff u. Zimbardo (1961) herangezogen, welche auf einem *zweifaktoriellen* (bifaktoriellen) Versuchsplan basiert. Das Experiment dieser beiden Autoren überprüfte – im Sinne ihrer *psychoanalytisch* orientierten Ausgangshypothese einer Unterscheidung zwischen „Furcht" und „Angst" – die interagierende Auswirkung dieser beiden Variablen auf den Wunsch nach Sozialkontakt.

Psychoanalytiker definieren, im Sinne Sigmund Freuds, „Furcht" als eine objektiv begründete Angst (*Realangst*), d.h. als Emotion gegenüber einem tatsächlich gefährlichen Objekt oder Ereignis, hingegen „Angst" als eine weitgehend *irrationale* bzw. sogar „neurotische" Erregung, d.h. als eine von objektiv harmlosen Reizen ausgelöste Emotion. Ein Mensch, der *Angst* hat, ist sich i.a. der Unangemessenheit seiner Emotion bewusst und reduziert diese durch Verdrängung. Im Übrigen vermeidet er die Mitteilung seiner Angst an andere. Demgegenüber erwartet jemand, der *Furcht* hat, von seinen Mitmenschen eher konkrete Hilfe – wenigstens aber Anteilnahme – angesichts eines objektiv gefährlichen Objekts oder Ereignisses, das auch von anderen als bedrohlich eingeschätzt wird. Sarnoff u. Zimbardo (1961) untersuchten die differentiellen Auswirkungen von Angst und Furcht auf den Wunsch nach sozialem Kontakt, um so den grundlagenwissenschaftlichen Wert dieser psychoanalytischen Hypothese zu überprüfen. Es wurden insgesamt N = 72 Studienanfänger, Psychologiestudenten der Yale University, aufgeteilt nach 4 Zufallsgruppen á 18 Probanden, untersucht. Dabei wurden Furcht (Faktor A) und Angst (Faktor B) jeweils *niedrig* oder *hochgradig* erzeugt, indem die verschiedenen Gruppen mit jeweils verschiedenen Ankündigungen bzgl. einer bevorstehenden biomedizinischen Untersuchung konfrontiert wurden. Das Experiment folgte Schachters (1959) Ausgangsversuch, insoweit geringe (A_1) versus starke (A_2) Furcht induziert wurde. Zusätzlich zu diesen beiden „Furcht"-Bedingungen wurden hier noch die beiden „Angst"-Bedingungen B_1 und B_2 (objektiv irrelevante Elektroden an Armen und Mund) eingeführt.

Die Probanden aller vier Untergruppen sollten – wie in Schachters Versuch – wählen, ob sie die vorgebliche Wartezeit bis zum Beginn des eigentlichen (fiktiven) Experiments allein oder lieber in Gesellschaft anderer Mitbetroffener verbringen wollten (Herstellung der *AV*).

Die Ergebnisse des Experiments zeigten, dass der Wunsch nach sozialem Kontakt, wie hypostasiert und bereits durch Schachter (1959) nachgewiesen, mit wachsender *Furcht* steigt, dass aber für die Reaktionen auf die *Angst*- Bedingungen genau das Gegenteil zutrifft (Abb. 6.3). Damit wurde der theoretischen Unterscheidung von „Angst" und „Furcht" im Anwendungsbereich der Psychoanalyse empirische Bestätigung zuteil.

Abgesehen davon, dass dieses Experiment eine der ganz wenigen Ausnahmen darstellt, durch die eine zentrale (nicht-triviale) These der Psychoanalyse *bestätigt* werden konnte, ist im vorliegenden Zusammenhang von besonderem Interesse, dass diese Arbeit die grundsätzliche Bedeutung von *Wechselwirkungen* im Rahmen der VI- Vp-Dynamik illustriert. Merkwürdigerweise ist dieses Grundlagenexperiment bis heute unsers Wissens noch nicht repliziert oder extendiert worden.

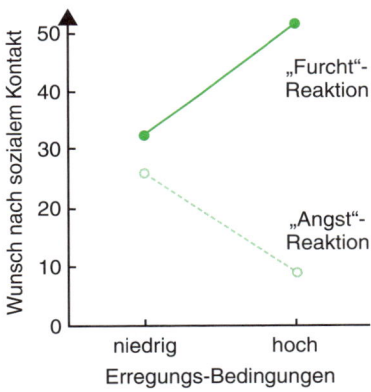

Abbildung 6.3: Ergebnisse des Experiments zur Untersuchung der Abhängigkeit des Wunsches nach sozialem Kontakt von niedrig oder hoch erregter „Furcht" bzw. „Angst". (Nach Sarnoff & Zimbardo, 1961).

Das experimentelle Resultat ist – *prima vista* – zumindest aus drei Gründen von Interesse:

- Das Ergebnis erhellt die empirische Relevanz der Unterscheidung zwischen „Furcht" und „Angst"; und das im Zusammenhang mit einer klassischen (hier: Freudianischen) Hypothese.
- Es verdeutlicht – im methodischen Sinne – eine selten so klar aufgezeigte disordinale Wechselwirkung (s. Box 4.4).
- Es problematisiert auf Basis einer besonders komplexen Versuchsleiter-Versuchsperson-Dynamik die wissenschaftlich schwierige Nachweissituation.

Rosenthal, R. (1966). *Experimenter effects in behavioral research*. New York: Appleton-Century-Crofts.

Sarnoff, I. & Zimbardo, P. G. (1961). Anxiety, fear, and social affiliation. *Journal of Abnormal and Social Psychology,* 62, 356 – 363. (Deutsch: Angst, Furcht und soziale Gesellung. In: M. Irle (Hrsg.), Texte aus der experimentellen Sozialpsychologie. Neuwied: Luchterhand, 1969.).

Schachter, S. (1959). Psychology of affiliation. Stanford, Calif.: Stanford University Press.

Reaktive Messeffekte als Versuchsartefakte

Unter einem reaktiven Messeffekt versteht man demnach eine artifizielle Verzerrung der quantitativen und qualitativen Untersuchungsergebnisse aufgrund von psychologisch inadäquaten *Versuchsleiter-* sowie *Versuchssituations*-Einflüssen.

Die Verantwortung für die Kontrolle von möglichen reaktiven Messeffekten liegt naturgemäß beim Untersucher selbst. Es sind drei Klassen von reaktiven Messeffekten voneinander zu unterscheiden:

- Versuchsleitereffekte
- Versuchsteilnehmereffekte
- Versuchssituationseffekte

Versuchsleitereffekte   Der Begriff *Versuchsleitereffekt* ist ein Sammelbegriff für verschiedene durch den *Vl* verursachte reaktive Messeffekte. Zu der Frage, welchen Einfluss die Rolle des Versuchsleiters in einer sozialen Hierarchie auf das Verhalten von Versuchsteilnehmern haben kann, führten Ekman u. Friesen (1960) folgendes *lernpsychologisches* Experiment durch: Versuchsleiter waren zwei Soldaten, die den Versuchsteilnehmern – jungen Rekruten – in unterschiedlicher Weise vorgestellt wurden. Einer Gruppe gegenüber wurden die Versuchsleiter als „Offiziere", einer anderen Gruppe als einfache „Soldaten" vorgestellt. Den Versuchsplan verdeutlicht Tabelle 6.1.

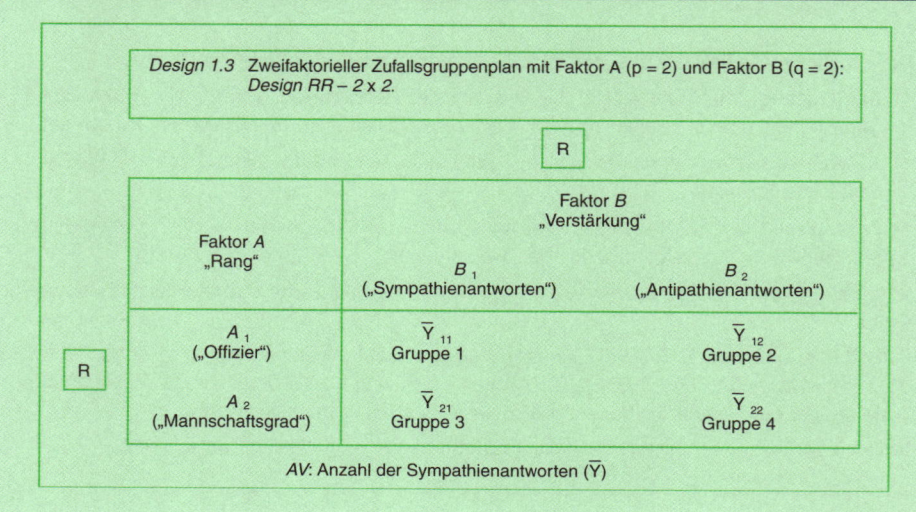

Tabelle 6.1

Zweifaktorieller Zufallsgruppenversuchsplan des Experiments von Ekman u. Friesen (1960) zur Abhängigkeit der Ergebnisse eines Lernversuchs von verstärkter „Sympathie" versus „Antipathie" (Faktor B) sowie von der sozialen Stellung („Rang") des Versuchsleiters (Faktor A). – Design RR – p x q.

Design 1.3   Zweifaktorieller Zufallsgruppenplan mit Faktor A (p = 2) und Faktor B (q = 2): Design RR – 2 x 2.

R		
Faktor *A* „Rang"	Faktor *B* „Verstärkung"	
	B$_1$ („Sympathienantworten")	*B*$_2$ („Antipathienantworten")
A$_1$ („Offizier")	$\overline{Y}_{11}$ Gruppe 1	$\overline{Y}_{12}$ Gruppe 2
A$_2$ („Mannschaftsgrad")	$\overline{Y}_{21}$ Gruppe 3	$\overline{Y}_{22}$ Gruppe 4

AV: Anzahl der Sympathienantworten ($\overline{Y}$)

Aufgabe der Versuchsteilnehmer war es, auf Photographien porträtierte Personen im Hinblick auf *Sympathie* und *Antipathie* zu beurteilen. Die Versuchsleiter verstärkten bei einem Teil der Versuchsteilnehmer die *Sympathie*-Antworten, bei einem anderen Teil die Antipathie-Antworten, indem sie die jeweilige Antwort mit der Bemerkung „gut" kommentierten. Es zeigte sich, dass unter dem „Offizier" (als Versuchsleiter) mehr *Antipathieantworten*, hingegen unter dem „einfachen Soldaten" (als Versuchsleiter) mehr *Sympathieantworten* gegeben wurden. Neben dem Verhalten des Versuchsleiters spielt demnach die *Bewertung* seiner Person durch den Versuchsteilnehmer eine sehr gewichtige Rolle. Die Befunde sind von Interesse insofern, als sie zeigen, wie wesentlich die *Neutralität* des Versuchsleiters bei der Erhebung artefaktfreier Versuchsdaten ist.

Neben Effekten, die sich aus der Reaktion der Versuchsteilnehmer auf bestimmte beständige Merkmale des Versuchsleiters, wie zum Beispiel Geschlecht, sozialer Status, Religion usw. ergeben, werden in der Literatur auch *Versuchsleiter-Erwartungseffekte* diskutiert. In zahlreichen Untersuchungen haben Rosenthal u. Rosnow (1969) bestätigt gefunden, dass besondere Erwartungen des Versuchsleiters im Hinblick auf die Versuchsergebnisse eben diese entsprechend verändern. Beispielsweise ging es in einer ihrer Grundlagenstudien darum nachzuweisen, dass die *Erwartung* eines Versuchsleiters bezüglich des Verhaltens von Versuchsteilnehmern – ohne dass er dies selbst beabsichtigt – einen Einfluss auf das tatsächliche Verhalten der Versuchsteilnehmer haben kann (*„Pygmalion"*-Effekt, auch *„Rosenthal-Effekt"* genannt).

Diese Untersucher ließen 10 verschiedene Probanden in einem ausdruckspsychologischen Experiment die Rolle des „Versuchsleiters" übernehmen. Die diesen „Versuchsleitern" zugewiesenen Probandengruppen hatten die Aufgabe, verschiedene Personen aufgrund deren Photographie nach dem vermuteten beruflichen „Erfolg" oder „Misserfolg" zu beurteilen. Den „Versuchsleitern" wurde gesagt, ihre Tätigkeit sei im Rahmen eines Forschungsprogramms erforderlich, dessen Anliegen die Entwicklung eines *Tests* für „Einfühlungsvermögen" („Empathie") sei. Ein zweites Anliegen der Untersuchung sei die Überprüfung der in der Fachliteratur bereits als „gesichert" aufgeführten Ergebnisse.

Bis zu diesem Punkt erhielten alle 10 „Versuchsleiter" die gleiche Instruktion. Fünf von ihnen erhielten jedoch dann die Information, dass nach der einschlägigen Fachliteratur der durchschnittliche Schätzwert der Probanden „+5" betragen müsse; die übrigen 5 Probanden erhielten demgegenüber den Hinweis, dass die Fachliteratur einen durchschnittlichen Schätzwert von „−5" erwarten lasse. – Den Versuchsplan dieses Experiments gibt Tabelle 6.2 wieder.

Tabelle 6.2

Unifaktorielles Zweigruppendesign mit Zufallsgruppenbildung des Experiments von Rosenthal u. Fode (1963) zur Überprüfung des Versuchsleitererwartungs-Effekts („Rosenthal-Effekt") auf die Ergebnisse eines Personwahrnehmungsversuchs. – Design R – 2.

Design 1.0 Zweigruppenplan: Zufallsgruppenplan ohne Vorher-Messung: *Design R – 2.*

	Versuchs-gruppe	Vorher-Messung	Treatment X „Erwartung des VI"	Nachher-Messung
R	1	–	X_1 („+ 5")	$\overline{Y}_1$
	2	–	X_2 („– 5")	$\overline{Y}_2$

AV: Urteil der Versuchsteilnehmer ($\overline{Y}$)

Die Ergebnisse der beiden *Versuchsleiter-Gruppen* unterschieden sich beträchtlich voneinander. Die Probanden der einen Gruppe gaben ein durchschnittliches Urteil von *+4* ab, die der anderen von *−0,8* (Abb. 6.4). Die beiden Autoren sahen ihren Befund als einen höchst bedeutsamen Beleg für die Gefahr der *Ergebnisverzerrung* aufgrund von Versuchsleitererwartungen an. Der Harvard-Psychologe Robert Rosenthal hat in seinen Experimenten auch zu zeigen versucht, dass dieser VI-Erwartungseffekt nicht allein auf sozialpsychologische Fragestellungen beschränkt ist. Beispielsweise wurde an Lern-experimenten mit Tieren demonstriert, dass auch hier – je nach VI- Erwartung – ver-schiedene reaktive Messungen resultieren können (Rosenthal & Fode, 1963).

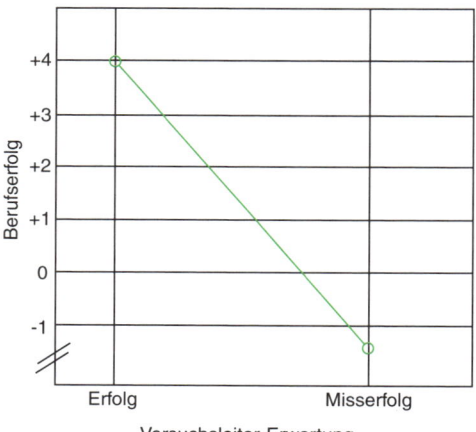

Abbildung 6.4: Ergebnisse einer Untersuchung zur Relevanz des Versuchsleitererwartungseffektes (Artefakt) von Rosenthal u. Fode (1963).

Ferner wurde in schulpsychologischen Untersuchungen gezeigt, dass die „Intelligenzmessungen" bei Schülern verschiedener Altersklassen von den experimentell manipulierten Erwartungshaltungen der Lehrer abhängen können (vgl. Illu 6.1 👁). Die grundsätzliche Bedeutung solcher Untersuchungen wird leicht einsichtig, wenn man bedenkt, dass in der Regel ein jeder Wissenschaftler bestimmte Einstellungen („*Erwartungen*") bereits vor Beginn seiner geplanten Untersuchungen hat. Zur Vermeidung von Missverständnissen sollte betont werden, dass der *Rosenthal-Effekt* nichts mit einer *absichtlichen* Manipulation der Versuchsbedingungen – oder der Versuchsergebnisse – durch den Versuchsleiter zu tun hat. Vielmehr handelt es sich bei diesem Effekt um eine *unabsichtlich* in das Experiment eingeführte Störquelle, die auf eine unmerkliche („verdeckte") *Vp-Vl*-Kommunikation zurückzuführen ist (Box 6.2).

Box 6.2: Reaktive Messeffekte – die Rolle des Versuchsleiters

Unter reaktiven Messeffekten versteht man allgemein solche Versuchsartefakte, die auf Grund der Interaktion von einer besonderen Versuchsleiter-Versuchsperson-Versuchssituation die eigentlich intendierten Resultate beeinträchtigen. Ein besonderer artifizieller Effekt – der Versuchsleitererwartungs-Effekt – ist als sog. Rosenthal-Effekt („Pygmalion-Effekt") in die Fachliteratur eingegangen (Rosenthal, 1966).

Solche und andere reaktive Messeffekte sind vor allem in sozial- und motivationspsychologischen sowie angewandt-psychologischen Untersuchungskontexten beobachtet bzw. diskutiert worden. Der experimentelle Nachweis solcher Effekte gelingt übrigens nicht immer einwandfrei, worauf des Öfteren in kritischen Stellungnahmen zu Rosenthals Arbeiten hingewiesen wurde (Barber et al., 1969; Elashoff & Snow, 1972).

Zusammenfassend lassen sich folgende *Merkmale eines Versuchsleiters* und seines Verhaltens festhalten, durch die reaktive Messeffekte bewirkt werden können:

- Geschlecht (auch Hautfarbe, Glaubensbekenntnis)
- Soziale Klassenzugehörigkeit, Prestige
- Freundlichkeit, Wärme, Aggressivität, Kühle
- Anerkennungsbedürfnis, Dominanz
- Erwartungshaltung („Rosenthal-Effekt")

Insbesondere die *sozial-* und *motivationspsychologischen* Experimente können solchen reaktiven Messeffekten unterliegen. Darüber hinaus sind solche Erwartungen auch in anderen Bereichen der Psychologie zumindest hypothetisch in Rechnung zu stellen. Die einschlägigen Untersuchungen, welche einen Nachweis der *Versuchsleiter-Effekte* zum Gegenstand haben, gehen allerdings in der Regel von extremtypischen Variationsbedingungen bei den oben aufgelisteten Einflussgrößen („Störquelle") aus, so dass die Übertragbarkeit der Befunde auf andere experimentelle Situationen eingeschränkt ist.

Barber, T. X., Calverley, D. S., Forgione, A., McPeake, J. D., Chaves, J. F. & Brown, B. (1969). Five attempts to replicate the experimenter bias effect. *Journal of Consulting and Clinical Psychology*, 33, 1 – 6.

Elashoff, J. D. & Snow, R. E. (1971). *Pygmalion reconsidered.* Belmont: Wadsworth. (Deutsch: Pygmalion auf dem Prüfstand. München: Kösel, 1972)

Rosenthal, R. (1966). *Experimenter effects in behavioral research.* New York: Appleton-Century-Crofts

Versuchsteilnehmereffekte Für das psychologische Experiment sind auch diejenigen Störquellen zu berücksichtigen, welche unter dem Namen *Versuchsteilnehmereffekte* erfasst werden. Diese Art von reaktiven Messeffekten beinhaltet entweder einen unmittelbaren Einfluss von Eigenheiten der Versuchsteilnehmer auf die experimentellen Daten, oder aber sie leiten sich indirekt aus den Fehlreaktionen des Versuchsleiters ab, der sich durch bestimmte Versuchsteilnehmer-Merkmale in der Bewertung ihrer Leistungen beeinflussen lässt, wie in dem nachfolgend skizzierten *„Sympathie"-Experiment* nachgewiesen.

Zum Nachweis seiner Hypothese, dass der „Sympathie", die ein Versuchsleiter seinen Versuchsteilnehmern gegenüber empfindet, ein bedeutsamer Einfluss zukommen kann, führte Masling (1959) eine raffiniert einfache Untersuchung durch:

Masling (1959) ließ acht verschiedene männliche Personen als „Versuchsleiter" ein Experiment durchführen, in dem die Versuchsteilnehmer einen sog. Satzergänzungstest durchzuführen hatten. Als Versuchsteilnehmer „organisierte" er selbst einige anerkanntermaßen hübsche Mädchen, die er jeweils unterschiedlich instruierte: Der eine Teil der Mädchen sollte besonders „freundlich", der andere Teil dagegen sehr „kühl und zurückhaltend" sein (Tab. 6.3). Die Protokolle, welche die „Versuchsleiter" über das Leistungsverhalten ihrer vermeintlichen Probanden anzufertigen hatten, unterschieden sich – ganz im Sinne des zu erwartenden Effekts – sehr deutlich voneinander: Die für die „freundlichen" Versuchsteilnehmerinnen ermittelten Resultate fielen wesentlich besser aus als diejenigen für die „kühl und zurückhaltenden" Probanden (Abb. 6.5). Dieser Befund wird keineswegs dadurch entwertet, dass dieses Experiment letztlich nur etwas bestätigt, was man schon vom Alltag her zu wissen meint. Denn zum einen ist das vermeintliche Alltagswissen nicht immer *richtig*; und zum anderen kann ein solcher Untersuchungsansatz sehr viel *genauere* Auskünfte über das Ausmaß solcher datenverzerrender Effekte geben, als dies ohne die Durchführung einer solchen Untersuchung möglich wäre.

Tabelle 6.3

Zweigruppenversuchsplan mit Zufallsgruppenbildung von Masling (1959) zur Untersuchung der Versuchsleiter- Haltung bei der Leistungsbeurteilung von „freundlichen" (X1) gegenüber „kühlen" (X2) Versuchsteilnehmerinnen. – Design R – 2.

Design 1.0 Zufallsgruppenversuchsplan mit zwei Gruppen ohne Vorher-Messung (p = 2): *Design R – 2.*

	Versuchs-gruppe	Vorher-Messung	Treatment X „Versuchsteilnehmer-Haltung"	Nachher-Messung
R	1	–	X_1 („freundlich")	$\overline{Y}_1$
	2	–	X_2 („kühl")	$\overline{Y}_2$

AV: Leistungsbeurteilung der Versuchsteilnehmer durch den „VI" $(\overline{Y})$

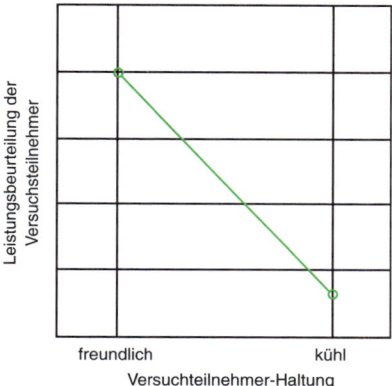

Abbildung 6.5: Ergebnisse einer Untersuchung zur Bedeutsamkeit der Versuchsteilnehmer- Haltung (reaktiver Messeffekt von Masling; 1959).

Es ist auch von besonderer Bedeutung zu wissen, dass der im Alltag häufig anzutreffende sog. *Halo*-Effekt selbst im wissenschaftlichen Versuch eine Rolle spielen kann (s. Demo 6.1 ☞). Es versteht sich daher von selbst, dass ein jeder Untersucher sich eines solchen möglichen Verzerrungseffekts bewusst sein muss.

Versuchssituationseffekte Unter *Versuchssituationseffekten* werden alle diejenigen Einflüsse auf die Messdaten verstanden, die sich aus den spezifischen Merkmalen des sozialen Umfeldes („Situation") einer Untersuchung ergeben. Solche Effekte können durch die Attribute des Umfeldes bedingt sein, an denen sich der Versuchsteilnehmer orientiert und über die er die Situation, in der er sich im Experiment befindet, *bewertet*. Diese Merkmale reichen von der Gestaltung des *Versuchsraumes* über die Art und Weise der *Versuchsabläufe* bis hin zu *Instrumenteneinflüssen* im Versuch. Zur Vermeidung dieser unerwünschten Effekte ist darauf zu achten, dass die Versuchsteilnehmer die Situation aufgrund deren äußerer Merkmale in möglichst neutraler, dem Versuchsziel angemessener Weise erfahren und dass die Situationseinschätzungen intersubjektiv weitgehend konstant sind.

Kontrolle von reaktiven Messeffekten

Die große Anzahl derjenigen Untersuchungen, durch die „reaktive Messeffekte" im psychologischen Experiment nachgewiesen werden konnten, ist nicht ohne Einfluss auf die *praktische* Durchführung von Experimenten geblieben. So wurden gerade in solchen Untersuchungsbereichen, in denen reaktive Messeffekte besonders eindrucksvoll nachgewiesen werden konnten, in der Regel methodologisch bessere Experimente durchgeführt.

Vor allem im sozialwissenschaftlichen Bereich haben die sog. Rosenthal-Effekte zeitweise zu einem methodologischen Wissenschafts-Skeptizismus geführt. Einige Wissenschaftler stellten sich ernsthaft die Frage, ob das „Experiment" überhaupt noch eine sinnvolle Methode der Erkenntnisgewinnung darstelle, wenn in der experimentellen Situation so zahlreiche Artefakte das zu untersuchende Verhalten beeinflussen können. Der zuletzt genannte Zweifel basiert allerdings auf einer grundlegenden Verkennung der tatsächlichen methodologischen Problemsituation. Mittels eines solchen Wissenschafts-

Skeptizismus gerät man nämlich leicht in einen logischen Zirkel, wenn man etwa auf „experimentellem" Wege die prinzipielle Ungültigkeit des psychologischen Experiments nachweisen will (s. Bredenkamp, 1980). So ist denn auch in einer kritischen Stellungnahme zu den Rosenthal- Experimenten die Frage einmal zugespitzt formuliert worden, ob und inwieweit der VI-Effekt seinerseits – falls überhaupt existent – ein „Rosenthal-Effekt" sei (Barber & Silver, 1968). Außerdem wurde in verschiedenen Arbeiten gezeigt, dass reaktive Messeffekte – insbesondere die sog. *Vl*-Erwartungseffekte (Rosenthal- Effekte) – keineswegs so häufig und massiv auftreten, wie dies von Rosenthal – zum Teil wohl auch unkritisch – behauptet worden ist.

Tatsächlich ist jeder einzelne Untersuchungsfall für sich gesondert im Hinblick auf etwaige „reaktive Messeffekte" genau zu überprüfen. Allerdings gibt es keine „Patentrezepte" zur Behebung bzw. Vermeidung von reaktiven Messeffekten. Aber es lassen sich einige wichtige *Vl*- und *Vp*-Effekte durch die beiden folgenden Methoden wenigstens ansatzweise kontrollieren:

■ *Doppelblindversuch.* Weder der VI noch die „Vp" erhalten in der konkreten experimentellen Situation Information darüber, unter welchen Versuchsbedingungen und Versuchserwartungen bestimmte Aufgaben eines Experiments zu bearbeiten sind. Besonders in psychopharmakologischen Untersuchungen wird diese Methode häufig benutzt.

■ *Einsatz mehrerer Versuchsleiter.* Anstelle von nur einem einzigen Versuchsleiter werden verschiedene Personen als VI eingesetzt, um auf diese Weise einen Datenvergleich anzustrengen. Diese Methode kann u.U. mit besonderen Versuchsplanungsstrategien kombiniert angewendet werden.

Generell wird man davon ausgehen können, dass Versuchsleiter- und Versuchsteilnehmereffekte insbesondere dann wirksam werden, wenn andere situative Faktoren, die einen Einfluss auf das Probandenverhalten haben können, in ihrer Wirkung besonders schwach sind und wenn die Versuchssituation für die Versuchsteilnehmer besonders *unstrukturiert* ist, wie dies in denjenigen Untersuchungen der Fall war, welche die Existenz von *Vl*- und *Vp*- Effekten nachweisen konnten.

Tabelle 6.4

Typische Mängel bei der Versuchsdurchführung (Stadium 4)

1. Es wird die jeweils besondere Versuchsleiter- Versuchsteilnehmer-Dynamik (psychodynamische Interaktion) bei der Untersuchung von verschiedenen Bezugsgruppen nicht gebührend in Rechnung gestellt (z.B. unpersönlicher, ungenau gestalteter Versuchsablauf).

2. Die Instruktionsgebung sowie die gesamte Versuchsdurchführung sind nicht zuvor an Probanden wiederholt erprobt worden.

3. Der Versuchsleiter hat das eigene Experiment nicht im Selbstversuch kennen gelernt.

4. Der Versuchsleiter ist mit den verschiedenen reaktiven Messeffekten, die sein Experiment betreffen können, nicht vertraut.

5. Es erfolgt keine sorgfältige Exploration im Anschluss an das Experiment.

6.4 Exkurs: „Traumfresserchen"-Versuch (Exploration)

Zwecks Vermeidung der *typischen* Fehler des Stadiums (4) der Versuchsdurchführung (Tab. 6.4) ist die Bedeutung der Exploration, am Ende des eigentlichen experimentellen Versuchs, von besonderem Interesse, zumal – wenigstens im Einzelfall – erst dann der Erfolg bzw. Misserfolg der jeweiligen experimentellen Einzelsitzung in qualitativer Hinsicht beurteilt werden kann. Sollte es sich zum Beispiel am Ende eines Experiments herausstellen, dass einer der Versuchsteilnehmer übernächtigt – oder gar im noch nicht abgeklungenen nächtlichen Drogenrausch – am Experiment teilgenommen hat, ist die Herausnahme der betreffenden individuellen Datensätze gerechtfertigt: ja, angezeigt.

Hauf (2001) untersuchte, aufbauend auf den Ansätzen der psychophysikalischen *Bezugssystemforschung* (Sarris, 1975, 2004), die Bedeutung der Mehrdimensionalität von Objekten für das Wahrnehmungsurteil in einem Kategorisierungsexperiment. Unter Verwendung des sog. *„Four Stimulus – Two Choice"* – Paradigmas lernten Probanden aus verschiedenen Altersgruppen (4 J., 8 J., 12 J. und Erwachsene) während eines Diskriminationstrainings die Kategorisierung von verschiedenen Märchenfiguren, die sich nicht nur in der Größe, sondern zusätzlich auch in ihrer Helligkeit unterschieden (Abb. 6.6, oben). Für die Größenbeurteilung im anschließenden Test postulierte Hauf verschiedene Urteilstypen, die durch die unterschiedliche Beachtung der variierten Dimensionen zu charakterisieren sind – nämlich: (a) Beachtung nur einer Dimension, d.h. unabhängig von der Helligkeit wird für die Kategorisierung nur die Größe herangezogen (*Typ I*) versus (b) Beachtung der Ähnlichkeit zu den Trainingsreizen, d.h. wiederum unabhängig von der Helligkeit wird die für die Trainingsreize gelernte Kategorisierung auf die neuen Testreize übertragen (*Typ II*) versus (c) Beachtung beider Dimensionen, d.h. in Abhängigkeit von der Helligkeit erfolgen unterschiedliche Größenkategorisierungen (*Typ III*). So wird z.B. ein und derselbe mittlere Reiz Nr.5 (s. Abb. 6.6) in Abhängigkeit von der Helligkeit einmal als „klein", das andere Mal als „groß" kategorisiert (*Typ III*).

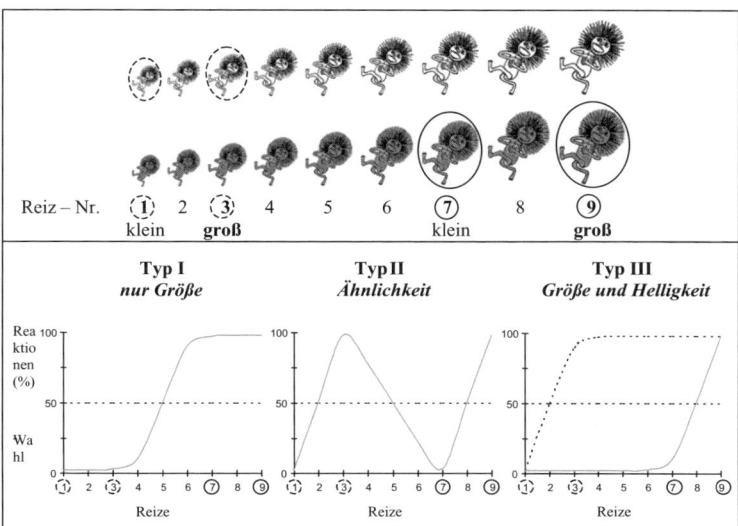

Abbildung 6.6: Das „Four Stimulus – Two Choice"-Paradigma bei Kombination der Reizdimensionen Größe mit Helligkeit. – Oben: Set von Trainings- und Testreizen (9 Größen in je zwei Helligkeiten). Unten: Postulierte Urteilstypen I, II und III für die Beurteilung aller Testreize in Abhängigkeit von den verwendeten Reizdimensionen (Ordinate: Prozent der „groß"-Wahlen).

Die besondere Bedeutung der *Exploration* in einem solchen averbalen Kategorisierungsexperiment wird durch folgendes Einzelbeispiel herausgestellt:

Nach der Kategorisierung der Testreize werden die Probanden gefragt, nach welchen Kriterien sie die Zuordnung getroffen haben. Bei Typ I wären Antworten zu erwarten wie *„nach der Größe"* oder *„die Großen zu einer Kategorie und die Kleinen zur anderen"*; bei Typ II *„die vier Reize, die mir bekannt waren, so wie ich es im Training gelernt hatte und die neuen Reize so ähnlich"*. Bei Typ III müssten beide Dimensionen benannt werden *„nach Helligkeit und Größe"* oder *„bei den Hellen habe ich es so gemacht...., bei den Dunklen dann so...."*. Auffällig war allerdings, dass viele der erwachsenen Probanden eindeutig Typ II-Kategorisierungen vornahmen und dennoch in der Exploration antworteten *„nach der Größe"*. Eine weiter differenzierte Exploration sollte den Widerspruch zwischen Daten und verbalen Äußerungen aufklären. Dabei wurde den Probanden gezeigt, wie Ihre Verhaltenskurve aussah und wie diese eigentlich aussehen müsste, wenn sie tatsächlich nur die Größe zur Beurteilung herangezogen hätten. Erst aufgrund dieser detaillierten Exploration konnte festgestellt werden, dass die Probanden eine zusätzliche Unterscheidung vorgenommen hatten. Sie hatten nämlich die Reize in zwei Gruppen unterteilt: *eine Gruppe mit kleineren Reizen (1-4) und eine andere Gruppe mit größeren Reizen (6-9)*. Das weitere Kategorisierungsverhalten orientierte sich dann an diesen beiden Gruppen *(bei den Kleinen gibt es kleine und große und bei den Großen gibt es auch kleine und große Reize)*. Dieses Urteilsverhalten unterscheidet sich phänomenal nicht von einer Beurteilung aufgrund von Ähnlichkeit (Typ II), setzt aber deutlich unterschiedliche Verarbeitungsmechanismen voraus.

Wie dieses Beispiel zeigt, kommt der *Exploration* prinzipiell eine besondere Bedeutung zu. Die zusätzlich gewonnenen Informationen sind beim Rückschluss auf zugrundeliegende Verarbeitungsmechanismen hilfreich. Sie unterstützen nicht nur die *Dateninterpretation*, sondern führen direkt zu weiterführenden Experimenten und tragen so zur Klärung der untersuchten Fragestellung bei (z.B. neue Experimente, die dann zu ergänzenden bzw. klärenden Resultaten führen).

Zusammenfassung

Versuchsanordnung und Versuchsdurchführung müssen so realisiert werden, dass eine systematische Beobachtung des zu untersuchenden Sachverhaltes möglich ist, ohne dass dieser
durch systematische Störeffekte verändert wird. Eine wesentliche Quelle für solche Störeffekte stellt im Rahmen der Versuchsdurchführung die Psychodynamik der Versuchsleiter-Versuchsteilnehmer-Kommunikation dar. Ein besonderes Augenmerk wird dabei auf die Instruktionsgebung gelegt, da durch sie die Versuchsanweisungen optimal an die Versuchsteilnehmer übermittelt werden müssen. Eine einfache, besonders wichtige Möglichkeit, sich gegen die Gefahr von unerkannten Störquellen des Versuchsablaufs abzusichern, ist die Durchführung einer *Exploration* im Anschluss an den Versuch. Auf Merkmale des Versuchsleiterverhaltens und auf die mögliche Gefahr von entsprechenden reaktiven Datenverzerrungen wird anhand von Beispielen hingewiesen; es wird dabei gezeigt, wie sich reaktive Messeffekte, hervorgerufen durch unangemessenes Versuchsleiter- oder auch Probandenverhalten, durch entsprechende Methoden beheben bzw. geeignet kontrollieren lassen.

Aktuelle Internet-Links

Die „Research Methods Knowledge Base" von William M. K. Trochim (Cornell University, USA) ist ein umfangreiches Web-basiertes Textbuch, welches die üblichen Themen eines Einführungskurses in sozialwissenschaftliche Forschungsmethoden, so auch Aspekte der Versuchsdurchführung, online präsentiert – zu finden unter:

http://www.socialresearchmethods.net/kb/

Vergleiche ferner die in Kapitel 3 empfohlene Seite von Cozby.

Wichtige Fachbegriffe[1]

Doppelblindversuch	Rosenthal-Effekt, s. Pygmalion-Effekt
Exploration	Suggestivfragen
Halo-Effekt	Testnaivität, s. Wissentlichkeit
Instruktion	Validität, ökologische
Pygmalion-Effekt	Versuchsteilnehmer-Effekt
Reaktive Meßwerte	Un-/Wissentlichkeit

---

1 Erläuterungen der Fachbegriffe finden sich im Glossar am Ende des Buches.

Stadium 5: Datenanalyse

7.1   Allgemeine statistische Grundlagen   122

7.2   Deskriptive Statistik   127
    Kennwerte der zentralen Tendenz   127
    Box 7.1:   Messen und Skalenniveaus   127
    Kennwerte der Streuung   129
    Box 7.2:   Häufige Fehler bei der Datenanalyse:
                Deskriptive Statistik   132

7.3   Inferenzstatistik   137
    Grundlagen der statistischen Entscheidung   137
    Risiken bei der Entscheidung über Nullhypothesen   138
    Box 7.3:   Häufige Fehler bei der Datenanalyse:
                Inferenzielle Statistik   140

7.4   Inferenzstatistische Testverfahren   142

7

ÜBERBLICK

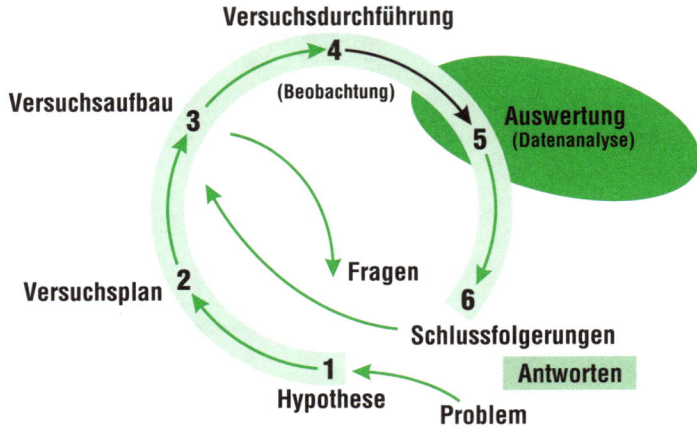

Mit dem *Stadium* (5) der *Datenanalyse* erreicht der Untersucher den Bereich der *Statistik*. Wie an anderer Stelle betont, sind die für die Datenanalyse angezeigten Auswertungsverfahren schon während des frühen Stadiums (2) des *Designing* einzuplanen (s. Kap. 4). Darauf wird hier besonders hingewiesen, weil das zugrunde liegende spiralenförmige Modell des Durchlaufens aller typischen Stationen einer Untersuchung eine Vereinfachung der tatsächlich gegebenen wechselseitigen Verklammerung gerade von *Statistik* (5) und *Designing* (2) bedeutet. Wenn man sich dieser Vereinfachung in der Darstellung bewusst bleibt, dürfte das Verständnis der Hauptzusammenhänge erhöht werden.

Das vorliegende Kapitel dient der Aneignung der methodologisch wichtigsten Grundlagen für die Durchführung von statistischen Datenanalysen.

Zunächst wird auf die allgemeinen statistischen Grundlagen (Kap. 7.1) und danach auf die *datenbeschreibende* Funktion der Statistik eingegangen (Kap. 7.2), bevor dann die Grundlagen der *inferenziellen* (schlussfolgernden) Statistik behandelt werden (Kap. 7.3). Hier wird insbesondere auf die begriffliche Klärung von Population und Stichprobe, auf das Modell eines Zufallsexperimentes und der dabei erhobenen Zufallsvariablen sowie auf die Formulierung statistischer Hypothesen eingegangen. Abschließend erfolgt ein grober Überblick zu inferenziellen Testverfahren (Kap. 7.4). Für beide Teilgebiete (Deskriptiv- und Inferenzstatistik) der Statistik werden wiederum Untersuchungsbeispiele angeführt und auch Hinweise gegeben, die häufige Fehler bei der praktischen Benutzung von statistischen Verfahren *vermeiden* helfen (Box 7.2 und Box 7.3).

7.1   Allgemeine statistische Grundlagen

In diesem Unterkapitel werden zunächst die elementaren Grundlagen der *Wahrscheinlichkeitstheorie* und deren Bedeutung für die praktische Anwendung von statistischen Verfahren behandelt.

Wichtig ist für den mit der Wahrscheinlichkeitstheorie nur wenig vertrauten Leser der Hinweis, dass es für das Verständnis sehr nützlich sein kann, sich mit den statistischen Grundlagen auch von der einfachen *praktischen* Seite her zu befassen (Demo 2.1 ☜). Wer nämlich praktisch nachvollziehen kann, was es bedeutet, z.B. *Stichproben* und *Populationen* voneinander streng zu unterscheiden, hat es erfahrungsgemäß leichter, einen elementaren Einstieg in die Statistik vorzunehmen. Ferner wird hier auch ein

Überblick über die Verwendung der wichtigsten *Kennwerte* (Mittelwerte, Streuungen, Korrelationen) der deskriptiven Statistik gegeben.

Was ist unter Statistik zu verstehen? Im Laienverständnis wird Statistik häufig mit der numerischen und grafischen Beschreibung quantifizierbarer Eigenschaften von Gegebenheiten gleichgesetzt. Beispiele hierfür finden sich tagtäglich in der medialen Berichterstattung:

▮▮ *„Wurden 1991 noch 830.000 Kinder geboren, waren es 2001 nur noch 734.000."*
„Das Durchschnittsalter der Lehrer stieg in den vergangenen fünf Jahren von 45,9 auf 47,3 Jahre."
„Die Bevölkerung der Bundesrepublik ist im Jahr 2002 gegenüber 2001 um 0,2 % auf 82,44 Millionen gewachsen."
▮▮

Statistik hilft uns demnach zunächst einmal, Merkmalsstrukturen übersichtlich zu beschreiben. Die hierzu verwendeten Maßzahlen – z.B. das arithmetische Mittel oder die Varianz – stellen ein Kommunikationsmittel dar, welches die gewonnene Information eindeutig definiert. Soll beispielsweise die Varianz als Kennwert für die Variation der Daten mitgeteilt werden, so lässt sich anhand eines beliebigen Statistiklehrbuches eindeutig feststellen, welche Informationen hierdurch gewonnen werden. Dadurch lässt sich vermeiden, dass Begriffe unterschiedlich verstanden und widersprüchlich interpretiert werden.

Die Anschauung alleine kann bei bestimmten Fragestellungen oder bei sehr großen Datenmengen allerdings auch in die Irre führen bzw. zu falschen Schlussfolgerungen verleiten. Dies gilt insbesondere dann, wenn man entscheiden will, ob die Beobachtungen das Ergebnis einer grundsätzlichen, allgemeingültigen Beziehung sind oder aber durch Zufall zustande gekommen sind. Zufällige Datenstrukturen können gelegentlich eine Gesetzmäßigkeit suggerieren, die tatsächlich nicht gegeben ist. Man denke z.B. an den häufig auftretenden Eindruck, „immer an der falschen Schlange anzustehen". Die Verwendung bestimmter Erkenntnisschemata der Statistik ermöglicht es, den Informationsgehalt solcher Annahmen zu prüfen. Unter gewissen Bedingungen ist ein solcher Schluss vom Teil auf das Ganze möglich. Dies ist der Gegenstandsbereich der schlussfolgernden oder inferenziellen Statistik.

Wie lässt sich aber feststellen, ob Merkmalsstrukturen, die sich in einer Stichprobe gezeigt haben, auch für Objekte gelten, die nicht dieser Stichprobe angehören, wenn jedes Stichprobenergebnis zu einem gewissen Grade vom Zufall abhängig und dadurch fehlerbehaftet ist? Die inferenzielle Statistik verwendet als ein Erkenntnisschema nun die Überlegung, welche Merkmalsstrukturen in einer Stichprobe denkbar wären, wenn man aus der Gesamtheit der Merkmalsdaten – man verwendet hierfür den Begriff der *Population* – zufällig Datenstichproben entnehmen würde. Diese begrenzte Anzahl von Beobachtungen aus einer Population wird als *Zufallsstichprobe* bezeichnet. Dabei soll die strenge Zufälligkeit sicherstellen, dass keine systematische („verzerrte") Auswahl der Beobachtungen vorliegt, die einen wahrscheinlichkeitstheoretisch sinnvollen Schluss von der „Stichprobe" auf die „Population" ausschließen würde. Folgerichtig liegt eine Zufallsstichprobe dann vor, wenn

1 für jedes Element in der Grundgesamtheit die gleiche Chance (*Wahrscheinlichkeit*) besteht, in die Stichprobe aufgenommen zu werden, und

2 die Stichprobenentnahme der einzelnen Elemente unabhängig voneinander erfolgt.

Das beobachtete Merkmal, welches als Zufallsstichprobe der Population entnommen wird, ist eine Zufallsvariable. Der Stichprobenentnahmevorgang ist dadurch charakterisiert, dass es sich um einen unter den gleichen Bedingungen beliebig oft wiederholbaren Vorgang handelt, der zu verschiedenen Ergebnissen führen kann, die aber vor seiner Durchführung nicht festliegen.

Veranschaulichungsbeispiele

Zur Veranschaulichung soll das Würfeln mit einem fairen Würfel herangezogen werden. Dabei kann das Ergebnis eines einmaligen Wurfes als Zufallsstichprobenziehung der Zufallsvariablen „geworfene Augenzahl" betrachtet werden. Die möglichen Ausgänge oder die *Menge der möglichen Ergebnisse* dieser Zufallsstichprobenziehung stellen die Augenzahlen von 1 bis 6 dar. Es lassen sich auch einzelne Ergebnisse zusammenfassen, beispielsweise indem man alle Ergebnisse, die zu einer „geraden Augenzahl" führen, denen gegenüber stellt, die zu einer „ungeraden Augenzahl" führen. Man bezeichnet dies als *Ereignis*, welches im Fall „gerade Augenzahl" die Menge der Ergebnisse „2 Augen", „4 Augen" und „6 Augen" enthält. Wie jedem einzelnen Ergebnis (*Elementarereignis*), so lassen sich auch jedem Ereignis im zusammengefassten Ereignisraum aller möglichen Ereignisse Wahrscheinlichkeiten zuordnen, z.B. die Wahrscheinlichkeit ½ für das Ereignis „gerade Augenzahl" wie auch ½ für das Ereignis „ungerade Augenzahl". Die Wahrscheinlichkeiten aller möglichen Ergebnisse der Zufallsstichprobenziehung begründen dessen Wahrscheinlichkeitsverteilung.

Die Ermittlung der Reaktionszeit eines Versuchsteilnehmers in einer Zufallsstichprobe ist ebenso ein Zufallsexperiment, da weder festliegt, welche Person gezogen wird, noch zu welchem Ergebnis der Reaktionszeittest führt. Analog können die zu statistischen Kennwerten („Statistiken") zusammengefassten Beobachtungen an einer empirischen Stichprobe, z.B. das arithmetische Mittel, als Zufallsvariable und deren Erhebung als Zufallsexperiment verstanden werden. Dieses (theoretisch gedachte) Zufallsexperiment führt – unendlich wiederholt – letztlich zu einer Verteilung (*Stichprobenkennwerteverteilung*), die Auskunft darüber erteilt, mit welchen Wahrscheinlichkeiten bestimmte elementare Ereignisse (z.B. bestimmte Mittelwerte) in der Gesamtheit aller möglichen Ereignisse (z.B. aller möglichen Mittelwerte) auftreten. Diese Stichprobenkennwerteverteilungen wiederum sind grundlegend für Signifikanztests (vgl. Kap. 7.3).

Einige typische empirische Verteilungen (Stichprobenverteilungen) veranschaulicht Abbildung 7.1. Darin gibt die Verteilung (a) das Ergebnis von 10 Zufallsstichproben mit je 50 Münzwürfen an: Die empirischen Wahrscheinlichkeiten weichen zum Teil erheblich von der zu erwartenden Verteilung der Zufallsvariablen ab; lediglich in den Stichproben *2* und *10* kommt es zu demjenigen Ergebnis, das die Wahrscheinlichkeitsfunktion der Zufallsvariablen Y (Münzwurf mit den beiden Realisationen y_0 = „Zahl" und y_1 = „Bild") vorhersagt. Die Verteilung der *Intelligenzmessungen* (b: richtige Lösungen bei N = 100 Beobachtungen) kommt der Wahrscheinlichkeitsfunktion einer Normalverteilung recht nahe, während die empirische Verteilung der *Reaktionszeiten* (c) die typischen Abweichungen eines empirischen Befunds gegenüber der theoretischen Erwartung aufweist. In Kapitel 7.4 wird auf Verfahren hingewiesen, die die Abweichungen einer empirischen Verteilung von einer theoretischen auf Zufälligkeit prüfen.

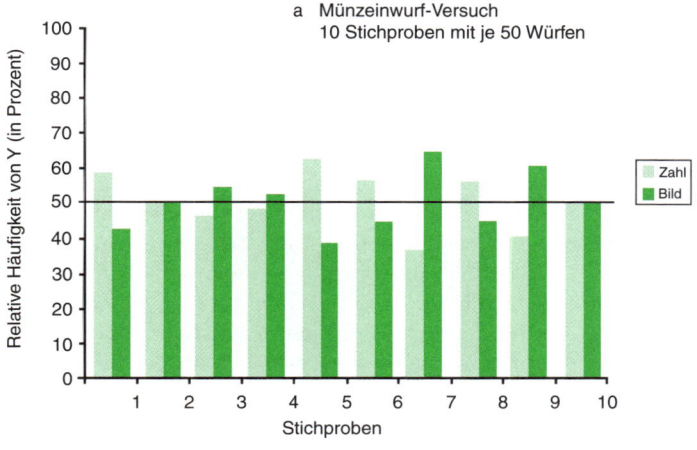

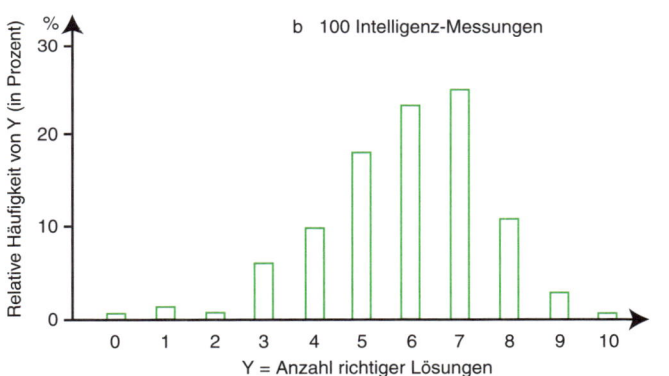

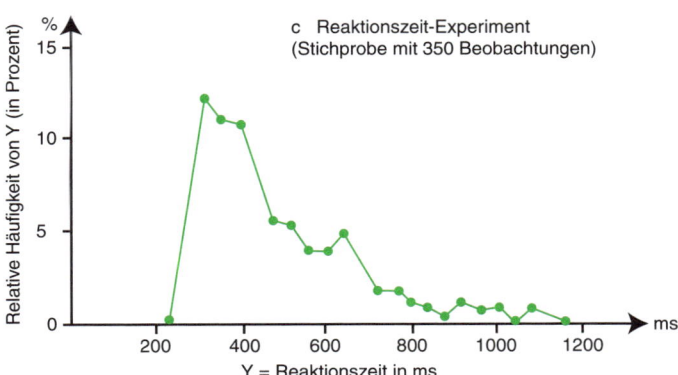

Abbildung 7.1: Typische Ergebnisse aus drei verschiedenen Untersuchungen, die statistische Häufigkeitsverteilungen ergeben haben. – a. Münzwurf-Versuch: 10 Stichproben (S I bis S 10) mit je 50 Würfen (0-1-Daten); die eingezeichnete Linie gibt den Erwartungswert wieder. b. Intelligenz (IQ)-Messungen an N = 100 Probanden. c. Reaktionszeit-Experiment mit N = 350 Probanden.

Die wichtigsten Merkmale einer Wahrscheinlichkeitsverteilung werden durch zwei *Parameter* hinreichend repräsentiert: durch den *Mittelwert* μ, den so genannten Lageparameter, und durch die *Varianz* σ^2 (Streuungsparameter). Dabei ist der *Mittelwert* μ ein Maß der zentralen Tendenz der Wahrscheinlichkeitsfunktion, den man sich als den Punkt auf der Abszisse vorstellen kann, an dem die Verteilung im *Gleichgewicht* ist.

Die *Populationsvarianz* σ^2 ist ein Maß der Streuung oder Variabilität der Werte der Zufallsvariablen in der Wahrscheinlichkeitsfunktion; sie reflektiert also deren Breite. Sie wird aus dem Quadrat der durchschnittlichen Abweichungen der Zufallsvariablen-Werte vom Mittelwert *m* berechnet. Abbildung 7.2 veranschaulicht mit Hilfe von vier Verteilungen – die alle der Normalverteilung folgen – die Unterschiede zwischen zwei Verteilungen mit unterschiedlichen Mittelwerten (a, b) bei gleicher Varianz sowie zwischen zwei Verteilungen mit gleichem Mittelwert und unterschiedlichen Varianzen (c, d). Die *Populationsparameter* werden durch *Stichprobenkennwerte* geschätzt. Dem Parameter μ steht dabei das arithmetische Mittel $\overline{Y}$ gegenüber, der Populationsvarianz σ^2 die Stichprobenvarianz s^2.

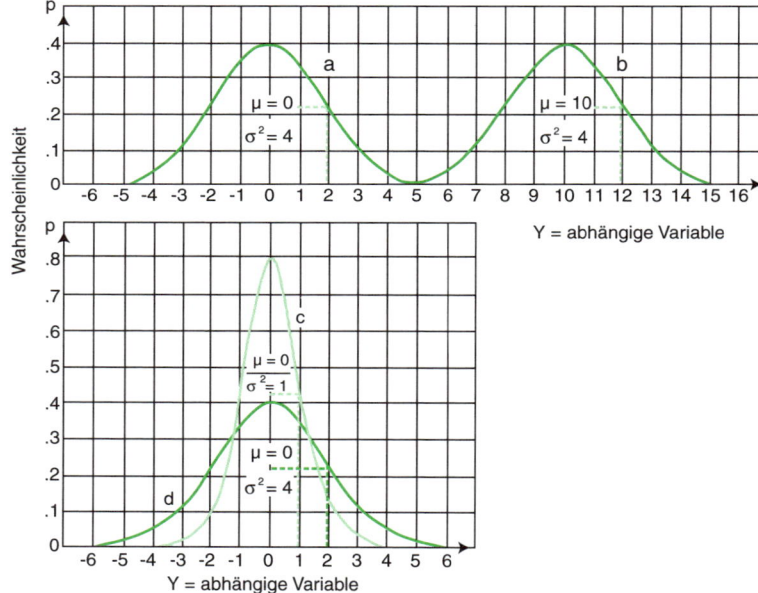

Abbildung 7.2: Verschiedene theoretische Häufigkeitsverteilungen, d.h. Wahrscheinlichkeitsverteilungen, bei denen die beiden Parameter – der Mittelwert μ („Lageparameter") und die Varianz σ^2 („Streuungsparameter") – mit Hilfe von vier typischen Verteilungen, die alle der Normalverteilung folgen, veranschaulicht sind. – a und b: unterschiedliche Mittelwerte bei gleicher Varianz; c und d: unterschiedliche Varianzen bei gleichem Mittelwert.

Das dargelegte Erkenntnisschema folgert schlussendlich, dass die zu statistischen Kennwerten („Statistiken") zusammengefassten Beobachtungen an der Stichprobe als eine Näherung, d.h. Schätzung der entsprechenden Parameter der Population aufgefasst werden können.

7.2 Deskriptive Statistik

In diesem Abschnitt werden die Kennwerte der zentralen Tendenz und der Dispersion für Stichproben sowie die Kennwerte bivariater Verteilungen dargestellt.

Kennwerte der zentralen Tendenz

Die zentrale Tendenz einer empirischen Verteilung kann durch die folgenden statistischen Kennwerte bestimmt werden:

- *das arithmetische Mittel* (der rechnerische Durchschnitt),
- *den Medianwert* (der Wert, der die Verteilung in zwei flächengleiche Hälften teilt),
- *den Modalwert* (der Wert, der am häufigsten auftritt).

Die Wahl der jeweiligen Statistik muss üblicherweise die *Skalenqualität* der zu analysierenden Daten berücksichtigen. Die Interpretation des arithmetischen Mittels setzt sinnvollerweise eine *Intervall-Skala* voraus, der *Medianwert* eine *Ordinal-Skala*, der Modalwert erfordert lediglich eine *Nominal*-Skala (Bortz, 2005, s. auch Anderson, 2001). Neben diesen Restriktionen, die das Skalenniveau an die Wahl des jeweiligen deskriptivstatistischen Kennwertes stellt, können jedoch im Einzelfall – wie unten dargestellt – Gründe dafür sprechen, etwa nur den Medianwert zu berechnen, obwohl nach der Skalenqualität das arithmetische Mittel zulässig wäre (Box 7.1).

Box 7.1: Messen und Skalenniveaus

Ziel einer Wissenschaft ist die Konstruktion von empirisch relevanten Theorien. Da mit ihnen die Wirklichkeit – zumindest teilweise – rekonstruiert bzw. erklärt werden soll, müssen sie einen hohen empirischen Gehalt aufweisen, d.h. die erhobenen Daten müssen die beobachteten Gegebenheiten so präzise wie möglich messen. Im Anschluss an S. S. Stevens (1948, 1951) versteht man in der Psychologie unter Messung jede Zuordnung von Zahlen zu Objekten oder Ereignissen gemäß bestimmten Regeln. Eine Messung ist dabei umso präziser, je mehr Eigenschaften der Objektbeziehungen aus der beobachteten Realität auch in den Beziehungen der Zahlen zueinander abgebildet werden können.

Variablen können durch unterschiedliche Typen von Skalen gemessen werden, je nachdem, ob es sich um eine metrisch anspruchsvolle Skala handelt, die wie ein Metermaß einen Nullpunkt und gleichabständige Stufen besitzt (Verhältnisskala), oder aber um eine einfache Skala, die über die Anordnung der Abstufungen einer Variablen nichts Genaues vorschreibt. In diesem Sinne spricht man von dem *Skalenniveau* einer Variablen.

Im Einzelnen werden folgende vier Skalenniveaus unterschieden:

- *Variable mit Verhältnisskalenniveau*: Die Stufen einer Variablen lassen sich entlang einer Dimension anordnen, wobei die Abstände zwischen den Stufen gleich sind. Die Skala besitzt einen absoluten Nullpunkt (Beispiel: Körpergröße).

- *Variable mit Intervallskalenniveau*: Die Stufen der Variablen lassen sich entlang einer Dimension anordnen, wobei die Abstände zwischen den Stufen gleich sind. Die Skala besitzt keinen absoluten Nullpunkt (Beispiel: In der Psychologie wird der Intelligenzquotient häufig als hypothetische Intervallskala angesehen).

■ *Variable mit Ordinalskalenniveau*: Die Stufen der Variablen lassen sich entlang einer Dimension anordnen, wobei die Abstände zwischen den Stufen ungleich sind (Beispiel: Rangreihe von Komponisten hinsichtlich des Grades ihrer Berühmtheit).

■ *Variable mit Nominalskalenniveau*: Die Stufen der Variablen lassen sich nicht eindeutig entlang einer Dimension anordnen (Beispiel: Geschlecht, Nationalität usw.).

Vom Skalenniveau einer Variablen hängt es ab, in welcher Art und Weise eine *statistische* Beschreibung und generell eine quantitative Verarbeitung der Werte sinnvoll möglich ist. Die Daten sind je nach Skalenniveau in unterschiedlichem Maße quantifizierbar: Die Werte *nominalskalierter* Variablen lassen sich durch beliebige Ziffern, die von *ordinalskalierten* Variablen durch Rangplätze und allein die von *intervall-* und *verhältnisskalierten* Variablen durch Messwerte im engeren Sinne quantifizieren.

Eine *Messung* im engeren Sinne von Merkmalsausprägungen liegt erst dann vor, wenn Gewissheit darüber besteht, dass das Intervall zwischen je zwei aufeinander folgenden Marken einer Skala *konstant* ist. Insofern gibt die obige quantitative Aufteilung der Variablen nur den allgemeinen konzeptuellen Rahmen für die Zuordnung von einzelnen Variablen zu einem der vier Skalentypen wieder. Die Berechtigung für eine entsprechende Zuordnung im Einzelfall muss aber immer vom empirischen Datengehalt der tatsächlich beobachteten bzw. gemessenen Merkmalsvarianz ausgehen.

In der Psychologie hat man es sehr häufig mit Daten zu tun, die man zwar zunächst für „Messdaten" im engeren Sinne halten könnte, die aber bei näherer Analyse nur als Rangplatzdaten behandelt werden können. Ein prägnantes Beispiel hierfür sind die Schulnoten (Lienert, 1987): Ein Notenunterschied von einer Note entspricht in der Regel ungleichen Leistungsunterschieden, wenn die Notendifferenz auf die Noten 1 und 2 oder aber auf die Noten 2 und 3 bezogen wird. Aus Noten – wie generell aus Rangplatzdaten – ist nicht zu ersehen, wie groß der jeweilige Abstand zwischen je zwei Leistungen ist.

Auch wenn auffällt, dass mit den messtheoretischen Voraussetzungen in der Psychologie gelegentlich unkritisch bzw. leichtfertig umgegangen wird, sollte sich der Anwender bewusst machen, von welchen Relationen zwischen den Zahlen er annimmt, dass sie ihm Information über entsprechende Relationen auf der Seite des gemessenen Merkmals liefern. Zahlentransformationen sollten dann nur so vorgenommen werden, dass sie diese Information nicht verändern.

Lienert, G. (1987). Schulnoten-Evaluation. Frankfurt/M.: Athenäum.

S. S. Stevens (1948.). Sensation and psychological measurement. In E. G. Boring, H. S. Langfeld und H. P. Weld (Eds.), Foundations of psychology. New York: Wiley.

S. S. Stevens (Ed.) (1951). Handbook of Experimental Psychology. New York: Wiley.

Allgemein lassen sich die folgenden Gesichtspunkte für die *Entscheidung* bezüglich eines bestimmten Kennwertes der *zentralen Tendenz* anführen:

Das *arithmetische Mittel* $\overline{Y}$ wird gewählt, wenn

■ große Zuverlässigkeit verlangt wird, da $\overline{Y}$ von einer Stichprobe zur anderen üblicherweise nur wenig schwankt,

■ andere Kennwerte wie z.B. die Varianz anschließend berechnet werden sollen,

■ die Verteilung symmetrisch ist, insbesondere wenn sie der Normalverteilung angenähert ist,

■ nach dem „Schwerpunkt" gefragt wird.

Der *Medianwert Md*$_y$ soll berechnet werden, wenn

- die Verteilung schief ist; dies gilt auch und besonders für den Fall, dass Extremwerte auf einer Seite der Verteilung beobachtet werden,
- die Untersuchung nach der Lage des Falles in der unteren oder der oberen Hälfte der Messwertverteilung und nicht nach der genauen Ausprägung des einzelnen Messwertes fragt (Zuordnung zu *dichotomisierten* Gruppen),
- nur eine unvollständige Verteilung vorliegt.

Der *Modalwert Mod*$_y$ soll verwendet werden, wenn

- die schnellstmögliche Kenntnis des zentralen Wertes erforderlich ist,
- eine grobe Schätzung des Mittels ausreicht oder,
- der „typische Fall" benannt werden soll.

Die Berechnung der verschiedenen Kennwerte der zentralen Tendenz wird zum Beispiel bei Bortz (2005) ausführlich erläutert.

Kennwerte der Streuung

Wie in Abbildung 7.2 veranschaulicht, können verschiedene Stichprobenverteilungen durchaus *denselben* Mittelwert aufweisen und dennoch *verschieden* stark streuen. Diese Tatsache wird mit den Kennwerten der Streuung für Stichproben erfasst. Neben der *Variationsbreite* und der durchschnittlichen Abweichung der Messwerte vom Mittelwert ist die *Stichprobenvarianz s²* als Schätzung der Populationsvarianz σ^2 von besonderer Bedeutung. Die Stichprobenvarianz und die *Standardabweichung s*, die sich als Quadratwurzel aus der Varianz ergibt, sind die wichtigsten Streuungsmaße.

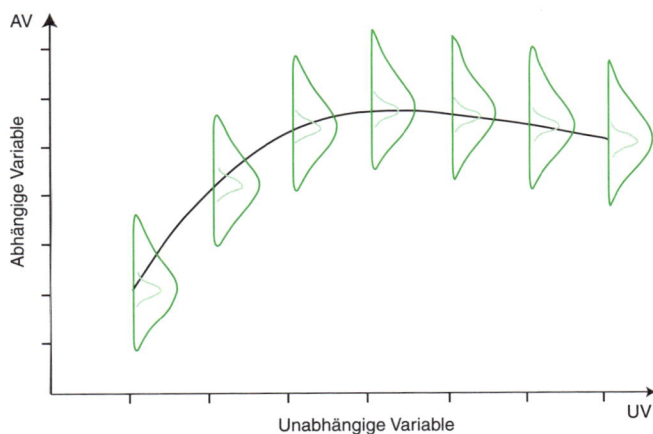

Abbildung 7.3: Datenbeispiel für die deskriptiv-statistische Beurteilung eines Datentrends mit Fehlerstreuung (s): Messwerteverteilungen für sieben Stufen einer unabhängigen Variablen. Die Annahme des Vorliegens eines statistisch zuverlässigen umgekehrt U-förmigen Trends lässt sich mit größerer Sicherheit nur im Falle einer relativ geringen Streuung vertreten.

Abbildung 7.3 verdeutlicht die praktische Relevanz der Streuung von Messdaten für den Nachweis von (Daten-)*Trends*. In der Abbildung sind für sieben Stufen einer unabhängigen Variablen jeweils zwei unterschiedliche Messwerteverteilungen mit identischem Mittelwert eingezeichnet. Die Messwerteverteilung mit niedriger Streuung weist auf eine hohe Präzision, hingegen die mit hoher Streuung auf eine geringe Präzision der Messungen hin:

Eine Hypothese über einen bestimmten realen Datentrend, z.B. einen umgekehrt *U*-förmigen Trend, lässt sich hier mit einiger Sicherheit nur unter der Bedingung einer geringen Streuung der Messwerte feststellen; bei einer großen Variationsweite der Messwerte lassen sich dagegen, wie die Abbildung ebenfalls veranschaulicht, viele verschiedene Trends einzeichnen, die den Datenverlauf alle gleich gut beschreiben. Die *Standardabweichung* stellt somit ein wichtiges Maß der Datenstreuung dar; sie gibt den mittleren Betrag an, um den die einzelnen Werte vom Mittelwert der Gesamtverteilung abweichen. Je stärker die Werte abweichen („streuen"), desto größer ist die Standardabweichung.

In der psychologischen Diagnostik werden die Leistungen, die Individuen in einem psychologischen Test erzielt haben, häufig durch „Standardwerte" ausgedrückt. Die Testwerte fallen gewöhnlich in einen Bereich, der von drei Standardabweichungen über dem Mittelwert bis zu drei Standardabweichungen unter dem Mittelwert reicht; nur einige wenige Werte liegen niedriger oder höher. Die Standardabweichung kann auf der Abszisse eines Koordinatensystems, in dem die Verteilung der Testwerte veranschaulicht wird, vom Schwerpunkt der Verteilung (Mittelwert) ausgehend, nach oben und unten abgetragen werden. Für jeden individuellen Standardwert kann auf diese Weise abgelesen werden, wie viel Prozent der Testwerte unterhalb dieses Wertes liegen. Auf diese Weise wird eine Messung der Testleistung eines Individuums möglich. Alle Messwerte psychologischer Tests, z.B. der Intelligenzquotient (IQ), basieren auf Standardwerten.

Die Berechnung der verschiedenen Kennwerte der Streuung kann in entsprechenden Statistiklehrbüchern nachgeschlagen werden.

Aufgrund der Standardabweichung berechnet man dann den so genannten *Standardfehler* des Mittelwerts ($s_{\bar{y}}$), der sich aus der Beziehung

$$\sigma_{\bar{y}} = \frac{\sigma}{\sqrt{N}}$$

ergibt. Er stellt die Standardabweichung der *Kennwerteverteilung von Stichprobenmittelwerten* dar und wird in der Regel aus Stichprobenstreuung (s_y) und -umfang (N) geschätzt.

Der besondere Wert dieser Beziehung liegt darin, dass sie es erlaubt, bei gegebenem Stichprobenumfang die Grenzen der Messwerteverteilung anzugeben, innerhalb derer der „wahre" Populationsmittelwert m liegt. Diese Möglichkeit ist bei der Interpretation experimentell erhobener Messwerte von besonderem Interesse.

Für eine jede Untersuchung stellt sich naturgemäß die Frage nach der *Größe der zu untersuchenden Stichproben*. Das heißt, dem Untersucher ist in aller Regel bereits *vor* der Durchführung seines Experimentes daran gelegen zu wissen, wie viele Personen, Versuchstiere usw. er überhaupt testen muss, um – im Falle von real existierenden experimentellen Effekten – diese mittels eines *Minimums* an Erhebungsaufwand auch tatsächlich nachweisen zu können (Bredenkamp, 1980; McGuigan, 1993).

Die Antwort hierauf hängt von verschiedenen Faktoren ab, die im konkreten Fall nicht alle bekannt sind, so dass man für den jeweiligen Einzelfall bestenfalls nur approximative *Richtwerte* angeben kann. Ein wichtiger Faktor für die ungefähre Bestimmung des zu wählenden Stichprobenumfangs ist die Größe der Population;

denn im Hinblick auf die Population werden ja die Zufallsstichproben gebildet. Der Zusammenhang zwischen der *Mindeststichprobe* und der *Gesamtpopulation*, aus der diese gezogen wird, lässt sich auch grafisch darstellen. Wie solche Grafiken zeigen, benötigt man z.B. im Falle eines Populationsumfangs von $n = 1.000$ Elementen etwa $N = 300$ Stichprobenelemente, hingegen bei $n = 10.000$ Populationselementen etwa $N = 375$ Stichprobenelemente usw. Wie man erkennt, besteht eine nonlineare Beziehung zwischen Populations- und entsprechendem (Minimum-)Stichprobenumfang (vgl. auch die in obiger Formel enthaltene nonlineare Beziehung zwischen σ und $\sigma_{\bar{y}}$). – Mit Nachdruck sei hervorgehoben, dass eine solche grafische Beziehung nur einen allerersten Eindruck von den tatsächlich in Rechnung zu stellenden Faktoren vermittelt, die es bei der wahrscheinlichkeitstheoretisch relevanten Festlegung eines jeweiligen Stichprobenumfangs zu berücksichtigen gilt.

Kennwerte bivariater Verteilungen Die bisher dargestellten Kennwerte gelten für die Analyse einer einzigen (AV-)Variablen; d.h. damit werden so genannte univariate Verteilungen einer Zufallsvariablen beschrieben. In vielen Bereichen der Psychologie gilt das Forschungsinteresse aber besonders der Analyse von „Zusammenhängen" (Korrelationen) *zweier* (oder *mehrerer*) Variablen. Werden etwa zwei Variablen auf ihren Zusammenhang hin untersucht, so spricht man von der Betrachtung *bivariater* Zusammenhänge. Eine solche korrelative Betrachtungsweise liegt auch dann vor, wenn mit *multivariaten* Datensätzen gearbeitet wird.

Die Beziehung zwischen zwei Variablen wird durch den Zusammenhang der Messwert-Verteilungen („Kovariation") quantitativ beschrieben. Das Vorliegen einer kausalen Beziehung wird allerdings mit einer hohen Korrelation *nicht* belegt. Man kann vielmehr sagen: Wann immer ein kausaler Zusammenhang vorliegt, ergibt sich damit zwingend eine (hohe) Korrelation; aber: eine hohe Korrelation ist durchaus nicht immer auf eine kausale Beziehung zwischen den beiden betrachteten Variablen zurückzuführen. Eine kausale Beziehung ist also eine *hinreichende, aber keine notwendige Bedingung* für eine hohe Korrelation zwischen zwei Variablen. Solche Verteilungen lassen sich z.B. in *bivariaten* Streuungsdiagrammen darstellen (Abb. 7.4). Diese vermitteln einen unmittelbaren Eindruck von der Enge des Zusammenhangs zwischen je zwei Variablen:

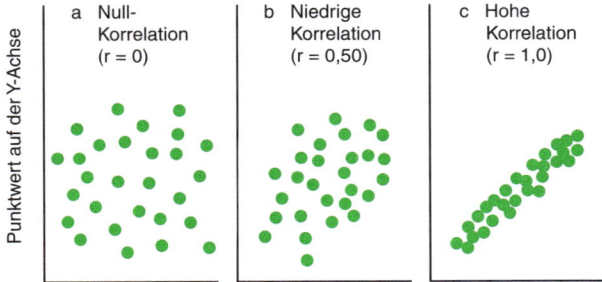

Abbildung 7.4: Grafische Darstellung von jeweils entlang der X- und Y-Achse verschieden stark streuenden Punktwerten: Drei bivariate „Korrelations"-Beispiele. a. Null-Korrelation; b. Niedrige (positive) Korrelation; b. Hohe (positive) Korrelation. Die Punktwerte erhält man durch Eintragung eines Wertepaars für jeden der N Probanden in das X-Y-Koordinatensystem.

Eine Null-Korrelation ($r_{xy} = 0$) liegt vor, wenn die Messpunkte aller Probanden, die sich am Schnittpunkt ihrer jeweiligen Messwerte auf der X- und auf der Y-Skala ergeben, eine kreisförmige Gestalt annehmen. Die Korrelation wird umso höher, je mehr sich die Messpunkte vom Kreis über eine Ellipse einer Geraden nähern. Nur in dem Fall einer *vollständigen* Korrelation kann der Messwert eines Probanden fehlerfrei aus der Kenntnis nur eines Skalenwerts für den jeweils anderen vorhergesagt werden; diese Korrelation wird dann quantitativ durch den Wert $r_{xy} = +1.0$ beschrieben. Besteht eine vollständige umgekehrte Beziehung (je höher der eine Wert, desto niedriger der andere), dann spricht man von einer vollständigen *negativen* Korrelation ($r_{xy} = -1.0$).

Der Korrelationskoeffizient r erlaubt nicht unmittelbar eine Aussage darüber, wie viel Prozent der Messwert-*Varianz* zwei Variablen *gemeinsam* haben. Diese Aussage ist erst aufgrund des *Determinationskoeffizienten* möglich; der Determinationskoeffizient r^2 ist der *quadrierte* Korrelationskoeffizient. Multipliziert man r^2 mit 100, erhält man einen Wert, der angibt, wie viel Prozent der Varianz die Werte der beiden korrelierenden Variablen *gemeinsam* haben.

Korrelationskoeffizienten werden je nach den zu analysierenden Daten durch unterschiedliche rechnerische Verfahren bestimmt. Eine Zusammenstellung der verschiedenen Korrelations- und Kontingenzmaße mit entsprechenden Beispielen findet sich in entsprechenden Standardwerken der Statistik.

In der Box 7.2 finden sich Beispiele für besonders häufig gemachte *Fehler* in der deskriptiven Statistik.

Box 7.2: Häufige Fehler bei der Datenanalyse: Deskriptive Statistik

Es gibt eine Reihe von typischen Fehlern („Artefakte") bei der statistischen Datenanalyse, deren Kenntnis unabdingbar ist, um diese bei der eigenen Arbeit zu vermeiden – sei dies nun im Rahmen von eigenen Datenerhebungen oder aber im Zusammenhang mit der kritischen Lektüre von bereits publizierten Untersuchungen anderer (Huff, 1954; Krämer, 1991). Diese Fehler lassen sich nach der deskriptiven sowie nach der inferenziellen (Box 7.3) Statistik anordnen. Eine Vollständigkeit der nachfolgenden Zusammenstellung ist hier nicht angestrebt. Im Folgenden werden sechs besonders häufig anzutreffende Fehler der deskriptiven Datenanalyse angeführt.

Tabelle 7.1

Überblick über die wichtigsten deskriptivstatistischen Fehler

1. Verzicht auf eine grafische Darstellung der Rohwerte

2. Verzicht auf eine individuelle Rohdatenanalyse

3. Verzicht auf eine statistische Berechnung und grafische Veranschaulichung des Stichprobenfehlers ($\sigma_{\bar{y}}$)

4. Irrepräsentative Untersuchung von Streuungsbereichen

5. Verzicht auf eine Überprüfung der statistischen Ausgangswerte für einen Vorher-Nachher-Versuchsplan

6. Berechnung von Indexkorrelationen

1. Verzicht auf eine grafische Darstellung der Rohwerte

Die wohl wichtigste Grundregel einer jeden statistischen Analyse von Rohwerten lautet: Man nehme zum frühestmöglichen Zeitpunkt eine *grafische* Darstellung der erhobenen Rohwerte vor, um auf diese Weise einen ersten groben Gesamteindruck von der *Datenverteilung* zu erhalten („data snooping").

Die Bedeutung dieser Grundregel wird am *Beispiel* der grafischen Darstellung von Einzeldaten, die zum Zwecke von *Korrelationsberechnungen* erhoben werden, leicht einsichtig. Angenommen, es soll eine Korrelation zwischen den beiden Variablen *X* und *Y* berechnet werden; insofern ein *kurvilinearer* Zusammenhang zwischen *X* und *Y* besteht, ist die Verwendung der üblichen Formeln (*r, Rho*) kontraindiziert (Abb. 7.5). Denn in einem solchen Fall führt die Korrelationsberechnung zu einer *Unterschätzung* des wahren Zusammenhangs (Lewis, 1960).

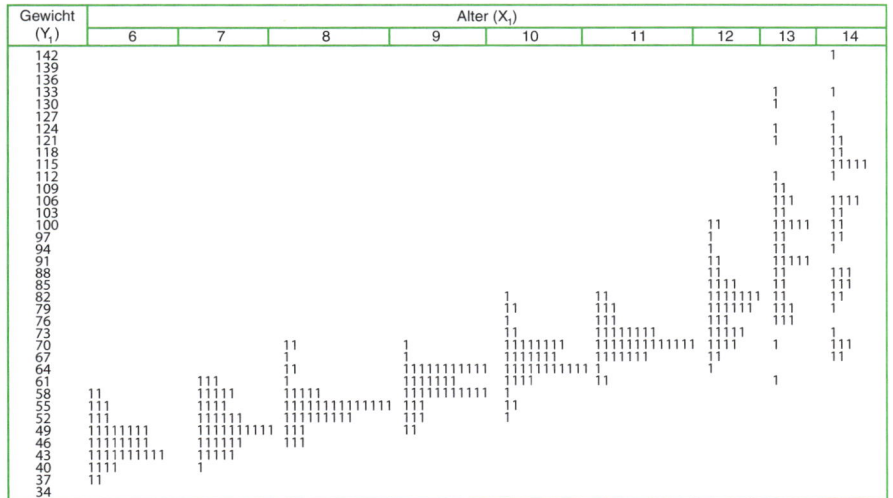

Abbildung 7.5: Kurvilineare Beziehung zwischen dem Alter (X_i) und dem Gewicht (Y_j) von N = 360 amerikanischen Kleinkindern (Alter in Monaten, Gewicht in pounds). Neben der Kurvilinearität dieser Beziehung ist außerdem ein klarer Streuungszuwachs mit höherem Alter zu verzeichnen. Eine routinemäßige Berechnung des meist üblichen Korrelationskoeffizienten r – ohne eine solche visuelle Dateninspektion – führt zu einer fehlerhaften Unterschätzung des wahren Zusammenhangs. (Modifiziert nach Lewis, 1960)

2. Verzicht auf eine individuelle Rohdatenanalyse

Die Berechnung von *Durchschnittswerten* (arithmetisches Mittel, Median usw.) beruht auf der stillschweigenden Grundannahme, dass „Durchschnittswerte" die jeweiligen individuellen Einzelwerte am besten repräsentieren. Obschon diese Annahme allgemein in den empirischen Wissenschaften gilt, gibt es gerade in der Psychologie wichtige Ausnahmen von dieser Regel.

Als Beispiel für eine fehlerhafte Verwendung von Durchschnittswerten enthält Abbildung 7.6 zwei altersabhängige IQ-Verlaufstrends für zwei verschiedene Probanden (Pb 17 und Pb 234). Wie man sieht, wächst der IQ-Wert des einen Probanden (Pb 17) erheblich im Alter von 2 bis 12 Jahren, wohingegen genau das Umgekehrte für den anderen (Pb 234) gilt. Es ist unmittelbar evident, dass eine statistische Mittelung der Daten dieser beiden Einzeltrends zu sachlich irrepräsentativen Ergebnissen führen würde.

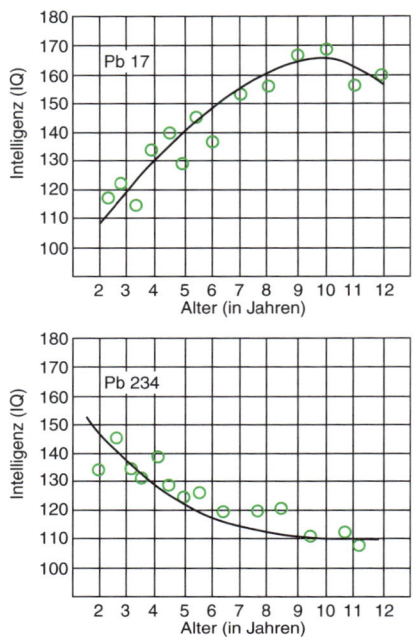

Abbildung 7.6: Kann man von einem „allgemeinen" Anwachsen der Intelligenz mit dem Alter sprechen? – Altersabhängige IQ-Verlaufstrends für zwei verschiedene Probanden im Kindesalter. Während für Pb 17 vom 3. bis 12. Lebensjahr ein stetiges Anwachsen seiner IQ-Werte beobachtet wird, ergibt sich für Pb 234 ein abfallender IQ-Verlauf.

Auch im Zusammenhang mit der Untersuchung gerade von mathematischen Modellen ist – zumindest zusätzlich zur Bestimmung von Durchschnittstrends – eine individuelle Einzeldatendarstellung unerlässlich. Auch und gerade bei anwendungsbezogenen Fragen ist die statistische Einzelfallanalyse unumgänglich.

Hinweis: Der z.T. gedankenlose Einsatz von Computern bei der statistischen Datenauswertung hat beim „Anwender" vielfach zu einem der Sache nach unstatthaften Verzicht auf eine individuelle Rohdatenanalyse geführt!

3. Verzicht auf eine statistische Berechnung und grafische Veranschaulichung des Stichprobenfehlers ($\sigma_{\bar{y}}$)

Weit verbreitet in der Forschungspraxis ist – leider noch immer – der Verzicht auf die Berechnung und grafische Veranschaulichung des „*Stichprobenfehlers*" (Standardfehlers) $\sigma_{\bar{y}}$ für den jeweiligen *Mittelwert* eines Datensatzes (Abb. 7.7).

Klarerweise ist ein und derselbe Mittelwerttrend anders zu beurteilen, wenn in dem einen Untersuchungsfall die Datenstreuung (Fehlerstreuung) *gering*, hingegen im anderen Fall *groß* ist. Dies gilt ganz unabhängig von der „*statistischen* Signifikanz" eines jeweiligen Mittelwerttrends; d.h. es wird mit dieser Frage das Problem der „*praktischen*" Signifikanz von statistisch signifikanten Mittelwertsunterschieden berührt (Bredenkamp, 1970; Lienert, 1986).

Wegen der Wichtigkeit einer routinemäßigen Bestimmung dieses statistischen Kennwerts ($\sigma_{\bar{y}}$) wird z.B. in den Auswertungshinweisen zu den *Grundversuchen* des Praktikumsbuchs (*PrB*, I, II) stets dessen rechnerische Bestimmung verlangt.

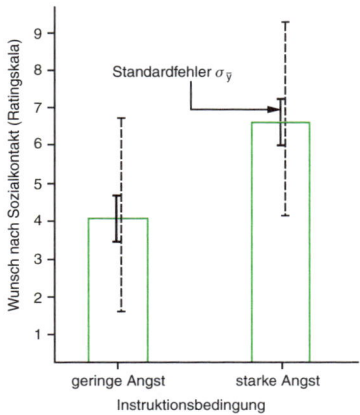

Abbildung 7.7: Grafische Demonstration des „Standardfehlers" ($\sigma_{\bar{y}}$) am Beispiel der Versuchsdaten von Schachter (1959), wobei hier als abhängige Variable ein Ratingskalenurteil gilt (1 = starke Ablehnung, 5 = unentschlossen; ..., 9 = starke Befürwortung des Sozialkontakts). Je nach der Größe des Standardfehlers weist die Mittelwertsdifferenz für die „Nicht"-Ängstlichen und die „Ängstlichen" einen hohen (---) oder aber einen niedrigen (—) Instruktionseffekt auf. – Modifiziert nach Sarris, 1999).

4. Irrepräsentative Untersuchung von Streuungsbereichen

Bei diesem Untersuchungsfehler haben wir es streng genommen weniger mit einem „statistischen" Fehler als vielmehr mit einem „Versuchsplanungs"-Artefakt zu tun. Allerdings hängen der Sache nach *beide* Aspekte („Statistik" und „Versuchsplanung") schon insofern zusammen, als nämlich häufig erst am *Ende* einer Untersuchung festzustellen ist, ob man die Datenerhebung statistisch repräsentativ oder aber irrepräsentativ vornahm.

Als Beispiel für diesen Fehler sei die Untersuchung zwischen zwei Testvariablen Y_1 („Intelligenz") und Y_2 („Konzentration") genannt, wobei hierfür angenommen wird, dass die Untersuchung nur einen limitierten Datenbereich repräsentiert. In einem solchen Fall zeigt sich, dass man zu einer drastischen Fehlberechnung (hier: Unterschätzung) der eigentlich bedeutsamen statistischen Korrelation gelangt (Abb. 7.8).

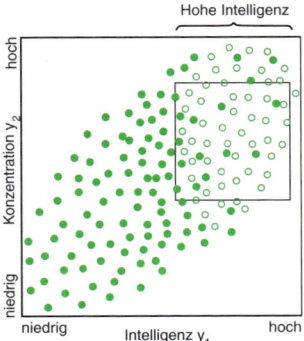

Abbildung 7.8: Grafische Demonstration des Einflusses der Streuungsbreite der Messwerte auf die Höhe der Korrelation zwischen den beiden Variablen „Konzentration" (Y_2) und „Intelligenz" (Y_1). Werden beispielsweise nur intelligente bis hoch intelligente Probanden auf den fraglichen korrelativen Zusammenhang zwischen Y_1 und Y_2 untersucht, dann korrelieren die beiden Variablen nicht miteinander – im Vergleich zum umgekehrten Fall, dass Probanden sämtlicher Intelligenzstufen repräsentativ untersucht werden. (Modifiziert nach Sarris & Lienert, 1974; Sarris & Rey, 1981)

Während dieses *Beispiel* der „korrelativen" Psychologie entnommen ist, muss beachtet werden, dass sich die Frage einer *repräsentativen* (generalisierbaren) Untersuchungsbasis bereits im Laboratorium der „experimentellen" Psychologie immer wieder stellt. So führt etwa McGuigan (1993, chap. 16) mehrere Beispiele für fehlerhafte Schlussfolgerungen aus Experimenten an, die dadurch entstehen, dass – meist aus Ökonomiegründen – zu wenige (oder auch irrepräsentative) Versuchsbedingungen überprüft werden. Beispielsweise suggeriert ein mit Hilfe von nur zwei Versuchsgruppen erhaltenes Zeitmesspunkte-Resultat eine *lineare* Beziehung zwischen der *UV* und der *AV,* obschon die beiden Messpunkte durch alle möglichen kurvilinearen Trends gleich gut angepasst werden können.

Ein anders gelagertes Beispiel für die mit der Wahl eines irrepräsentativen Datenbereichs bestehende Gefahr von *artifiziellen* Ergebnissen ist der so genannte *Extremgruppenvergleich.* Es handelt sich hierbei um die experimentelle Testung von nur zwei Versuchsbedingungen, deren Abstufungen auf der betreffenden UV-Achse im extrem niedrigen sowie extrem positiven Messwertebereich liegen. Hier sind unabhängig von experimentellen Effekten Datenänderungen in den weniger extremen Bereich hinein möglich („statistische Regression"). Der *Extremgruppenvergleich* sollte grundsätzlich nur dann eingesetzt werden, falls es darum geht, festzustellen, ob *überhaupt* eine experimentelle Wirkung eintritt, wenn ein bestimmter Faktor variiert wird („Pilot-Studie").

5. Verzicht auf eine Überprüfung der statistischen Ausgangswerte für einen Vorher-Nachher-Versuchsplan

Die Zufallsgruppen-Versuchspläne mit Vorher-Nachher-Messung sehen die Bestimmung von „Ausgangswerten" vor einer unterschiedlichen Behandlung der betreffenden Gruppen vor. Nun kann es aber schon aus *wahrscheinlichkeitstheoretischen* Gründen sein, dass sich die verschiedenen Gruppen rein *zufällig* im Hinblick auf ihre Ausgangswerte voneinander unterscheiden. Ein einfaches – in der Untersuchungspraxis immer wieder vernachlässigtes – Vorgehen besteht in der nachträglichen statistischen Analyse eben dieser Ausgangswerte (*Kontroll-Checks*).

6. Berechnung von Indexkorrelationen

Grundsätzlich basieren Korrelationen rechnerisch auf den jeweiligen *Rohwerten.* Trotzdem kommt es häufiger vor, dass Korrelationsberechnungen nicht anhand der Ausgangsdaten, sondern aufgrund von so genannten *abgeleiteten* Daten erfolgen. Im Extremfall kann dies zur Berechnung von so genannten *Indexkorrelationen* führen, obschon dies der Sache nach unstatthaft ist. Auch ein solches Beispiel soll darauf aufmerksam machen, dass statistische Datenanalysen nicht auf einer gedankenlosen Anwendung von „Kochrezepten" beruhen dürfen, sondern eine klare Beachtung ihrer mathematischen und inhaltlichen Voraussetzungen verlangen.

Huff, D. (1954). How to lie with statistics. New York: Norton.

Krämer, W. (1991). So lügt man mit Statistik. Frankfurt a. M.: Campus.

Lewis, D.: Quantitative methods in psychology. New York: McGraw-Hill, 1960.

Bortz, J., Lienert, G. A. & Boehnke, K. (2000): Verteilungsfreie Methoden in der Biostatistik Berlin: Springer.

McGuigan, F. J. (1993). Experimental psychology: Methods of research. (5th ed.) Englewood Cliffs, N.J.

Sarris, V. & Lienert, G. A. (1974). Konstruktion und Bewährung von klinisch-psychologischen Testverfahren. In: W. J. Schraml & G. Baumann (Hrsg.), Forschungsmethoden in der klinischen Psychologie II. Bern: Huber.

Sarris, V. & Rey, E. R. (1981). Allgemeine Grundlagen von klinisch-psychologischen Testverfahren. In: E.-R. Rey (Hrsg.), Klinische Psychologie. (Aktuelle Psychiatrie, Bd. 2). Stuttgart: G. Fischer.

7.3 Inferenzstatistik

Die für die experimentalpsychologische Forschung vielleicht wichtigste Funktion der Statistik – Hypothesentestung auf entscheidungstheoretischer Basis – liegt darin, die so genannten inferenziell-statistischen („beweisführende") Analysen anhand der zuvor mit den Verfahren der deskriptiven („beschreibenden") Statistik behandelten Ausgangsdaten durchzuführen.

Grundlagen der statistischen Entscheidung

Im Prinzip wird bei der statistischen Entscheidung danach gefragt, ob die statistischen Kennwerte, die zur Beschreibung der jeweiligen Stichproben berechnet worden sind, ein und derselben Population angehören, also auf einen *gemeinsamen* Parameter zurückgeführt werden können und somit nur zufällig voneinander verschieden sind. Diese Problemstellung ist ein Kernstück der Inferenzstatistik; sie wird bzgl. der Frage „*Entstammen beide empirische Verteilungen derselben Population?*" mit Hilfe von Abbildung 7.9 verdeutlicht. In der Grafik sind zwei ideale Verteilungen von „Rohdaten" nebeneinander abgetragen:

Der Mittelwert der Verteilung der Gruppe 1 beträgt $\bar{y}_1$ (85); der Mittelwert der Gruppe 2 beträgt $\bar{y}_2$ (89). Unterscheiden sich die Gruppen voneinander statistisch *signifikant*, so dass der Schluss gerechtfertigt ist, bei den Messwerteverteilungen handele es sich nicht um Messwerte aus *einer* Population und der Unterschied könne nicht im Sinne der so genannten Nullhypothese interpretiert werden? – Die *Nullhypothese* lautet:

$$H_0 : \mu_1 = \mu_2 = \mu$$

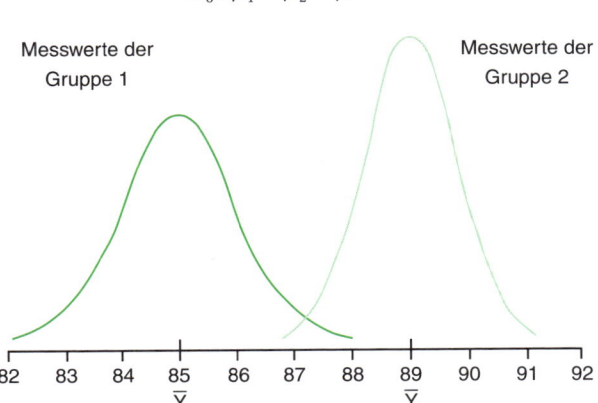

Abbildung 7.9: Ist die Differenz zwischen den beiden Mittelwerten $\bar{y}_1$ und $\bar{y}_2$ statistisch „signifikant"?

Es wird bei der Prüfung der Nullhypothese von der zu prüfenden statistischen *Hypothese* ausgegangen, die beiden Stichprobenkennwerte der zentralen Tendenz – die Mittelwerte $\bar{y}_1$ und $\bar{y}_2$ – seien *Schätzungen* desselben (Populations-)*Parameters*; folglich sei deren Differenz im statistischen Sinne nicht bedeutsam („Null", d.h. *insignifikant*), eben weil sie noch innerhalb der Zufallsgrenzen der Stichprobenauswahl liege. Die

Gültigkeit dieser „Null"-Hypothese kann nur über die Wahrscheinlichkeitsfunktion der Zufallsvariablen, die jedem Wert eine bestimmte Wahrscheinlichkeit zuordnet, entschieden werden. Diese Funktion ist aber in der Regel *nicht bekannt*. Die Entscheidung über die tatsächliche Bedeutung dieses Unterschiedes ist also mit einem gewissen *Risiko* belastet.

Risiken bei der Entscheidung über Nullhypothesen

Bei der Prüfung statistischer Hypothesen wird grundsätzlich die Frage nach der Gültigkeit der Nullhypothese gestellt. Ihr wird eine so genannte *Alternativhypothese H_1* gegenübergestellt, die meist die *eigentliche* Forschungshypothese bzw. Arbeitshypothese darstellt; deren Gültigkeit kann aber in der Regel nicht „direkt" geprüft werden. Im obigen Beispiel meint die *Alternativhypothese* das Folgende:

$$H_1 : \mu_1 \neq \mu_2$$

Die Gültigkeit dieser „zweiseitig" (d.h. ungerichtet) formulierten Hypothese kann nach der Logik mathematisch-statistischer Tests nicht absolut bewiesen werden; sie wird allerdings bestärkt in dem Fall, dass sich die Ergebnisse nicht mit der durch die H0 formulierten Modellannahme vereinbaren lassen. Daher wird auch grundsätzlich nur die *Nullhypothese* „beibehalten" oder „verworfen". In der Forschungspraxis führt das Verwerfen der Nullhypothese zur Annahme der Gültigkeit der Alternativhypothese. Welche *Risiken* dabei durch eine falsche Entscheidung entstehen, wird mit Hilfe von Abbildung 7.10 veranschaulicht.

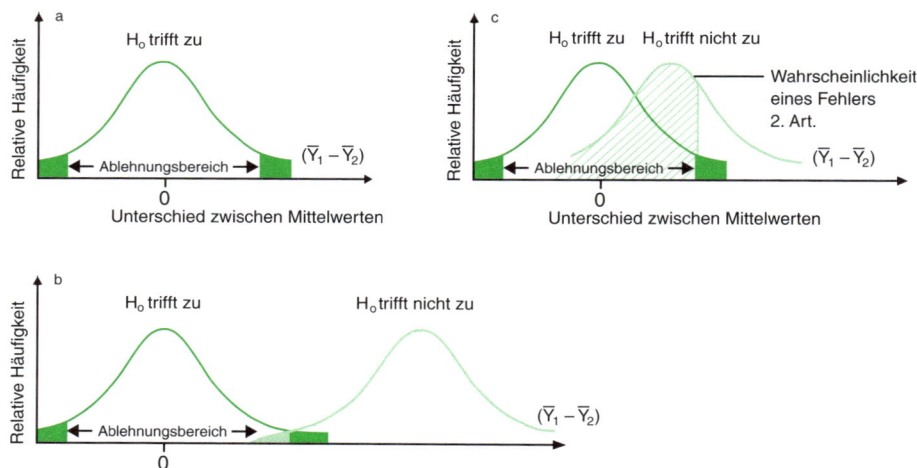

Abbildung 7.10: Hypothetische Verteilungen von Mittelwertsdifferenzen ($\overline{y}_1 - \overline{y}_2$) für die Nullhypothese und für die Alternativhypothese in drei möglichen Situationen: (a) kein Effekt, (b) großer Effekt und (c) geringer Effekt der unabhängigen Variablen (UV) auf die abhängige Variable (AV). (Modifiziert nach Wood, 1974)

In den hypothetischen Fällen wird unter (a) eine Verteilung dargestellt, die der Voraussage gemäß der Nullhypothese entspricht, wonach zwischen den Mittelwerten kein Unterschied besteht. Die beiden dunklen Enden der Verteilung kennzeichnen die Ablehnungsbereiche der Nullhypothese. Nur Verteilungen, deren Mittelwerte diesen Bereichen nahe kommen, führen also zum Verwerfen der Nullhypothese. Dies ist im Beispiel (b) der Fall: Der Mittelwert liegt sogar weit außerhalb der Verteilung der Messwerte. Es handelt sich also um ein *signifikantes* Ergebnis; d.h. die Nullhypothese wird verworfen. Im Fall (c) liegt ebenfalls ein statistisch signifikanter Effekt der unabhängigen Variablen vor. Allerdings haben beide Verteilungen noch erhebliche Gemeinsamkeiten. Der schraffierte Bereich gibt die Wahrscheinlichkeit an, einen so genannten *Fehler 2. Art* (β-Fehler) zu begehen. Dieser Fehler besteht darin, dass die Nullhypothese beibehalten wird, obwohl sie falsch ist. Dieser Gefahr kann nicht – wie aus der Abbildung leicht zu erschließen ist – dadurch begegnet werden, dass etwa noch schärfere Signifikanzgrenzen errichtet werden; denn das würde zwar den *Fehler der 1. Art* (α-Fehler) – H wird verworfen, obwohl sie gilt – verringern, gleichzeitig aber die Wahrscheinlichkeit des *Fehlers der 2. Art* (β-Fehlers) – die schraffierte Fläche würde noch weiter anwachsen – erheblich erhöhen. Dieser reziproke Zusammenhang zwischen dem *Fehler 1. Art* und dem *Fehler 2. Art* ist schematisch in Tabelle 7.2 dargestellt.

Tabelle 7.2

Gegenüberstellung von Fehler 1. Art (α-Fehler) und Fehler 2. Art (β-Fehler) mit den damit verbundenen statistischen Entscheidungsrisiken

Entscheidung (Untersucher)	**Tatsächlicher Sachverhalt (Population)**	
	Kein Unterschied: Nullhypothese (H_0) ist korrekt	*Realer* Unterschied: Forschungshypothese (H_1) ist korrekt
„Daten belegen die Nullhypothese" (H_0)	*Korrekte Entscheidung* (= *kein* Fehler)	Fehler 2. Art (β-Fehler)
„Daten belegen die Forschungshypothese" (H_1)	Fehler 1. Art (α-Fehler)	*Korrekte Entscheidung* (= *kein* Fehler)

Eine Lösung für dieses Dilemma kann es nur im Sinne eines Kompromisses geben. Eine plausible Lösung dieses Konflikts liegt daher häufig in der Wahl eines mittleren statistischen Signifikanzniveaus für die Ablehnung der H_0 von $p = .05$.

Box 7.3: Häufige Fehler bei der Datenanalyse: Inferenzielle Statistik

Im Folgenden werden drei verschiedene Fehler („Artefakte") angeführt, die bei der inferenziellen Datenanalyse häufig anzutreffen sind. Auch diese Beispiele decken – wie bereits einleitend vermerkt – den Bereich möglicher Fehlerquellen keineswegs ab; sie sollen aber als eine weitere *Warnung* vor einem unkritischen Gebrauch des statistischen Methodenapparats dienen. Dieser Hinweis gilt hier umso mehr, als im Rahmen dieses Lehrbuchs der Experimentalpsychologie – schon aus Raumgründen – meist nur *schematische* Auswertungshinweise erfolgen.

1. Sukzessive Anwendung von t-Tests anstelle einer Varianzanalyse (bzw. Trendanalyse)

Im Statistikunterricht für Studenten der Psychologie, Pädagogik, Medizin usw. wird üblicherweise der so genannte *Zweistichprobenfall* (s. Kap. 4) bei weitem genauer und umfangreicher behandelt als der sachlich übergeordnete – grundsätzlich diffizilere – *Mehrstichprobenfall*. Im Extremfall führt dies dazu, dass dem Studenten selbst am Ende eines zweisemestrigen Kurses in statistischer Methodenlehre nicht (bzw. nur ungenügend) klar geworden ist, dass eine so genannte *Varianzanalyse* (Mehrfachstichprobenfall) im Prinzip nichts anderes darstellt als den auf den Mehrstichprobenfall erweiterten *t-Test* (Zweistichprobenfall).

Die mehrfache Anwendung eines *t-Tests* (Zweistichprobenfall) auf Mittelwertsvergleiche für *mehrere* Stichproben ($p > 2$ Stichproben) – anstelle der Durchführung einer tatsächlich indizierten *Varianzanalyse* (Mehrstichprobenfall) – kann unter Umständen zu folgeschweren Pseudoergebnissen (Artefakten) führen.

Beispiel: In einer pharmakologischen Grundlagenstudie hat Forth (1966) den Einfluss eines sedierenden Pharmakons (Schlafmittel) auf die Konzentrationsleistung bei einer Probandengruppe geprüft, die unter allen $k = 10$ verschiedenen Dosisbedingungen untersucht wurde. Dieses Experiment sollte vor allem den *paradoxen* Effekt einer „Leistungssteigerung" unter geringer Dosierung nachweisen.

Die Untersuchungsbefunde lassen den von Forth behaupteten Modelltrend – wenn überhaupt – nur schwach erkennen (visuelle Dateninspektion). Bei einer mehrfachen (!) Anwendung eines t-Tests (für abhängige Stichproben) resultierten allerdings einige statistische „Belege" für das Forth-Düker-Modell. Erst nach Anwendung des hier tatsächlich angezeigten Trendtests, anhand von Forths eigenen Daten, stellte sich heraus, dass der hypostasierte Modelltrend empirisch-statistisch nicht nachgewiesen werden kann (Sarris, 1968).

2. Wahl eines einfachen „Trendtests" anstelle eines „Trenddifferenztests" bei der Überprüfung von quantitativen Modellen

Wie im Einführungsteil (Kap. 2) dargestellt, kommt der Modellmethode im Rahmen der psychologischen Theorienbildung eine besonders große methodologische Bedeutung zu (Sarris, 1999, Kap. 2.3). Dabei hat das mathematische Modell den speziellen Vorteil der exakten „Vorhersage" von Verhaltensausprägungen, die entsprechend mit den empirischen Befunden sehr genau konfrontiert werden können.

Wie testet man einen Modelltrend? – Die Antwort lautet: mit einem so genannten „Trenddifferenztest", also nicht mit einem einfachen Trendtest. Die Bedeutung der Unterscheidung zwischen diesen beiden wichtigen statistischen Überprüfungsansätzen zeigt das folgende Beispiel:

Angenommen es soll die umgekehrt U-förmige Beziehung zwischen „Motivationshöhe" (*UV*) – mit drei experimentellen Stufen – und „Leistungseffektivität" (*AV*) untersucht werden. Dabei erhalte man den in Abbildung 7.11 wiedergegebenen (fiktiven) Datensatz, und zwar in *zweifacher* Darstellungsweise: Während auf der linken Seite dieses Schemas eine einfache Regressionsgerade durch die drei Durchschnittswerte gelegt ist, gibt die rechte Seite dieselben Punkte wieder, diesmal aber durch einen umgekehrt U-förmigen Kurvenzug angepasst. Welche *Kurvenanpassung* (curve fitting) ist nun die sachlich angemessenere?

Die Beantwortung dieser Frage ist nach zwei verschiedenen Schritten zu geben. Zunächst ist zu wiederholen, dass hier ein Trenddifferenztest – anstelle eines einfachen Trendtests – angezeigt ist, weil gemäß der Yerkes-Dodson-Modellhypothese eine klare Trend-*Vorhersage* getroffen wird (umgekehrt U-förmiger Trendverlauf). Es werden folglich die *Differenzen* zwischen den empirischen und den theoretischen Werten zufallskritisch zu untersuchen sein. – Im Falle, dass etwa das Yerkes-Dodson-Gesetz (vgl. Orig 8.1 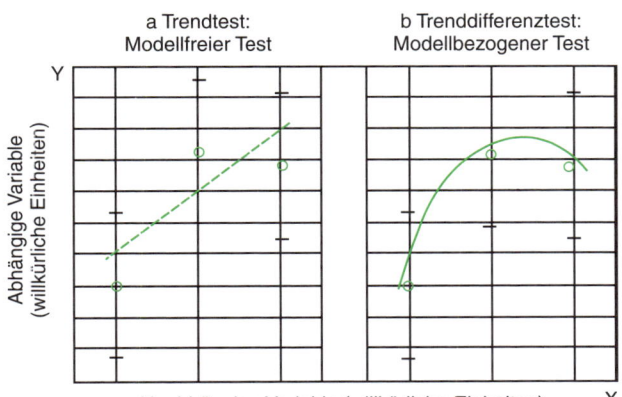) unbekannt wäre und daher auch *keine* Vorhersage hätte getroffen werden können, wäre umgekehrt der so genannte einfache Trendtest zu benutzen gewesen („modellfreie" Trendtestung). In einem solchen Fall wäre sukzessive inferenzstatistisch auf einen Trend 1. Ordnung (linear), 2. Ordnung (quadratisch), 3. Ordnung, ..., n. Ordnung zu prüfen (Lindquist, 1953; Edward, 1972).

Was kann nun passieren, wenn ein Untersucher diese Testindikationen nicht genügend kennt, er aber beide Trendtests aufgrund seiner Daten „ausprobiert" und dabei – zu seiner *Überraschung* – feststellen muss, dass je nach Trendtestwahl das eine Mal eine lineare Beziehung, das andere Mal aber eine *quadratische* (umgekehrt U-förmige) Trendkomponente nachgewiesen wird? Genau dieser Fall, der bei bestimmten *Streuungsverhältnissen* (Fehlerstreuungen) eintreten kann, ist in Abbildung 7.11 dargestellt (die *senkrechten* „Balken" stellen die *Standardfehler-Werte* dar).

Ganz allgemein gilt die Regel, dass die inferenzstatistischen Überprüfungsverfahren nicht etwa wie „Kochrezepte" mehr oder weniger gedankenlos verwendet werden dürfen, sondern – im Gegenteil – nach inhaltlichen und methodologischen (hier: modelltheoretischen) Gesichtspunkten einzusetzen sind.

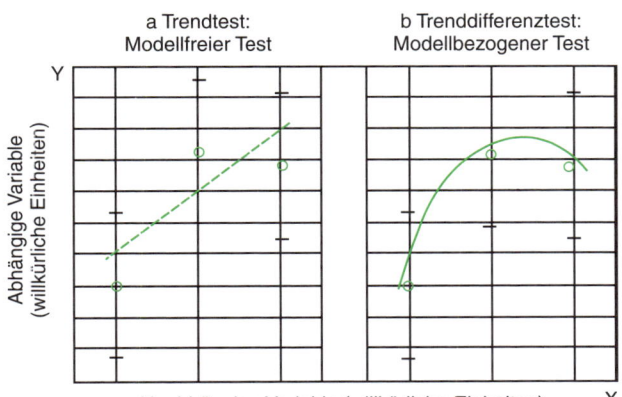

Abbildung 7.11: Unterscheidung eines „modellfreien" Trendtests (links) gegenüber einem „modellbezogenen" Trenddifferenztest (rechts) bei ein und denselben Mittelwerten und Standardfehlern. Die Wahl des für diesen (fiktiven) Datensatz angemessenen statistischen Prüfverfahrens muss hier nach theoretisch-inhaltlichen Gesichtspunkten erfolgen. (Modifiziert nach Sarris & Stolze, 1980)

3. Wahl einer „korrelativen" anstelle einer „varianzanalytischen" Modellprüfung

In Sarris (1999, Kap. 2.3) wurde anhand des von Anderson mathematisch spezifizierten „Konflikt"-Modells das statistische Verfahren der Varianzanalyse als die einschlägige Methode der Wahl zur Modellprüfung genannt. Man sollte dieses inferenzstatistische Auswertungsverfahren generell als die bestindizierte Technik zur Testung von zwei- oder mehrfaktoriellen Modellen verwenden. In der Forschungspraxis ist allerdings eine fehlerhafte Modelltestung weit verbreitet (Birnbaum, 1973, 1974) – nämlich die „Testung" der Modellgüte aufgrund der Berechnung von Korrelationskoeffizienten. Das in der Abbildung 7.11 wiedergegebene (fiktive) Datenbeispiel kann auch im vorliegenden Zusammenhang als Illustration herangezogen werden. Insofern man nämlich die theoretischen Vorhersagewerte mit den empirischen Daten korreliert, ergibt sich – z.B. für den umgekehrt U-förmigen Trendverlauf – eine sehr hohe Korrelation (nahe bei 1). Die Signifikanz einer solchen Korrelation besagt aber keineswegs, dass das Modell den Daten genügt. Es könnte nämlich sein, dass bei einer varianzanalytischen (hier: trenddifferenzanalytischen) Modelltestung statistisch signifikante Abweichungen zwischen Modellwerten und empirischen Daten nachgewiesen werden. Bei der Wahl einer „korrelativen" Modelltestung wird man in aller Regel sein Modell sehr viel weniger leicht widerlegen können als im zweiten – dem eigentlich korrekt angesetzten – Untersuchungsfall.

Auch dieses Beispiel macht deutlich, dass der Einsatz von „Statistik" – in der Hand des Experten – sicherlich zu einer der großen Errungenschaften der biomedizinischen sowie sozialwissenschaftlichen Disziplinen seit etwa dem zweiten Drittel dieses Jahrhunderts zählt, dass aber derselbe Methodenapparat in der Hand des Unkundigen leicht zu falschen Ergebnissen und Schlussfolgerungen führt.

Birnbaum, M. H. (1973). The devil rides again: Correlation as an Index of fit. Psychological Bulletin, 79, 239-242.

Birnbaum, M. H. (1974.). Reply to the devils advocates: Don't confound model testing and measurement. Psychological Bulletin, 81, 854-859.

Edward, A. L. (1972). Experimental design in psychological research. (4th ed.) New York: Holt, Rinehart & Winston.

Forth, H. (1966). Über die Wirkung von verschiedenen Dosen eines Schlafmittels auf einige psychische Leistungen. Psychologische Beiträge, 9, 3-46.

Lindquist, E. F. (1953). Design and analysis in psychology and education. Bosten: Houghton Mifflin.

Sarris, V. (1968). Zur Wirkungsintensität verschiedener Schlafmitteldosen: Eine Reanalyse von Forths Daten. Psychologische Beiträge, 10, 165-172.

7.4 Inferenzstatistische Testverfahren

Nachdem sich Poppers (1984) wissenschaftslogisches Postulat der *indirekten* Erkenntnisvermehrung durch das Prinzip der Falsifikation (nicht: Verifikation!) von Hypothesen und Theorien in sämtlichen empirischen Wissenschaften durchgesetzt hat, kommt der methodologisch gebotenen Beachtung der statistischen *Nullhypothese* im vorliegenden Zusammenhang eine entsprechend große Bedeutung zu. Denn wie oben gezeigt, werden wissenschaftlich-inhaltliche Hypothesen zum Zwecke ihrer Prüfung stets als Nullhypothesen formuliert und dann so getestet, dass nur durch deren *Zurückweisung* hypostasierte *Unterschiede* oder *Korrelationen* indirekt bestätigt werden können. Damit entspricht die Benutzung von statistischen Prüfverfahren in ihrem Kern dem allgemeinen wissenschaftstheoretischen Prinzip der empirischen Forschungsarbeit.

Da in sämtlichen Bereichen der Psychologie mehr oder weniger große inter- und intra-individuelle *Datenstreuungen* eher die Regel als die Ausnahme sind, ist infolgedessen die Beurteilung von *zufallskritischen* Effekten infolge von *UV*-Variationen nur durch den Einsatz von *inferenziellen* („beweisführenden") Tests möglich. Daher stellen die statistischen Prüftests die sachlogisch und praktisch wichtigste Entscheidungsinstanz für das Beibehalten oder für die Ablehnung von zuvor gestellten (Forschungs-)Hypothesen dar. Darüber hinaus kommt dem Einsatz der Statistik aber auch noch eine weitere – vielfach übersehene Bedeutung – gerade in der psychologischen Forschung zu, nämlich die, dass erst durch deren regelmäßigen Gebrauch eine gewisse Standardisierung des methodischen Denkens und Arbeitens erreicht wird. Damit wird die Frage der Beliebigkeit in der Psychologie heutzutage viel besser als etwa noch vor rund 30 oder mehr Jahren beantwortet. Das gilt unbeschadet des Umstands, dass ein *übertriebener* Gebrauch der Statistik auf Kritik gestoßen ist (Fisher, 1956; Robinson & Forster, 1979; Bredenkamp, 1980).

Indikation statistischer Prüfverfahren Es gibt verschiedene Gesichtspunkte, nach welchen ein Ordnungssystem für die zahlreichen *parametrischen* (verteilungsgebundenen) und *nicht-parametrischen* (verteilungsfreien) Prüfverfahren aufgebaut sein kann. Gemäß dem Umstand, dass wir die Statistik im vorliegenden Lehrbuch nicht schwerpunktmäßig behandeln, da es bereits die genannten Unterrichtswerke in statistischer Methodenlehre gibt, wird hier lediglich auf die gängigen Verfahren hingewiesen; und dies unter Zugrundelegung eines einfachen Ordnungssystems, das die *Zuordnung* dieser Prüfverfahren zu den verschiedenen anderen Unterrichtswerken möglichst erleichtert. Dazu ist anzumerken, dass in der nachfolgenden Übersicht nur eine kleine *Auswahl* von inferenzstatistischen Tests getroffen ist; z.B. sind einige wichtige andere klassische Prüfverfahren, wie etwa die so genannten Anpassungs- oder *„goodness of fit"*-Tests, welche zur Prüfung der Abweichungen empirischer von theoretischen Verteilungen verwendet werden (vgl. Kap. 7.1), nicht angeführt. Der KOLMOGOROFF-SMIRNOV-Test wie auch der χ^2-Anpassungstest gehören zu dieser Verfahrensgruppe. Die Tabelle 7.3 ist als *„Wegweiser"* zu verstehen und enthält im Übrigen nur einen *Ausschnitt* der hauptsächlich indizierten statistischen Prüftests.

Einige neuere Entwicklungen der statistischen Methodenlehre, die zurzeit auch in der psychologischen Grundlagenforschung zunehmend Verbreitung finden, sind die folgenden:

- *Multivariate* statistische Prüfverfahren sowohl für die parametrischen als auch die nicht-parametrischen Indikationen (MANOVA, Faktoren- und Clusteranalysen, Diskriminanzanalysen, Lineare Strukturgleichungsmodelle, Konfigurationsanalysen)
- Statistische *Zeitreihenanalysen* inkl. longitudinaler Datenanalysen und stochastischer Datenmodelle
- Statistische *Pfadanalysen* (als *quasi-kausale* Analysemethoden)
- Statistische *Computeranalysen* (wie z.B. Monte-Carlo-Methoden).

Im Einzelnen setzen diese Verfahren vertiefte Kenntnisse voraus, die das Ausbildungsniveau für das Grundstudium im Fach Psychologie überschreiten (s. ferner Fricke & Treinies, 1986; von Eye, 1990, Backhaus, Erichson & Plinke, 2000).

Tabelle 7.3

Wegweiser für die Wahl häufig benutzter statistischer Tests

	Versuchsplan (Design)			
	Zufallsgruppendesign		Wiederholungsmessungs- oder Blockdesign	
Skalenniveau Der AV	Zweigruppen- plan	Mehrgruppen- und Mehrfaktorenplan	Zweigruppenplan	Mehrgruppen- und Mehrfaktorenplan
Nominal-Skala	χ^2-Test	χ^2-Test	McNemar-χ^2-Test	Cochran-Q-Test
Ordinal-Skala	Mann- Whitney- U-Test	Kruskal-Wallis- H-Test Jonckheere- Trendtest	Wilcoxon-T-Test	Friedman- Rangvarianz- Analyse Page-Trendtest
Intervall- oder Ratioskala	t-Test für unabhängige Stichproben	Varianzanalyse (ANOVA)* Trendtest	t-Test für abhängige Stichproben	Varianz-Analyse (MANOVA)* Trendtest

*ANOVA = Analysis of Variance; MANOVA = Multivariate Varianzanalyse

Zusammenfassung

Statistik dient einerseits dazu, Merkmalsstrukturen übersichtlich zu beschreiben, und andererseits dazu, beweiskräftige Schlussfolgerungen in Bezug auf die Ausgangshypothesen einer Untersuchung zu ziehen. Um festzustellen, ob diese – zufälligen Einflüssen unterliegenden – Merkmalsstrukturen einer Stichprobe verallgemeinerbar sind, werden Wahrscheinlichkeitsverteilungen für Zufallsstichproben herangezogen. In diesem Zusammenhang sind die Begriffe Population und Stichprobe, Zufallsvariable und empirische Variable sowie Lageparameter und Populationsvarianz von grundlegender Bedeutung. Für die Beschreibung von Merkmalsstrukturen verwendet die Deskriptivstatistik verschiedene Kennwerte, beispielsweise solche zur Beschreibung der zentralen Tendenz von Daten einer Stichproben (arithmetisches Mittel, Medianwert, Modalwert) oder Kennwerte der Dispersion (Streuung, Quartile), wobei immer auch die Skalenqualität (Messskala) der zu analysierenden Rohdaten mit zu berücksichtigen ist. Es gibt einige häufige Fehler der deskriptivstatistischen Datenanalyse, die es zu vermeiden gilt. Analysen beschränken sich nicht nur auf eine Variable (univariater Fall), sondern können auch zwei oder mehr Variablen umfassen. Soll deren Zusammenhang untersucht werden, so spricht man von der Betrachtung bivariater bzw. multivariater Zusammenhänge. Die Beziehung zwischen zwei Variablen wird durch den Zusammenhang der Messwert-Verteilungen („Kovariation") quantitativ beschrieben. – Das Ziel der inferenzstatistischen (beweisführenden) Datenanalyse ist es, beweiskräftige Schlussfolgerungen in Bezug auf die Ausgangshypothesen eines Experiments zu ziehen. Dabei sind vor allem die elementaren Entscheidungsprinzipien der inferenziellen Statistik (Null- vs. Alternativhypothesen; Signifikanzniveau, α- und β-Fehler) und die statistischen Tests hervorzuheben, d.h. die parametrischen und nicht-parametrischen Prüfverfahren. Andererseits ist vor einem übertriebenen bzw. sogar falschen Gebrauch der (inferenziellen) Statistik zu warnen.

Aktuelle Internet-Links

Schon recht früh hat die Statistik den Computer für ihre Arbeit nutzbringend eingesetzt. Dies mag auch ein Grund dafür sein, dass im Internet E-Learning-Angebote und Informationen zur Statistik im Verhältnis zu Informationen sonstiger Fachgebiete der Psychologie besonders stark repräsentiert sind. Die im Folgenden angegebenen Web-Seiten sind bemüht, Prinzipien der Statistik über die Visualisierung von Grundkonzepten und durch selbstgesteuertes Lernen unmittelbar erfahrbar zu machen; sie ergänzen auf diesem Wege den Statistikunterricht.

Mit dem Lernwerkzeug *Statistik interaktiv!* versucht das TeleLearning-Projekt DIALEKT der Freien Universität Berlin, dem selbstständigen und ortsunabhängigen Lernen durch Lernsoftware und die Einbindung des Internet Rechnung zu tragen. Neben einem Buch (mit CD-ROM im Springer-Verlag Heidelberg 2002 erschienen) wird das aktive Arbeiten mit dem multimedialen Werkzeug Computer in den Lernprozess eingebunden. Das Lernwerkzeug besteht aus einem zum Selbststudium geeigneten Theorieteil, in welchem der Stoff der deskriptiven Statistik mit Hilfe von Grafiken und kurzen Animationen veranschaulicht wird. Weiterhin wird mit einem als *Freeware* erhältlichen Statistiklabor eine Umgebung zur Verfügung gestellt, in der konkrete Aufgaben gelöst werden können. DIALEKT-Projekt. (2002). Statistik interaktiv! Deskriptive Statistik (2. Aufl.). Berlin: Springer – zu finden unter:

http://www.dialekt.cedis.fu-berlin.de/statistikinteraktiv/

LernSTATS ist ein auf Hypertext-Basis programmiertes interaktives Tutorial zum Lernen der Statistik in den Sozialwissenschaften. Es deckt zurzeit den gesamten Stoff der deskriptiven Statistik ab und bietet eine Vielzahl interaktiver Übungen, ferner ein Statistik-Buch und eine Online-Hilfe an – zu finden unter:

http://www.lernstats.de/web/php/index.php

Ebenfalls von William M.K. Trochim (s. Kap. 6) stammt die Seite „The Web Center for Social Research Methods". Sie bietet eine große Anzahl von Ressourcen und Links zu anderen Seiten, die sich mit sozialwissenschaftlichen Forschunsmethoden befassen – zu finden unter:

http://www.socialresearchmethods.net/

SurfStat Australia ist ein technisch gut aufgebautes Statistik-Tutorial, das sich mit deskriptiver und inferenzieller Statistik, Versuchsplanung und grafischer Präsentation von Daten befasst und vornehmlich zur Unterrichtsunterstützung für Studierende an der University of Newcastle in Australien entwickelt wurde. Es bietet ein ausführliches elektronisches Glossar, interaktive Übungen sowie über Java-Applets realisierte Visualisierungen statistischer Prozeduren – zu finden unter:

http://www.anu.edu.au/nceph/surfstat/surfstat-home/surfstat.html

Wichtige Fachbegriffe[1]

Alternativhypothese	Population
Deskriptivstatistik	Signifikanztest
Fehler erster Art (α-Fehler)	Signifikanznivau
Fehler zweiter Art (β-Fehler)	Standardabweichung (Streuung)
Inferenzstatistik	Standardfehler des Mittelwertes (Mittelwertsfehler)
Kurvenanpassung	Stichprobenkennwerteverteilung
Normalverteilung	Varianzanalyse
Nullhypothese	Zufallsstichprobe

---

1 Erläuterungen der Fachbegriffe finden sich im Glossar am Ende des Buches.

Stadium 6: Dateninterpretation und Schlussfolgerungen

8

8.1 Dateninterpretation 148
Exkurs: Hypothesenrelevante Operationalisierung 148

8.2 Schlussfolgerungen 149
Box 8.1: Extension: Semiexperimentelles Designing 150

8.3 Neue Versuchskonzepte 151
Generierung von Anschlussfragen 152

**8.4 Aufgaben und Funktion wissenschaftlicher
Kommunikation** 154
Box 8.2: Arten der Kommunikation 155
Arbeitstagungen und Fachkongresse 156
Fachzeitschriften und Fachbücher 156
Exkurs: Soziale Akzeptanz von Forschungsdaten 157

ÜBERBLICK

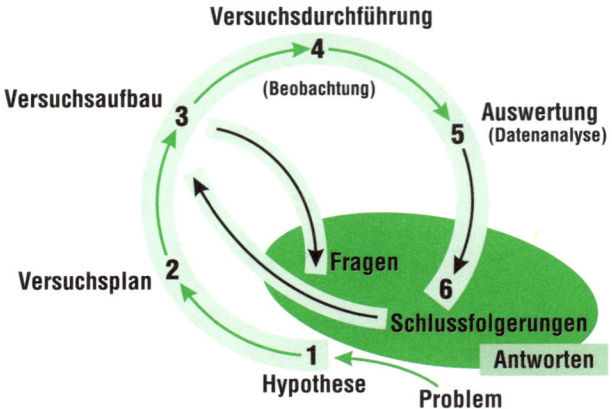

Im Anschluss an die Datenanalyse (Stadium 5) erfolgt die *Dateninterpretation* in Verbindung mit den *Schlussfolgerungen* (Stadium 6). Dieses Stadium des Forschungsprozesses markiert das – vorläufige – Ende einer experimentellen Untersuchung, an die sich günstigenfalls die Phase der wissenschaftlichen *Kommunikation* anschließt.

8.1 Dateninterpretation

Eine jede gute *Dateninterpretation* bezieht sich notwendigerweise auf das Ausgangsstadium der Hypothesenbildung (Stadium 1), und das in Verbindung mit der sachkritischen Bewertung der „Zwischenstadien" (Stadium 2 bis 5). Im Falle einer rein schematisch erfolgten Dateninterpretation würde der Untersucher einer sach- und methodenunkritischen Bewertung und Nutzung seiner Datensätze unterliegen („*Methodenmyopia*"). In dem obigen Schema des Stadienmodells verweisen die gestrichelten Pfeile auf die erforderliche Vernetzung der kritischen Bewertungsschritte für das „Schluss"-Stadium eines Experiments. Beispielsweise ist damit auch die Mitberücksichtigung des im jeweiligen Versuch verwendeten Designs für die geeignete Dateninterpretation von Interesse.

Exkurs: Hypothesenrelevante Operationalisierung

Am Beispiel einer bekannten gedächtnis- und entwicklungspsychologischen Untersuchung (Tulving, 1962) ist die methodenkritische Frage entstanden, ob und inwieweit Kinder verschiedener Altersstufen ein bestimmtes Lernmaterial in unterschiedlichem Maße „*organisieren*". Die Kinder sollten im Anschluss an einen kindgerecht gestalteten Versuch aus dem Gedächtnis diejenigen Bildmotive angeben, an die sie sich noch erinnern konnten.

Jeder Teilgruppe dieses entwicklungspsychologischen Experiments wurde dieselbe Lernreihe insgesamt viermal dargeboten, allerdings in wechselnder *Motiv*-Reihenfolge. Nach jeder dieser vier Darbietungen wurde die Nennung der jeweils erinnerten Bildmotive verlangt. Der Grad der *Organisation* des Lernmaterials wurde auf folgende Weise ermittelt:

Es wurde festgelegt, wie häufig in aufeinander folgenden Reproduktionen gleiche Motivpaare auftraten; es kam darauf an festzustellen, in welchem Ausmaß ein Kind eine bestimmte Reihenfolge bei der Wiedergabe der Motive in aufeinander folgenden Durchgängen beibehielt. Der Grad einer solchen *subjektiven Organisation* des Lernmaterials wurde nach einer Formel von Tulving (1962) bestimmt. Ein Vergleich der Altersgruppen bzgl. des Ausmaßes der so ermittelten subjektiven Organisation erbrachte keine klare Beziehung zum Alter der Versuchs-teilnehmer (Abb. 8.1a). Dieser Befund steht im Widerspruch zu den Befunden anderer Autoren, die einen sehr deutlichen Anstieg im Ausmaß subjektiver Organisation mit dem Alter feststellten. Lawrence (1966), Sternberg u. Tulving (1978) gingen dieser Diskrepanz mit der Vermutung nach, dass eine unterschiedliche Form der *Operationalisierung* von „subjektiver Organisation" in den einzelnen Experimenten die Ursache für die zum Teil widersprüchlichen Ergebnisse sei. Somit zeigte sich bei Benutzung einer anderen Auswertungstechnik („Operationalisierung") eine deutliche Abhängigkeit des Ausmaßes subjektiver Organisation vom Alter der Kinder (s. Abb. 8.1b).

Das Ergebnis unterstreicht in eindrucksvoller Weise die Forderung nach einer *genauen* Beachtung der verschiedenen *Operationalisierungen* psychologischer Konstrukte. Ferner zeigt die Anschlussarbeit von Lawrence (1966), dass es eigentlich dieser experimentell ausgetragenen Kontroverse gar nicht bedurft hätte, um die vermeintliche „Diskrepanz" zu früheren einschlägigen Arbeiten zu klären, wäre nämlich das Stadium (6) der *Schlussfolgerungen* – rechtzeitig – fehlerfrei genutzt worden.

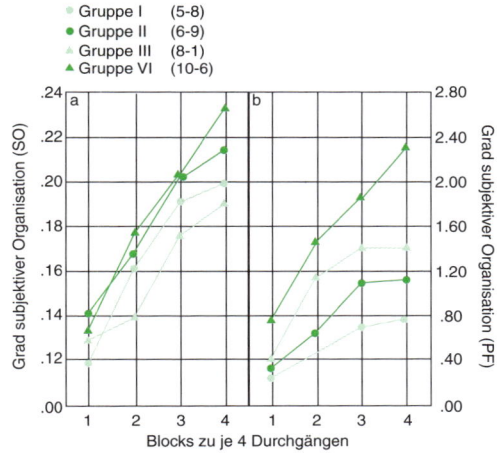

Abbildung 8.1: Verschiedene – einander scheinbar widersprechende – Versuchsergebnisse, veranschaulicht am Beispiel zweier verschiedener Datensätze zur altersspezifischen „subjektiven Organisation" von Lernmaterialien, bei denen die Operationalisierung der AV jeweils eine andere war. A: (links) Datensätze für vier Altersgruppen in vier aufeinander folgenden Versuchsabschnitten nach Tulving (1962); B: (rechts) Datensätze für dieselben Altersgruppen und Versuchsabschnitte nach Lawrence (1966). (Nach Sternberg & Tulving, 1978)

8.2 Schlussfolgerungen

Die Interpretation der Ergebnisse eines Experiments wird, sofern dies möglich ist, in größere *theoretische* Zusammenhänge eingearbeitet. Nicht selten stellen nämlich die Befunde eines Versuchs, die eine bestimmte Theorie unterstützen, gleichzeitig eine Herausforderung für eine andere Theorie dar. Aus theoriebezogenen Ergebnissen resultieren also in der Regel *neue* Fragen.

Beispielsweise stehen die viel beachteten Befunde des Experiments von Schachter u. Singer (1962), nach denen eine empfundene physiologische Erregung je nach kognitiver *Bewertung* durch den Versuchsteilnehmer entweder als positive oder aber als negative Emotion erlebt werden kann, im *Gegensatz* zu früheren Emotionstheorien, nach denen die physiologische Erregung die einzig verursachende Grundlage emotionalen Geschehens ist. Zwar wird die Möglichkeit physiologischer Differenzen zwischen verschiedenen Emotionen nicht ausgeschlossen, aber die kognitive Bedingtheit der emotionalen Qualitäten ist für sie doch entscheidend (Schachter, 1964; s. Erdmann & Janke, 1978).

Ganz besonders sind es die wissenschaftlichen *Kontroversen*, durch welche weitere Forschungsarbeiten angeregt werden. So sind im Zusammenhang mit den oben genannten Arbeiten sehr viele kontroverse Untersuchungen mit zum Teil großem Gewinn durchgeführt worden. Übrigens stützt die heutige wissenschaftliche Diskussion einer hinreichenden Erklärung der *Emotionen* beide Ansätze – den psychophysiologischen und den kognitionspsychologischen Ansatz.

Besonders wenn im Falle einer streng experimentellen Versuchsplanung die interindividuellen Unterschiede verhältnismäßig sehr hoch sind und sich diese in Beziehung zu *Persönlichkeitsmerkmalen* (Organismusfaktoren) setzen lassen, ist die Fortführung der Untersuchung auf der Basis eines „semiexperimentellen" Designing zu erwägen (s. Kap. 4.2; Orig 8.1 ✎; vgl. hier Box 8.1).

Box 8.1: Extension: Semiexperimentelles Designing

Unter einem so genannten *semiexperimentellen* Versuchsplan versteht man ein besonderes Mischdesign, nämlich ein zumindest zweifaktorielles Design mit einem streng experimentellen Faktor A und einem korrelativen Faktor B (Organismusvariable *O*). Das semiexperimentelle Design entspricht der Logik der modernen experimentell-korrelativen Forschung, in der die zusätzliche Berücksichtigung einer *Persönlichkeitsvariablen* die psychologisch inhaltliche Bedeutung einer experimentellen Untersuchung ergänzt bzw. bereichert (Abb 8.2).

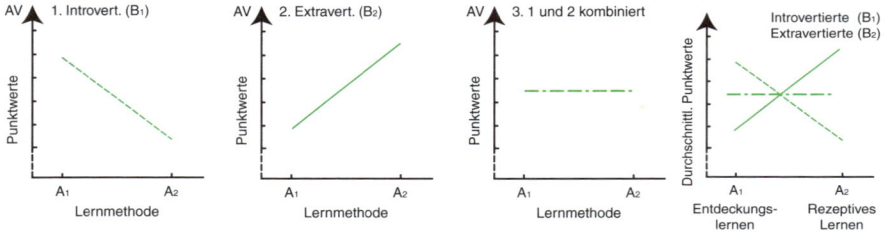

Abbildung 8.2: Schematische Darstellung der Resultate eines Versuchs auf semiexperimenteller Basis (Einbeziehung eines Persönlichkeitsfaktors, z.B. „Extraversion-Introversion"): Untersuchungsergebnisse eines Experiments zur Erforschung des Zusammenhangs von „Persönlichkeit" und „Lehrmethode". Die Verwendung des semiexperimentelle RO-Designs ergab differenzielle Effekte (unten) des zweistufigen Lehrmethoden-Faktors (R-Designing; Abszisse; A1, A2) infolge der disordinalen Wechselwirkung mit dem zweistufigen Persönlichkeitsfaktor (O-Designing; B1, B2). Die oberen Teilabbildungen 1, 2 und 3 beziehen sich auf drei verschiedene hypothetische Versuchssituationen: 1 = Untersuchung nur von Introvertierten (spezifische Subpopulation); 2 = Untersuchung nur von Extravertierten (spezifische Subpopulation); 3 = Datenkombination (gestrichelter Paralleltrend): diese führt zu einem falschen Befund (statistisches Mittelungsartefakt). – (Modifiziert nach Leith, 1974)

Man beachte grundsätzlich die beiden folgenden Eigenschaften eines *semiexperimentellen Designing*:

Der einfache einfaktorielle Designtyp, welcher der allgemein psychologischen Fragestellung dient, entspricht dem streng experimentellen Untersuchungsfall, hingegen die Mitberücksichtigung der *Organismusvariablen* dem Ansatz der Persönlichkeitspsychologie (Cronbach, 1975, Eysenck, 1984. Ohne diese Mitberücksichtigung von Organismusvariablen kann ein Experiment unter Umständen zu einem *Artefakt* führen, wie das obige Versuchsbeispiel – drastisch – illustriert (s. ferner Demo 4.2 ✎, Orig 4.5 ✎).

Cronbach, L.J. (1975). Beyond the two disciplines of scientific psychology. American Psychologist, 30, 116-127.

Eysenck, H.J. (1984). The biology of individual differences. In V. Sarris & A. Parducci (Eds.), Perspectives in psychological experimentation: Toward the year 2000. (pp. 179-195). Hillsdale, N.J.: Erlbaum. (Deutsch: München: Psychologie Verlags Union, 2. Aufl., 1987).

Leith, G.O. (1974). Individual differences in learning: Interactions of personality and teaching methods. Personality and Academic Progress Proceedings, 14-25. London: Association of Educational Psychologists. (Zit. Nach H.J. Eysenck, 1984).

Im Zusammenhang mit dem Stadium (5) der Dateninterpretation und Schlussfolgerungen konsultiere man den in Tabelle 8.1 wiedergegebenen *Fehlerkatalog*.

Tabelle 8.1

Typische Mängel bei der Dateninterpretation und den Schlussfolgerungen (6)

1. Es bleiben die während der vorangegangenen Stadien gemachten Fehler unbemerkt bzw. unkorrigiert (s. Kap. 4 bis 7).

2. Die Dateninterpretation konzentriert sich einseitig auf die Perfektion bestimmter Untersuchungsstadien, z.B. nur auf das der statistischen Datenanalyse („Methodenmyopia").

3. Es erfolgt keine abschließende konzeptuelle Neubewertung der für das Experiment benutzten Operationalisierungen von UV und AV.

4. Es wird die Frage der Generalisierbarkeit der Befunde auf andere Populationen, Situationen und Variablen nicht in Form von Schlussfolgerungen für neue Untersuchungen diskutiert.

5. Die Herleitung neuer Fragestellungen orientiert sich nicht bzw. unzureichend an einer systematischen Reanalyse der Befunde im Zusammenhang mit den vorangegangenen Stadien (1) bis (5).

6. Es unterbleibt die für dieses Stadium (6) relevante wissenschaftliche Kommunikation (s. Kap. 8.4).

8.3 Neue Versuchskonzepte

In diesem Stadium kann bzw. sollte der Weg für die Planung von weiteren Forschungsstudien bereitet werden. Dabei ist die Entfaltung von kreativen bzw. originellen Überlegungen von besonderem Interesse. Die Wissenschaftsgeschichte enthält eine Fülle von Beispielen – aus allen möglichen Fachdisziplinen – für die Bedeutung von kreativen Einfällen in der Forschung (Illu 8.1 ☞).

Gelegentlich kann ein völlig *unerwarteter* Befund zu einem neuen Gedankengang sowie veränderten Versuchskonzept führen. Allerdings hat dazu bereits der französische Chemiker und Mikrobiologe Louis Pasteur (1822-1895) einschränkend bemerkt, dass typischerweise bahnbrechende Entdeckungen auf Grund von so genannten zufälligen Einfällen nur dem bereits forschungserfahrenen Kopf gelingen („*Dans les champs de l'observation, le hasard ne favorise que les esprits prepares.*"): In diesem Sinne ergänzen systematisches Untersuchen und einfallsreiches bzw. kreatives Problemdenken einander. Mit Hilfe einer Veranschaulichung der vielen Schwierigkeiten, die dem Untersucher in der Forschungswelt begegnen können, wird das damit Gemeinte auf humorvolle Weise illustriert (Abb. 8.3).

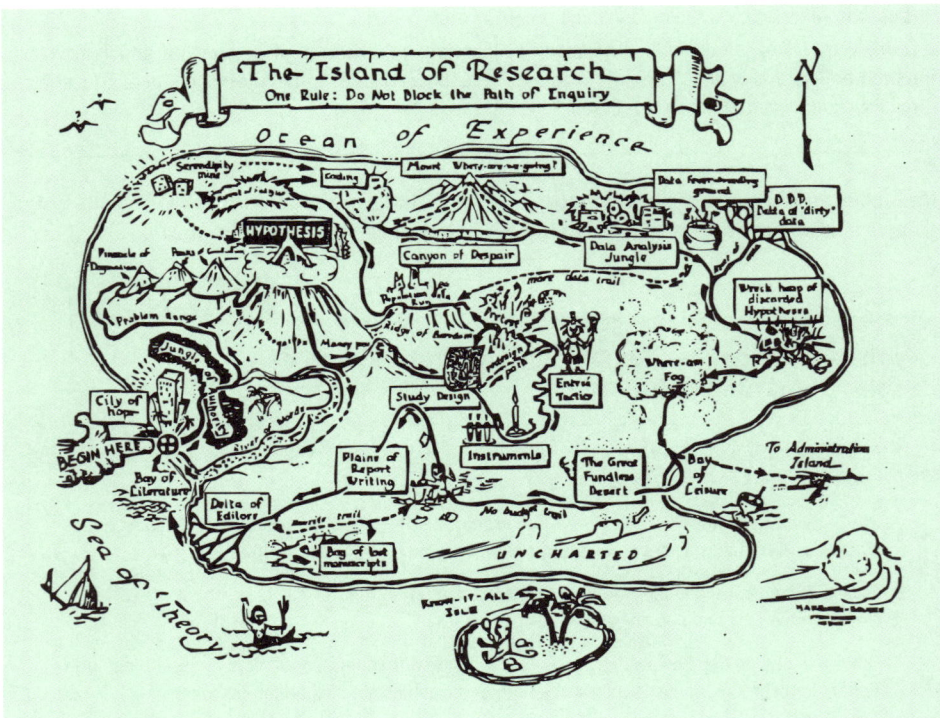

Abbildung 8.3: Die dornige Inselwelt der Forschung („The Island of Research") – eine humorvolle Darstellung aus der Sicht eines der international weit verbreiteten Einführungstexte in der Psychologie. Die Abbildung illustriert, wie der Forschungsalltag als „Puzzle"-Forschung in der Praxis tatsächlich aussehen mag. – Man beachte dabei auch die Grundregel für Wissenschaftler: "Do not block the path of inquiry". (Aus Zimbardo & Schmeck, 1971)

Hinweis: In der experimentellen Psychologie haben besonders die Methoden der *Psychophysik* während der letzten ein bis zwei Jahrzehnte (1980-2000) eine für viele Wissenschaftler zunächst überraschend große Bedeutung erlangt. So werden einige der psychophysikalischen Methoden nunmehr auch im Rahmen der kognitiven Neurowissenschaften („*cognitive neurosciences*") immer häufiger verwendet, worauf im nächsten Kapitel noch besonders hingewiesen wird (Kap. 9.2).

Generierung von Anschlussfragen

Der für den Alltag der Forschungsarbeit charakteristische Fall bezieht sich auf eine so genannte „*Puzzle*"-Forschung (*puzzle research*), die aus der methodenorientierten Kleinarbeit des experimentell Arbeitenden besteht (Sarris, 1999, Kap. 5). Dabei werden im *Stadium (6)* der Dateninterpretation und Schlussfolgerungen typischerweise solche Überlegungen entwickelt, die offen gebliebene methodische und inhaltliche Fragen klären sollen.

Gelegentlich, wenn experimentalpsychologische Untersuchungen nicht das gewünschte Ergebnis erbringen, ist man darüber enttäuscht, weil man sich als Forscher meistens viel Mühe bei der Planung, Durchführung und Auswertung seiner Untersuchung gemacht hat. Es ist aber die Frage, welche Konsequenzen der Experimentator daraus ziehen kann. Das folgende – zum Teil amüsante – Untersuchungsbeispiel, das zu solcher Art Enttäuschung Anlass geben könnte, wird hier modifiziert nach McGuigan (1990, chap. 14) referiert.

Bei der Durchführung eines einfachen Lernexperiments wurden zwei verschiedene Versuchsleiter (VI_1, VI_2) eingesetzt:

Der erste Versuchsleiter war eine junge Dame, attraktiv, mit sanfter Stimme und zurückhaltend im Umgang, etwa mittelgroß und feingliedrig. Der zweite Versuchsleiter war eine sehr männliche Gestalt, 1 Meter 85 groß, mit einem Gewicht von schätzungsweise 110 Kilo; er hatte viele Züge eines unbeherrschten Charakters, wie man sie bei einem Bauern oder einem Schiffskapitän erwarten mag. Vielleicht wichtiger noch als ihr tatsächlicher Altersunterschied von etwa 12 Jahren war der Unterschied in ihrer altersmäßigen Erscheinung: Die junge Dame machte den Eindruck einer Absolventin einer höheren Schule, während der männliche Versuchsleiter oft versehentlich für einen Fakultätsangehörigen gehalten wurde (McGuigan, 1990, 312).

Dem Experiment lag ein zweifaktorieller Mischversuchsplan mit dem 7-stufigen Quasi-Faktor „*Anzahl der Lernblöcke*" (A_1 bis A_7) und der 2-stufigen Variablen „*Versuchsleiter*" (B_1, B_2) zugrunde (Tab. 8.2). Die Ergebnisse dieses Versuchs – in Abbildung 8.4 wiedergegeben – lassen eine disordinale *Wechselwirkung* zwischen diesen beiden Faktoren erkennen. Hätte man beispielsweise nur drei oder gar zwei Lernblöcke vorgegeben, wäre die Dateninterpretation völlig anders ausgefallen, als es hier für den vorliegenden Datensatz zutrifft. In jedem Fall wusste der Untersucher nicht, wie er diesen Datensatz *konklusiv* interpretieren sollte. – (Vor der Gefahr einer artifiziellen *Mittelung* wird in diesem Text an verschiedenen Stellen *gewarnt*; vgl. z.B. Kap. 4.2, Kap. 7.2).

Tabelle 8.2

Zweifaktorieller Versuchsplan eines Lernexperiments zum Nachweis des Einflusses der „Anzahl der Lernabschnitte" (Faktor A) und unterschiedlicher „Versuchsleiter" (Faktor B) auf die Lernergebnisse („durchschnittliche Anzahl feindseliger Worte", AV). – Design Q_{tr} (R) – p x q

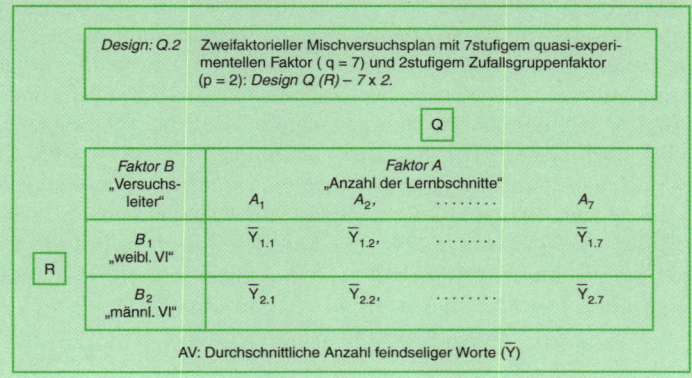

Design: Q.2 — Zweifaktorieller Mischversuchsplan mit 7stufigem quasi-experimentellen Faktor (q = 7) und 2stufigem Zufallsgruppenfaktor (p = 2): *Design Q (R) – 7 x 2.*

Q			
Faktor B „Versuchsleiter"	Faktor A „Anzahl der Lernbschnitte"		
	A_1	A_2, ...	A_7
B_1 „weibl. VI"	$\bar{Y}_{1.1}$	$\bar{Y}_{1.2}$, ...	$\bar{Y}_{1.7}$
B_2 „männl. VI"	$\bar{Y}_{2.1}$	$\bar{Y}_{2.2}$, ...	$\bar{Y}_{2.7}$

R

AV: Durchschnittliche Anzahl feindseliger Worte ($\bar{Y}$)

Es kann sein – aber es sollte keineswegs so sein, – dass man als Untersucher angesichts paradoxer, scheinbar uninterpretierbarer Ergebnisdaten die *Segel streicht* und sich dann in weiterem Experimentieren nicht mehr versucht (s. etwa *„Canyon of Despair"*, Abb 8.3). Wie jedoch das Beispiel zeigt, ist gerade die systematische Ausweitung (*„Extension"*) der experimentellen Ausgangssituation ein wichtiges (Heil-) Mittel für die weitere Erkenntnisgewinnung.

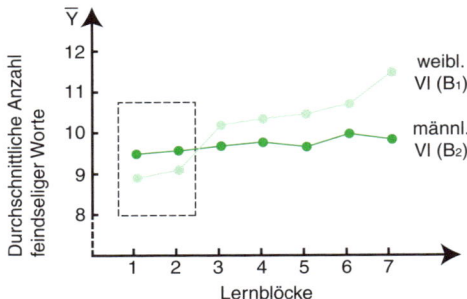

Abbildung 8.4: Ergebnisse eines Lernexperiments zum Nachweis des Einflusses der „Anzahl der Lernabschnitte" (Faktor A) und zweier verschiedener „Versuchsleiter" (Faktor B) auf die Anzahl feindseliger Worte (AV). (Der gestrichelte Ausschnitt bezieht sich auf die beiden Anfangslernabschnitte.) – (Modifiziert nach McGuigan, 1990)

8.4 Aufgaben und Funktion wissenschaftlicher Kommunikation

Der Stand einer Wissenschaft bezieht sich auf das Wissen und die Erkenntnisse aller darin arbeitenden Wissenschaftler. An der Kommunikation der jeweiligen Forschungsinteressen und -ergebnisse ist naturgemäß eine breite wissenschaftliche und auch nicht-wissenschaftliche Öffentlichkeit interessiert. Dabei dient diese Kommunikation der nationalen und internationalen Verbreitung – und Weiterentwicklung – von psychologischen Erkenntnissen. Dies hat eine klare und prinzipiell jedermann zugängliche Organisationsstruktur des wissenschaftlichen Gedankenaustausches zur Voraussetzung (*Arbeitstagungen* und *Fachkongresse* sowie *Fachzeitschriften* und *Fachbücher*). Heutzutage dominiert in der experimentalpsychologischen Forschung die englische Sprache als Kommunikationsmittel.

Im Vergleich zu früher – bis etwa noch vor 75 bis 50 Jahren – ist Wissenschaft heute keine vornehmlich individuelle, lokalspezifische oder nationale Angelegenheit mehr, sondern längst zu einer *internationalen* Sache geworden. Die weltweite gemeinsame Sammlung von Fakten und Einsichten bedarf eines regelmäßigen Informationsaustausches. Erst durch die Möglichkeit, sich gegenseitig über neue Untersuchungsergebnisse, Methoden und theoretische Ansätze zu unterrichten, kann sich eine Wissenschaft kontinuierlich entwickeln. Auf dieser *kommunikativen* Grundlage können sich Forschungsteams bilden, lassen sich Forschungsvorhaben gemeinsam realisieren und können *Forschungsstrategien* entwickelt werden. Die Grundregeln und Aufgaben der wissenschaftlichen Kommunikation sollen den Psychologiestudierenden während des Studiums möglichst rechtzeitig vermittelt werden (Box 8.2).

Box 8.2: Arten der Kommunikation

Die nachfolgenden Hinweise dienen der wissenschaftlichen *Kommunikation* von empirischen Untersuchungsanliegen bzw. -ergebnissen.

„Zusammenfassung" für die Probanden. – Zwecks Kommunikation von eigenen Untersuchungs-anliegen empfiehlt es sich, dem zu untersuchenden Probandenkreis eine *Zusammenfassung* der Ziele, Methoden und Verwendungszwecke der zu erfolgenden Datenerhebung möglichst frühzeitig zur Verfügung zu stellen. Dadurch lässt sich u.a. auch das Vertrauen zum experimentierenden Psychologen – häufig schon im Vorwege – leichter herstellen. Nach Abschluss einer Untersuchung sollte man ohnehin deren Hauptergebnisse den Probanden *zusammengefasst* bekannt machen.

Vortragen von Untersuchungsergebnissen vor anderen   Von nicht zu unterschätzen-der Bedeutung ist der *Vortrag* (Referat) über die eigene Untersuchung vor anderen. Es gibt dafür einfach *erlernbare* Regeln (Matheson et al., 1978; Lewin, 1979, Chap. 16). Während in diesem Zusammenhang auf die einschlägige Literatur verwiesen wird, sei betont, dass Sinn und Zweck des guten Vortragens wissenschaftlicher Untersuchungsergebnisse möglichst jedem Studierenden frühzeitig einsichtig werden sollten.

Publizieren der Untersuchungsergebnisse   Erfahrungsgemäß erhalten nur wenige Stu-dierende die Gelegenheit zur Publikation von eigenen Untersuchungsergebnissen. Dafür gibt es verschiedene Gründe, wie auch das nachfolgende Zitat zeigt:

„Fast jeder ernsthaft Studierende der Naturwissenschaften träumt von dem Tag, an dem er eine eigene veröffentlichte Forschungsarbeit mit Stolz wird vorzeigen können. Schon als Studienanfän-ger etwas zu publizieren, das geschieht äußerst selten; *aber es kommt vor.* – Forschungsprojekte von Anfängern sind dann aber in solchen Fällen sehr sorgfältig erarbeitet und haben wissenschaft-lich bedeutsame Informationen erbracht – mit ein wenig Mehrarbeit können sie dann u.U. zur Ver-öffentlichung vorgesehen werden. Hochschulassistenten, die man darum bittet, werden dabei helfen. Hat jemand schon etwa als Vordiplomand etwas veröffentlicht, so kann das die Chancen, später als Doktorand angenommen zu werden oder in speziellen Forschungsgruppen mitarbeiten zu dürfen, stark erhöhen. Denn die Tatsache, dass Sie als Vordiplomand bereits einen Forschungs-bericht zur Veröffentlichung gebracht haben, beeindruckt erfahrungsgemäß eine Graduiertenkom-mission. – Falls die eigenen Zielsetzungen auch ein Diplomanden- oder ein Doktorandenstipendium einschließen, dann sollte man schon als mitten im Studium Stehender ernsthaft daran denken, eine Veröffentlichung einzuplanen, besonders in diesen Zeiten, wo die Konkurrenz unter den Bewerbern für ein Aufbaustudium sehr groß ist." (Matheson et al., 1978, 281).

Im *Haupttext* sind die Standardtypen der wissenschaftlichen Kommunikation in der üblichen For-schungswelt dargestellt (Kap. 8.4).

Lewin, M. (1979). Understanding psychological research: The student researcher's handbook. New York: Wiley. (Deutsch: Berlin: Springer, 1986).

Matheson, D.W., Bruce, R.L., & Beaucamp, K.L. (1978). Experimental psychology: Research design and analysis. (3rd ed.) New York: Holt, Rinehart & Winston.

Arbeitstagungen und Fachkongresse

Wissenschaftliche Arbeitstagung Arbeitstagungen finden auf regional bzw. national und international breiter Ebene statt. Sie verfolgen das Ziel, Erfahrungen und Ergebnisse zu neuen wissenschaftlichen Fragestellungen und Methoden vorzustellen und zu diskutieren. Es werden also aktuelle Forschungsergebnisse (und -fragen) referiert sowie neue Forschungsvorhaben vorgestellt. Arbeitstagungen von allgemeinem Charakter werden meist jährlich durchgeführt. In Deutschland findet z.B. jedes Frühjahr die *„Tagung für experimentell arbeitende Psychologen"* an jeweils einem anderen deutschen Universitätsort statt. Ferner veranstaltet der *„Berufsverband Deutscher Psychologen"* (*BDP*) Arbeitstagungen in verschiedenen Bereichen der praxis- und anwendungsbezogenen Psychologie.

Die auf Arbeitstagungen behandelten Forschungsergebnisse stellen häufig das Ausgangsmaterial für die in den einschlägigen Fachzeitschriften zu publizierenden Aufsätze dar. Demselben Anliegen dient vielfach auch das so genannte *Kolloquium*. Unter dem mit verschiedenen Bedeutungen behafteten Begriff „Kolloquium" versteht man eher institutsinterne Veranstaltungen mit mehr oder weniger informellem Charakter: Um ihre Erfahrungen mit bestimmten neuen Inhalten, Techniken, Methoden und Ergebnissen auszutauschen, laden Wissenschaftler einander zu Kolloquien ein. In der Regel erhalten Universitätsstudenten während ihres zweiten Studienabschnitts Gelegenheit, an solchen institutsinternen Veranstaltungen teilzunehmen.

Wissenschaftlicher Kongress Kongresse haben die Aufgabe, einen breiteren bzw. größeren Kreis von Fachkollegen über den neuesten Stand der Psychologie – möglichst übergreifend – zu informieren. Im Übrigen referieren auch hier die Experten aus den verschiedenen Bereichen der Psychologie über aktuelle Entwicklungen aus ihrem jeweiligen Spezialgebiet. Beispielsweise findet im deutschsprachigen Bereich der Kongress der „Deutschen *Gesellschaft für Psychologie"* (*DGPs*) alle zwei Jahre, jeweils an einem anderen Universitätsort, statt.

Fachzeitschriften und Fachbücher

Dabei handelt es sich um das wohl bedeutsamste wissenschaftliche Kommunikationsmittel. Die Autoren und Herausgeber sowie die von den Herausgebern bzw. Verlagen herangezogenen Gutachter entscheiden über die Annahme einer zur Veröffentlichung eingereichten Arbeit. Diese berücksichtigen neben formalen und sprachlichen Aspekten insbesondere das wissenschaftliche, d.h. das methoden- und erkenntniskritische Niveau des Beitrags.

Als Konsequenz der stark angewachsenen „Flut" von Publikationen hat sich während der letzten Jahre auch im deutschsprachigen Raum immer mehr die Forderung durchgesetzt, Forschungsberichte prägnant, überschaubar und möglichst einheitlich zu gestalten. Es wurden Regeln aufgestellt, nach denen *wissenschaftliche Berichte* zu gestalten sind. Solche Regeln sollen einen formal identischen Aufbau von Berichten gewährleisten, um so dem Leser eine gezielte Informationsaufnahme und -verarbeitung zu ermöglichen. In neuerer Zeit wird immer mehr auf die Herausgabe und Verbreitung von elektronischen Fachzeitschriften Wert gelegt (s. auch Kap. 10.2). Dabei bedient man sich zunehmend der PC-gesteuerten Such- und Reproduktionsdienste.

Internationalität versus Provinzialismus Dem internationalen Informationsaustausch sind naturgemäß sprachliche und kulturelle Grenzen gesetzt. Um eine wissenschaftliche Arbeit einer internationalen Leserschaft vorzustellen, sollten Psychologen heutzutage verstärkt in englischer Sprache publizieren (Lienert, 1977). Darüber ist bis vor wenigen Jahren noch heftig diskutiert worden – nämlich ob und auf welche Weise *Englisch* als die dominierende Fachsprache gelten solle und frühere deutschsprachige Fachzeitschriften fast nur noch in englischer Sprache erscheinen müssen (Gigerenzer et al., 1999; Krampen et al., 2005). Diese zum Teil emotional geführte Diskussion ist zunehmend zu Gunsten der *Internationalität* – Publikation in englischer Fachsprache – entschieden worden. Beispielsweise nimmt die traditionsreiche ehemalige *„Zeitschrift für experimentelle und angewandte Psychologie"* seit 2002 nur noch englischsprachige Beiträge auf (neu: *„Journal of Experimental Psychology"*).

Übrigens ist es bezeichnend für den Stand der deutschsprachigen Psychologie, dass über die Frage des Publizierens (auch) in *Englisch* unlängst überhaupt noch diskutiert werden musste, und das unter Beteiligung eines Teils von führenden Experten dieses Fachs (1975-2000). Eine solche Diskussion während des vergangenen Vierteljahrhunderts wäre vergleichsweise in der Physik, Chemie, Biologie oder in den meisten Gebieten der Medizin undenkbar gewesen, da dort schon seit mehreren Jahrzehnten alles Wesentliche entweder nur oder aber zusätzlich in englischsprachigen Fachzeitschriften veröffentlicht wird.

Im Zusammenhang mit diesen Überlegungen wird der Leser auf das Angebot einer *Demonstration* aufmerksam gemacht (Demo 10.1 ☛, Kap. 10.3).

Exkurs: Soziale Akzeptanz von Forschungsdaten

Hier wird auf das häufiger anzutreffende Problem der *kontroversen Kommunikation* in der Psychologie hingewiesen. Dabei handelt es sich unter anderem um die Frage der sozialen Akzeptanz von Forschungsbefunden, die weder innerhalb noch außerhalb der Gemeinschaft der Wissenschaftler ins richtige Bild zu passen scheinen, weil nämlich bestimmte Forschungsresultate unser *Menschenbild* gefährden könnten (Parducci & Sarris, 1984).

Man erinnere sich an die Schicksale solcher Forschungsergebnisse auch in anderen Disziplinen, z.B. an manche bahnbrechende Ergebnisse der *Physik* oder auch der *Biologie* während der vergangenen zwei und mehr Jahrhunderte. Auch hier „bedrohten" – bzw. „zerstörten" – gewisse Entdeckungen (z.B. Darwins) das Bild des Menschen und seiner Welt. So ist z.B. die leidvolle Überwindung des Ptolemäischen Weltsystems durch das *heliozentrische* – Galileis Credo: *„Und sie (die Erde) bewegt sich doch ...!"* – eines der klassischen Beispiele für den Kampf um die soziale Akzeptanz von Neuentdeckungen; ein anderes ist die Durchsetzung der Darwinschen *Abstammungslehre* des Menschen am Ende des 19. Jahrhunderts. In vielen Fällen hat sich die soziale und auch die religiöse *Akzeptanz* von wissenschaftlichen Erkenntnissen nur sehr langsam entwickelt – in der Bevölkerung, in der Kirche und selbst in den Wissenschaften.

In der Psychologie sind naturgemäß gerade solche Themenbereiche – bis heute – stark ideologiebelastet, welche die Fragen der *Vererbung* versus *Umwelteinfluss*, ferner solche der entwicklungspsychologischen Grundlagen der Erziehung oder auch der Verursachung von sozialen *Aggressionen* betreffen (Kagan, 1998). Zum Beispiel haben die ebenso bekannten wie auch herausragenden Befunde der nordamerikanischen Sozialwissenschaftler Stanley Milgram (1963, 1974) und Philip G. Zimbardo (1975) in der Fachwelt und auch in der nicht-akademischen Öffentlichkeit einige Betroffenheit ausgelöst (Abb. 8.5, Abb. 8.6; s. Orig 8.1 ⌬). Die Befunde dieser Arbeiten unterstützen die Vermutung, zu wie viel *Bösem* der Mensch selbst in einer objektiv ungefährlichen Umwelt – in einem sicherlich harmlosen Versuchslabor – gegenüber seinem Mitmenschen fähig ist (vgl. dazu allerdings auch die abnehmende Auswirkung der „*Fernraum*"-Bedingung, Abb. 8.6). Unbeschadet der hohen internen und externen Validität der Befunde dieser sozialpsychologischen Laborversuche ist die Frage der *sozialen Akzeptanz* der dabei erzielten Befunde sehr kontrovers diskutiert worden (Gerrig & Zimbardo, 2002, chaps. 17 & 18; Kühl, 2005). Übrigens sind gemäß den heutigen ethischen Richtlinien des psychologischen Experimentierens derlei „entlarvende" Versuche ausgeschlossen (vgl. Kap. 1.5).

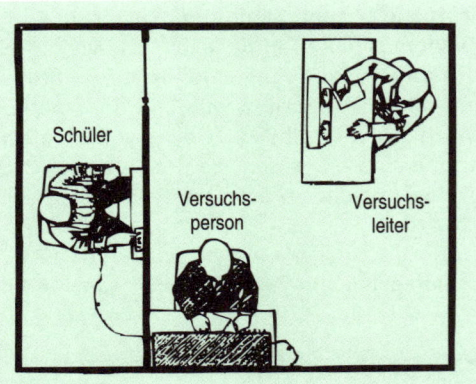

Abbildung 8.5: „Elektroschock"-Experiment von S. Milgram (fiktive Versuche). Schematische Darstellung der Versuchsbedingung „Fernrückkopplung": der eigentliche Proband sowie das vermeintliche „Opfer", ein Mitspieler des Versuchsleiters, befinden sich in getrennten Räumen (Fernraum"). Vgl. Orig 8.1 ⌬. – (Nach Milgram, 1974)

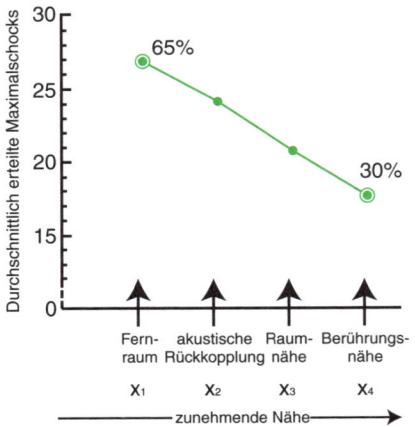

Abbildung 8.6: Trendanalytischer Untersuchungsbefund zum fiktiven „Elektroschock"-Experiment von S. Milgram: Mit zunehmender Entfernung zum vermeintlichen „Opfer" verringert sich die Gehorsamkeitsbereitschaft der Probanden. Vgl. Orig 8.1 ⌬. – (Nach Milgram, 1974)

Zusammenfassung

Um fehlerhafte Schlussfolgerungen zu vermeiden, muss eine gute Dateninterpretation immer das Ausgangsstadium der Hypothesenbildung – insbesondere auch die Operationalisierung der beteiligten psychologischen Konstrukte – sowie die anschließenden weiteren Stadien kritisch mitbewerten. Sofern dies möglich ist, soll die Interpretation der Ergebnisse in übergeordnete theoretische Zusammenhänge erfolgen, was häufig neue Fragen aufwirft und zu weiteren Forschungsarbeiten anregt.

Theoriengestützte und experimentell abgesicherte Erkenntnisse sind Inhalte von Arbeitstagungen und Kongressen und werden in wissenschaftlichen Fachzeitschriften und Fachbüchern kommuniziert. Da die Themenbereiche der Psychologie das Selbstverständnis des Menschen tangieren, kämpfen Forschungsbefunde nicht selten mit dem Problem der sozialen Akzeptanz. Dies darf aber nicht zu einer Beschränkung der wissenschaftlichen Kommunikation führen. Mangelnde wissenschaftliche Kommunikation signalisiert das Fehlen einer gemeinsamen methodologischen Grundlage wissenschaftlichen Denkens und Arbeitens. Demgegenüber dient eine jede effektive Kommunikationsbemühung der sozialen Akzeptanz von potenziell relevanten Forschungsergebnissen. Dies zeigt auch das Beispiel von ethische Prinzipien berührenden Untersuchungen.

Aktuelle Internet-Links

Zur Thematik der Dateninterpretation und Schlussfolgerungen sei auf die bereits erwähnten Web-Seiten von Paul C. Cozby (s. Kap. 3) und von William M.K. Trochim (s. Kap. 7) verwiesen.

Wichtige Fachbegriffe[1]

Kommunikation	„Puzzle"-Forschung
Menschenbild	Semiexperimenteller Versuchsplan
Methodenmyopia/Methodenkurzsichtigkeit	Soziale Akzeptanz

---

1 Erläuterungen der Fachbegriffe finden sich im Glossar am Ende des Buches.

TEIL III

Theorie und Praxis der Experimentalpsychologie

9   Aufgaben und Probleme der
    Experimentalpsychologie. 163

10 Ausbildung in experimenteller Psychologie. 177

In Teil III werden zunächst einige aktuelle Entwicklungen und Aufgaben der experimentellen Psychologie behandelt, um so die Vielfalt der einzelnen Themenstellungen zu illustrieren (Kap. 9). Abschließend geht dieser *„Kurze Leitfaden"* auf die Ausbildung in der Experimentalpsychologie – unter dem Blickwinkel des an europäischen und nordamerikanischen Psychologieinstituten zurzeit gängigen Unterrichts – ein (Kap.10). Dieser Teil soll die kritische Auseinandersetzung mit den methodisch und inhaltlich zum Teil schwierigen Stoffgebieten anregen sowie zur eigenständigen Anwendung des Gelernten, auch im Rahmen eines experimentalpsychologischen Praktikums, führen.

Aufgaben und Probleme der Experimentalpsychologie

9

9.1 Das Spektrum der heutigen experimentellen Psychologie 164

Box 9.1: Interdisziplinäre Forschung – kognitive Neurowissenschaften 167

Das experimentell-korrelative Forschungsmodell 170

9.2 Verklammerung der allgemeinen und differenziellen Forschungslogik 169

9.3 Grundlagenforschung und angewandte psychologische Forschung 170

Box 9.2: Angewandte Psychologie – mehrfaktorielles Designing für das „Brainstorming" 171

9.4 Ein Blick in die Zukunft der experimentellen Psychologie 175

ÜBERBLICK

Die inhaltliche Bandbreite der Psychologie hat, in Verbindung mit ihren jeweiligen Untersuchungsmethoden, in den letzten Jahren eine enorme Vielfalt erreicht, und das sowohl auf den mehr biopsychologisch als auch eher sozialwissenschaftlich ausgerichteten Arbeitsgebieten. Das dafür Wesentliche wird hier am Beispiel der interdisziplinären Forschung in den *kognitiven Neurowissenschaften* illustriert (Kap. 9.1). Ein weiteres Problemfeld betrifft die methodische Verklammerung von experimentellen und korrelativen Untersuchungsansätzen in der Allgemeinen und Differenziellen Psychologie (Kap. 9.2). Ferner wird auf einige Fragen der Grundlagenforschung im Vergleich zur angewandt-psychologischen Forschungsarbeit aufmerksam gemacht (Kap. 9.3); es wird schließlich ein kurzer Ausblick auf die zukünftige Entwicklung der Experimentalpsychologie gegeben (Kap. 9.4).

Im Mittelpunkt dieses Kapitels steht die Frage der *Bewährung* des experimentellen Methodenansatzes in der Psychologie.

9.1   Das Spektrum der heutigen experimentellen Psychologie

Das breite Spektrum der Methoden und Inhalte der Psychologie – man vergleiche dazu die einführenden „*Hinweise...*" (Abb. 1, Abb. 2) – hat in den letzten Jahren eine zusätzliche Vielfalt und Komplexität erhalten, das nicht zuletzt durch die rasante Entwicklung der transdisziplinären („interdisziplinären") Arbeitsfelder der Kognitionswissenschaften bedingt ist, worauf unten eingegangen wird.

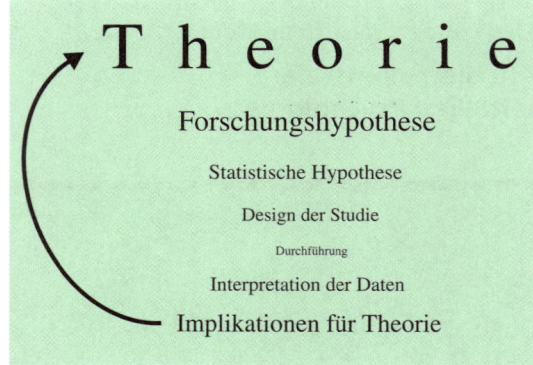

Abbildung 9.1: Illustration der Bedeutung einer guten „Theorienbildung" in Verbindung mit dem Experiment: ein so genanntes Trichtermodell für die einzelnen methodologischen Schritte in der Forschung. – (Nach Sedlmeier, 2002)

Möglichkeiten und Grenzen des Experimentierens in der Psychologie Für die Beurteilung der Bedeutung des Experiments ist die Überlegung wichtig, dass dessen wissenschaftlicher Wert im Hinblick auf die psychologische *Theorienbildung* zu beurteilen ist (Abb. 9.1). Grundsätzlich hat das Experiment – über seine methodologische Rolle bei der einzelnen Ursache-Wirkung-Analyse hinaus – dort seine besondere Bedeutung, wo es zum Zwecke der Entwicklung psychologischer Theorien Verwendung findet. Demnach hängen „Experiment" und „Theorie" sehr eng zusammen. Dies bedeutet auch, dass die Möglichkeiten des Experiments als Methode der Erkenntnisgewinnung in der Psychologie nicht unabhängig von den *Theorien* zu sehen sind, aus denen der Psychologe seine experimentell zu überprüfenden Hypothesen ableitet; denn die im Experiment gewonnene wissenschaftliche Erfahrung wird durch Theorien und Hypothesen typischerweise in eine bestimmte Richtung gelenkt (Kap. 1.4; Kap. 3.1).

Was vermag hierbei eine gute Theorienbildung zu leisten?

Aufgabe einer guten Theorie ist es, bereits erhobene oder noch zu erhebende Daten gedanklich korrekt und möglichst einfach zu ordnen, d.h. so zu strukturieren, dass dadurch *Erklärungen* und *Vorhersagen* möglich werden (s. Kap. 2.3). Es ist wichtig, sich immer wieder des Umstands bewusst zu werden, dass in der Psychologie vielfach unzureichende – d.h. unzulässige – *Erklärungen* vorgenommen werden („*Pseudoerklärungen*"). In Tabelle 9.1 sind verschiedene Haupttypen von Erklärungen, jeweils mit einem Beispiel einander gegenübergestellt, wobei die ersten vier Haupttypen *Pseudoerklärungen* sind und die übrigen Typen wenigstens zum Teil brauchbare Erklärungen darstellen (Bunge, 1985).

Tabelle 9.1
Haupttypen von Erklärungen in der Psychologie: Pseudoerklärungen (Typ 1 bis 4) und potenziell brauchbare Erklärungen (Typ 5 bis 10). – (Modifiziert nach Bunge, 1985)
1. *Tautologische* Erklärung: Geistiges Geschehen wird mit Begriffen von geistigen Fähigkeiten erklärt. – Pseudoerklärung! *Beispiel*: Wir behalten etwas im Gedächtnis, weil wir mit Erinnerungsfähigkeit begabt sind (E. Spranger).
2. *Teleologische* Erklärung: Es werden Ziele oder Absichten einem Geschehen unterstellt. – Pseudoerklärung! *Beispiel*: Ziel des Träumens ist, unseren Schlaf zu sichern oder unsere Wünsche zu erfüllen (S. Freud).
3. *Mentalistische* Erklärung: Verhaltensweisen oder geistigen Begebenheiten wird anderes geistiges Geschehen von ganz anderer Art zugeschrieben. – Pseudoerklärung! *Beispiel*: Perzeptive Wahrnehmung ist der Entwurf von Hypothesen (R. Gregory).
4. *Metaphorische* Erklärung: Vorgänge werden durch Analogievergleich mit physikalischen oder sozialen Vorgängen gedeutet oder mit tierischem Verhalten oder Computerprozessen verglichen. – Pseudoerklärung! *Beispiel*: Gedächtnis ist enkodierte Information (G.A. Miller).

5. *Genetische* Erklärung: Verhalten wird durch Vererbung erklärt.
Beispiel: Intelligenz ist – zum Teil – angeboren (W. Stern).

6. *Entwicklungsbezogene* Erklärung: Das Verhalten der Lebewesen wird auf biologische oder/und mentale Entwicklungsstufen zurückgeführt.
Beispiel: Das Auftauchen bestimmter Fähigkeiten ist – zum Teil – neurophysiologisch als Reifung des Nervensystems zu erklären (D.O. Hebb).

7. *Umweltbezogene* Erklärung: Sinnesreize oder andere Außenweltfaktoren werden als Verursacher eines Geschehens angenommen.
Beispiel: Erziehung ist allmächtig (J.B. Watson).

8. *Evolutionäre* Erklärung: Das im Hinblick auf die Evolutionsbiologie Vorteilhafte oder Nachteilige eines Verhaltens oder einer geistigen Eigenschaft wird zur Erklärung herangezogen.
Beispiel: Da Vogelgesang und menschliche Sprache die Kommunikation erleichtern, wurden diese Verhaltensweisen durch evolutionäre Anpassung bevorzugt ausgebildet (Ch. Darwin).

9. *Neurophysiologische* Erklärung: Verhalten und Erleben werden auf Mechanismen des Gehirns zurückgeführt.
Beispiel: Lernen basiert auf der verstärkten Ausbildung der Synapsenverbindungen im Gehirn; das Vergessen ist ihre Rückbildung (J.C. Eccles).

10. *Mischerklärung*: Verhalten und Erleben werden mit Hilfe von zwei oder mehr Faktoren aus den Typen (5) bis (9) erklärt.
Beispiel: X war bis zu einem Alter von 10 Jahren unfähig, schreiben und lesen zu lernen, weil sein Gehirn durch Unterernährung und wegen anregungsarmer Umweltbedingungen zurückgeblieben war.

Wie steht es mit den wichtigsten Grenzen des psychologischen Experiments?

Ein für die Forschungspraxis bedeutsames Problem ist das folgende: Die Möglichkeiten der experimentellen Methode sind eng an den *Einfallsreichtum* (Kreativität) des Experimentators geknüpft, d.h. sie sind abhängig von seinem Geschick, Annahmen und Hypothesen so zu formulieren, dass das Experiment eine Antwort auf die in der Regel komplexe psychologische Fragestellung geben kann. Auch hängt der Erfolg eines Experiments stets von der Fähigkeit des Untersuchers ab, solche Techniken und Versuchsanordnungen zu finden, die ein psychologisches Problem erforschbar machen (Illu. 9.1).

Die besonderen Grenzen und Möglichkeiten des Experiments in der Psychologie lassen sich wie folgt charakterisieren:

▌▌ *Die Anwendbarkeit des Experiments hört auf, wenn die Ungefährlichkeit seiner Durchführung nicht gesichert werden kann, oder wenn sittliche Forderungen es verbieten. Es hat auch dort eine Grenze, wo es nicht möglich ist, die wesentlichen Bedingungen eines psychischen Geschehens experimentell hervorzurufen. Die Grenzen des psychologischen Experiments sind aber nicht so eng, wie vielfach angenommen wird. Auf keinen Fall sollte aus der Tatsache, dass auf manchen Gebieten der Psychologie unvollkommen, auf anderen noch gar nicht experimentiert worden ist, geschlossen werden, diese Gebiete seien dem Experiment verschlossen. Die experimentellen Möglichkeiten in der Psychologie sind noch längst nicht ausgeschöpft.* **▌▌**

(Düker, 1970, 32)

Unter der Voraussetzung, dass die methodischen, inhaltlichen und auch ethischen Vorschriften für das psychologische Experimentieren hinreichende Beachtung finden, eröffnen sich viele natürliche Forschungswege, welche auch für das interdisziplinäre („transdisziplinäre") Arbeiten von großer Bedeutung geworden sind (Box 9.1).

Box 9.1: Interdisziplinäre Forschung – kognitive Neurowissenschaften

Die kognitiven Neurowissenschaften (*cognitive neurosciences*) gehen grundsätzlich von der Zusammenarbeit der Forscherinnen und Forscher aus verschiedenen Ursprungsdisziplinen aus (Neurobiologie, Kognitionspsychologie, Neuropsychiatrie bzw. Neurologie, Linguistik, Wissenschaftstheorie u.a.). Die von diesen, früher meist isolierten, Disziplinen bevorzugten Erkenntnisinteressen, Untersuchungsparadigmen und Methoden – welche typischerweise der forschungsstrategischen Grundannahme eines *Monismus* folgen (Bunge & Ardila, 1990) – sind der empirischen Suche nach übergreifenden Gesetzmäßigkeiten des Verhaltens und Erlebens verpflichtet. Das damit Gemeinte wird von den drei Autoren eines nordamerikanischen Textbuchs („*Cognitive Neuroscience: The Biology of the Mind*") auf den Punkt gebracht – nämlich:

„The interchange of concepts among the three of us, whose interests and approaches have disparate scientific flavours, has turned out to be a significant factor in laying the foundation for this text. Each of us has come to the field with different training and add a different perspective to the study of the mind. Our individual perspectives have been woven into the fabric of this book and, we hope, offer a rich view of the study of how the brain enables the mind. The most senior of the trio (MSG) was trained as a biologist at Caltech but went on to study patients with specific surgical interventions and neurological patients with focal disease. The second author (RBI) works on the cognitive characterization of mental skills and cut his teeth on cognitive psychology. The third (GRM), started out in chemistry but then trained as a neuroscientist specializing in the brain imaging technique of event-related potentials.

All of us now practice cognitive neuroscience. All of us take on cognitive concepts and study mind/brain matters with psychophysical and brain imaging techniques such as fMRI, MR, PET, and ERPs. And all of us study patient populations. The field requires one to become knowledgeable in each of these areas and to practice several different approaches when undertaking a single study. This book is intended to prepare students of cognitive neuroscience to do just that."

(Gazzaniga, Ivry & Mangun, 1998, S. VIII; Hervorhebung von V.S. & S.R.)

Die im obigen Originalzitat angeführten so genannten *bildgebenden* Verfahren („brain images techniques") erlauben die Sichtbarmachung – dreidimensionale Bilderzeugung – der Hirnstromaktivitäten, welche mit den jeweiligen mentalen Vorgängen einhergehen bzw. korrelieren (Tab. 9.2).

Tabelle 9.2

Bildgebende Verfahren: aktuelle Techniken neuronaler Bildgebung, aufgeteilt nach „strukturellen" (anatomischen) und „funktionellen" (physiologischen/neurochemischen) Untersuchungsmethoden. – (Modifiziert nach Andreasen, 2002)

Strukturelle (anatomische) Techniken

Computer-Tomographie (CT)
Magnetresonanz-Tomographie (MRT)

Funktionale (physiologische / neurochemische) Techniken

Single-Photon-Emissions-Tomographie (SPECT)
Positronen-Emissions-Tomographie (PET)
Funktionelle Magnetresonanz-Tomographie (fMRT)
Magnetresonanz-Spektroskopie (MRS)

Gehirnstrukturen und -funktionen
(zum Beispiel Gehirnreifung und -abbau, plastische Veränderungen als Reaktion auf Erlebnisse, Gehirnchemie, Veränderung als Reaktion auf Medikamente, Veränderungen als Reaktion auf Psychotherapie)

Mentale Funktionen
(zum Beispiel Gedächtnis, Emotion, Sprache, Aufmerksamkeit, Arousal, Bewusstsein)

Die einzigartige Person in ihrer spezifischen sozialen Welt
(d.h. individuelles Verhalten und Reagieren in einer spezifischen persönlichen und sozialen Umwelt.)

Eine spezifische psychische Erkrankung
(zum Beispiel Schizophrenie, affektive Störungen, Demenzen, Angststörungen)

Abbildung 9.2: Schematische Darstellung der grundlegenden Zusammenhänge von mentalen („kognitiven") und hirnphysiologischen (neurobiologischen) Prozessen. – (Modifiziert nach Andreasen, 2002)

Einer der international renommierten Kognitionspsychologen, Michael I. Posner (USA), der zu den Pionieren dieser interdisziplinären Forschungsrichtung zählt, hat die Vermutung geäußert, dass in den kommenden Jahren weitere gewaltige Fortschritte in der (neuro-) kognitiven Forschung zu verzeichnen sein werden, und das für den gesunden, aber auch psychisch kranken Menschen – zum Beispiel (Posner, 1998):

- Erstellung von 3D-Bildern (*laser images*) der Hirnaktivität während vorgestellter, mentaler Bildrotation

- Zusammenwirken verschiedener Hirnareale (linke und rechte Hirnhälfte) beim Erlernen der Muttersprache und einer Zweitsprache im Kindesalter

- Funktionsaktivitäten des Affengehirns beim visuell-kognitiven („sprachlichen") Kommunizieren, homolog zum menschlichen Gehirn

- Psychopharmakologische Erforschung der Hemmung eines altersbedingten Abbaus der Gehirnplastizität

- Aufdeckung der Hirnaktivitäten von schizophrenen Patienten während der Wirkung von halluzinationshemmenden Psychopharmaka (z.B. *Dopamin*-Behandlung).

Bei diesen in Aussicht gestellten Entdeckungsleistungen ist die zum Teil noch spekulative *Hoffnung* dieses Forschers besonders zu beachten (Posner, 1998, p. 119; zit. in Gazzaniga et al., 1998). Die hier herausgestellte interdisziplinäre Forschungsentwicklung wird jedoch heutzutage in allen führenden Einführungswerken ausführlich behandelt (z.B. Gerrig & Zimbardo, 2002, 2005); allerdings stecken viele ihrer theoretischen Erkenntnisse zurzeit noch in den *Kinderschuhen*.

Andreasen, N. (2002). *Brave new brain: Geist, Gehirn, Genom*. Heidelberg: Springer.

Bunge, M.B. & Ardila, R. (1990). *Philosophie der Psychologie*. Tübingen: Mohr.

Gazzaniga, M.S., Ivry, R.B. & Mangun, G.R. (1998). *Cognitive neuroscience: The biology of the mind*. New York: Norton.

9.2 Verklammerung der allgemeinen und differenziellen Forschungslogik

Die Allgemeine Psychologie fragt nach den generellen Bedingungen, unter denen Verhaltens- und Erlebnisdaten gesetzesmäßig resultieren; dabei werden die interindividuellen Unterschiede typischerweise vernachlässigt. Demgegenüber fragt die Differenzielle Psychologie nach den interindividuellen Differenzen („Persönlichkeitsunterschiede").

Der Unterschied zwischen *allgemeiner* und *differenzieller* Betrachtungsweise in einer Wissenschaft ist von großer Bedeutung, wie dies aus den in der Tabelle 9.3 zusammengestellten Merkmalen hervorgeht. Eine allgemeine Betrachtungsweise ist somit durch die Suche nach *Gesetzmäßigkeit, Reduktion* und *Abstraktion* gekennzeichnet. Eine differenzielle Betrachtungsweise strebt demgegenüber die Analyse von Abweichungen von der allgemeinen Gesetzmäßigkeit sowie deren *Spezifizierung* und *individuelle* Explikation an. – Auf die wechselseitigen Beziehungen zwischen *Allgemeiner* und *Differenzieller* Psychologie hat bereits der deutsche Psychologe William Stern (1871-1938) aufmerksam gemacht (Stern, 1921).

Tabelle 9.3

Hauptmerkmale für die Unterschiede zwischen der allgemeinen („Allgemeinen Psychologie") und differenziellen („Differenziellen Psychologie") Betrachtungsweise. (Modifiziert nach Sarris, 1999)

Allgemeine Betrachtungsweise	Differenzielle Betrachtungsweise
Aufstellen von allgemein gültigen (statistischen) Gesetzmäßigkeiten	Erfassung der individuellen Abweichungen von allgemeinen Gesetzmäßigkeiten
Reduktion der Vielzahl von Einzelphänomenen auf möglichst wenige, aber elementare Phänomenklassen	Berücksichtigung einer möglichst großen Anzahl von Einzelphänomenen in ihren individuellen Ausprägungsformen
Abstraktion: Erstellung eines Durchschnittsbildes	Erfassung von personspezifischen Ausprägungsformen zur Individualität

Das experimentell-korrelative Forschungsmodell

Die in Kapitel 4 dargestellte *Design*-Klassifikation basiert auf der Überlegung einer besonderen „Verklammerung" von Allgemeiner und Differenzieller Psychologie (s. Kap. 4.1; Demo 9.1 👁). Damit wird eine Verbindung zwischen „experimenteller" und „korrelativer" Betrachtungsweise hergestellt. Der Vorteil dieser Verknüpfung von experimenteller und korrelativer Methoden liegt auf der Hand (*Design-Systematik*). Dabei schließt theoretisch gut gesichertes Experimentieren dessen mögliche Anwendungsrelevanz keineswegs aus.

9.3 Grundlagenforschung und angewandte psychologische Forschung

Die schon von Kurt Lewin (1890-1947) vertretene Auffassung gilt noch heute: Die beste psychologische Anwendung bzw. Praxis ist immer eine solche, die grundlagenwissenschaftlich gut fundiert ist:

Grundlagenforschung im Spannungsfeld von angewandt-psychologischen Erkenntnisinteressen Dieses Credo (K. Lewin) gilt ungeachtet der häufig anzutreffenden Kritik aus der psychologischen Praxis (Parducci & Sarris, 1984) – nämlich:

■ Psychologische Experimente entbehren jeder Lebensnähe (fehlende Generalisierungsmöglichkeiten im Sinne externer Validität; s. Abb. 9.3; Box 9.2).

■ Die Ergebnisse der Experimentalpsychologie haben keinen Anwendungsbezug für praktische Probleme (z.B. Abb. 9.3).

Der erste dieser beiden Kritikpunkte wird allein schon durch zahlreiche Befunde der Grundlagenforschung zumindest abgeschwächt. Aber auch bezüglich des zweiten Kritikpunktes sehen dies viele Experimentalpsychologen heute anders als früher. In der Tat gibt es eine Fülle von Beispielen, die zeigen, dass sich *Grundlagenforschung* einerseits und *praxisrelevante Forschung* andererseits einander ergänzen können.

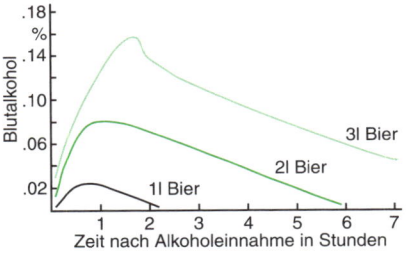

Abbildung 9.3: Alkoholkonzentrations-Kurven in Abhängigkeit von der eingenommenen Alkoholmenge und der nach der Alkoholeinnahme verstrichenen Zeit. – (Hypothetische Datentrends nach Heimstra & McDonald, 1973)

Box 9.2: Angewandte Psychologie – mehrfaktorielles Designing für das „Brainstorming"

In ihrer anwendungsbezogenen Arbeit untersuchte ein nordamerikanisches Psychologenteam (Dillon et al., 1972) den Einfluss der drei Faktoren *„Video-Training"* (Faktor A), *„Praxis"* (Faktor B) und *„Alleiniges Arbeiten vs. Gruppenarbeiten"* (Faktor C) – mit jeweils zweifacher Abstufung – auf die Produktion von *„Brainstorming"*-Ideen (*AV*). Das dreifaktorielle Experiment wurde an 2 x 2 x 2 = 8 Zufallsgruppen mit je 12 Probanden durchgeführt (96 Studenten der University of California at Berkeley, USA). Die Brainstormingaufgabe, die sich auf ein zu damaliger Zeit besonders heikles Thema, nämlich auf das der weiteren Eskalation des *Vietnamkriegs* bezog, bestand darin, möglichst viele kreative Lösungsideen für die Beendigung dieses Krieges zu finden (s. Tab. 9.4).

Tabelle 9.4

Mehrstichprobenversuchsplan zur Untersuchung des Einflusses von „Video-Training" (Faktor A) und „Praxis" (Faktor B) im Brainstorming sowie „Allein- vs. Gruppenarbeit" (Faktor C) auf die Produktion von Ideen. Design RRR – p x q x r

Design 4.2 Dreifaktorieller Versuchsplan mit Zufallsgruppenbildung auf den Faktoren A (p = 2), B (p = 2) und C (r = 2):
Design RRR – 2 x 2 x 2.

RR

Faktor A („Video-Training")	Faktor B („Praxis")			
	B_1 („Einübung")		B_2 („Nicht-Einübung")	
	Faktor C („Allein. Arbeiten vs. Gruppenarbeit")		Faktor C („Allein. Arbeiten vs. Gruppenarbeit")	
	C_1 („Allein. Arbeiten")	C_2 („Gruppen-arbeit")	C_1 („Allein. Arbeiten")	C_2 („Gruppen-arbeit")
A_1 („Vor-führung")	$\overline{Y}_{111}$ Gruppe 1	$\overline{Y}_{112}$ Gruppe 2	$\overline{Y}_{121}$ Gruppe 3	$\overline{Y}_{122}$ Gruppe 4
A_2 („Nicht-Vor-führung")	$\overline{Y}_{221}$ Gruppe 5	$\overline{Y}_{212}$ Gruppe 6	$\overline{Y}_{221}$ Gruppe 7	$\overline{Y}_{222}$ Gruppe 7

R

AV: Durchschnittliche Anzahl verschiedener Ideen ($\overline{Y}$)

Die drei Faktoren bestanden im Einzelnen aus (*A*) *"Vorführung"* (A_1) vs. *"Nicht-Vorführung"* (A_2) eines zehnminütigen Films mit allgemeinen didaktischen Hinweisen für ein kreatives Brainstorming; (*B*) zehnminütige *"Einübung"* (B_1) vs. *"Nicht-Einübung"* (B_2) in die Praxis des Brainstorming; (*C*) *"individuelles* (C_1) vs. *"gruppenspezifisches"* (C_2) Arbeiten in der eigentlichen Brainstorming-phase. Dabei wurde die Gesamtzahl verschiedener Ideen in jeder der insgesamt 8 Gruppen als *AV* gewählt. Gemäß der Logik des *mehrfaktoriellen* Versuchsplans lassen sich die in Tabelle 9.5 enthaltenen Befunde dieses Experiments konsequenterweise nach

- drei *Haupteffekten (A, B, C)*,
- drei *Zweierwechselwirkungen (A x B, A x C, B x C)* und
- einer *Dreierwechselwirkung (A x B x C)*

klassifizieren. Dementsprechend interessiert hier besonders die systematische Darstellung des insgesamt 3+3+1=7 Einzelresultate auf der Basis des gewählten A x B x C-Designs, nämlich:

Tabelle 9.5

Ergebnisse des Experiments zur Untersuchung des Einflusses dreier Faktoren auf die Produktion von Ideen in der „Brainstorming"-Untersuchung von Dillon u. Mitarb. (1972): Durchschnittliche Anzahl produzierter Ideen zu jeder der 8 Gruppen

„Videotraining" (Faktor A)	„Praxis" (Faktor B)				
	B_1 „Einübung"		B_2 „Nicht-Einübung"		
	C_1 „Allein. Arbeiten"	C_2 „Gruppen-arbeit"	C_1 „Allein. Arbeiten"	C_2 „Gruppen-arbeit"	Ø
A_1 „Vorführung"	39.67	16.33	50.00	13.67	29.92
A_2 „Nichtvorführung"	74.67	18.33	51.33	12.67	39.25
Ø	51.17	17.33	50.67	13.17	
	32.25		31.92		

1 Haupteffekte

1. *Faktor A (" Video-Training")*: Statistisch *signifikanter* Effekt. – Das Training *reduzierte* die durchschnittliche Anzahl der Brainstormingideen (*unerwartetes* Ergebnis).

2. *Faktor B (" Praxis")*: Statistisch *signifikanter* Effekt. – Das vorangehende Sicheinüben in die Technik des Brainstorming erhöhte nicht die durchschnittliche Anzahl von Brainstormingideen (*unerwartetes* Ergebnis).

3. *Faktor C (" Alleiniges Arbeiten vs. Gruppenarbeit")*: Statistisch *signifikanter* Effekt zugunsten der individuellen Produktion. – Das alleinige Arbeiten führte im Durchschnitt zu *mehr* Brainstormingideen (*erwartetes* Ergebnis).

2 **Zweierwechselwirkungen**

1. *Interaktion A x B* (*„ Video-Training x Praxis"* .): Statistisch *signifikanter* Effekt. – Die durchschnittliche Anzahl der Brainstormingideen war größer, wenn die Studenten *ohne* Filmvorführung sich in das Brainstorming eingeübt hatten; unter der Nicht-Einübungs-Bedingung resultierte kein Videotrainings-Effekt (*unerwartetes* Ergebnis).

2. *Interaktion A x C* (*„ Video-Training x Alleiniges Arbeiten vs. Gruppenarbeit"*): Statistisch *signifikanter* Effekt. – Video-Training hatte für die Gruppenarbeit keinerlei positiven Effekt, sondern *reduzierte* paradoxerweise die durchschnittliche Anzahl von Brainstormingideen bei individuellem Arbeiten (*unerwartetes* Ergebnis).

3. *Interaktion B x C* (*„ Praxis x Alleiniges Arbeiten vs. Gruppenarbeit"*): Statistisch nicht signifikanter Effekt (*keine* vorangegangene Hypothese).

3 **Dreierwechselwirkung**

1. *Dreierinteraktion A x B x C* (*„ Video-Training x Praxis x Alleiniges Arbeiten vs. Gruppenarbeit"*: Statistisch *nicht-signifikanter* Effekt. – Die drei Faktoren – zusammengenommen – zeigten keinerlei Interaktion (*keine* vorangehende gerichtete Hypothese).

Diese Untersuchung, welche die Überlegenheit des individuellen Brainstorming gegenüber einem gruppenspezifischen Produzieren von „Ideen" demonstriert, hat zu folgenden Hauptergebnissen geführt:

■ Aufgrund des *Videotrainings* resultierten eher kontraproduktive Brainstormingideen (Haupteffekt bzgl. Faktor *A*).

■ Das *Videotraining* reduzierte die durchschnittliche Anzahl der Brainstormingideen ausgerechnet bei individuellem Arbeiten (Wechselwirkung *A x C*).

■ Das praktische Sicheinüben in das Brainstorming ergab nur im Falle eines fehlenden Videotrainings eine durchschnittlich höhere Ideenproduktion (Wechselwirkung *A x B*).

Frage an den Leser: *Wie sind die Befunde dieser angewandt-psychologischen Arbeit zu erklären?*

Die systematische Untersuchung von Wechselwirkungen zwischen zwei oder mehreren Faktoren stellt ein zentrales Anliegen der experimentellen Psychologie dar. An anderer Stelle wird die theorienbezogene Bedeutung von Wechselwirkungen erneut herausgestellt (s. Orig 9.1 ⌾). Ohne die systematische Mitberücksichtigung des Konzepts der *Wechselwirkung* („Interaktion") verliefe psychologisches Forschen in der Tat nicht nur verkürzt, sondern sogar blind und fehlerhaft.

Dillon, P.C., Graham, W.K. & Aidells, A.L. (1972). Brainstorming on a „hot" problem: Effects of training and practice on individual and group performance. Journal of Applied Psychology, 56, 487-490.

Für die wechselseitige Verklammerung von Grundlagen- und anwendungsbezogener Forschung bietet die in Tabelle 9.6 enthaltene „Landkarte" ein einprägsames Schema (vgl. auch Tab. 9.7).

Tabelle 9.6

Eine einfache „Landkarte" der psychologischen Forschung mit den Schwerpunkten Grundlagenforschung und angewandte Forschung. – (Modifiziert nach Legge, 1975)

	Prozessorientiert	Personenorientiert
Grundlagen	Allgemeine Psychologie	Entwicklungspsychologie
Forschung	Biopsychologie (z.B. Psychophysiologie)	Sozialpsychologie
Angewandte	Medizinische Psychologie	Schulpsychologie
Forschung	Arbeitspsychologie	Klinische Psychologie Organisationspsychologie

Tabelle 9.7

Aufgabenbereiche der Psychologie, vorwiegend aus der sozialen Umwelt, als Forderungen zur wissenschaftlichen Aufarbeitung an sie herangetragen.

1. Lebens- und Arbeitswelt

Umweltpsychologie
Unfallpsychologie
Verkehrserziehung
Arbeits- und Industriepsychologie
Human Engineering
Architekturpsychologie

2. Erziehung und Medien

Programmierte Unterweisung
Audiovisueller Unterricht
Randgruppenerziehung

3. Soziale und psychische Probleme

Aggression und Kriminalität
Altersversorgung
Behindertenpsychologie
Drogen- und Alkoholprobleme
Klinisch-medizinische Probleme

9.4 Ein Blick in die Zukunft der experimentellen Psychologie

Das wissenschaftliche Studium des menschlichen und tierischen Verhaltens und Erlebens hat in den vergangenen Jahren eine stürmische Entwicklung erfahren. Jegliche kritische Betrachtung von Vergangenheit und Gegenwart der psychologischen Erkenntnisgewinnung sollte den Blick der heute Studierenden dafür schärfen, wie die unmittelbare und auch die weitere Zukunft der Psychologie als Wissenschaft beschaffen sein könnte bzw. sollte. Unter der Rahmenbedingung, dass in absehbarer Zeit weltweit überhaupt die politischen, wirtschaftlichen und alle anderen Voraussetzungen für ein friedliches Überleben gegeben sein werden, zeichnen sich für das Fach Psychologie in Forschung und Praxis verschiedene denkbare Entwicklungen ab. Einige der möglichen Perspektiven für die Psychologie sind in Tabelle 9.8 enthalten.

Tabelle 9.8

Ausblick auf die nahe Zukunft der Psychologie als Wissenschaft. (Modifiziert nach Bunge & Ardila, 1990)

Entwicklungstendenz	Beispiel	Kommentar
Anwachsen der experimentellen Forschung	Biopsychologie, Wahrnehmungspsychologie und Psychophysik; Entwicklungspsychologie	Die streng wissenschaftlich orientierten Bereiche werden durch aussichtsreicheres Experimentieren erschlossen.
Methodisches Expertentum	Neuartige und verfeinerte Forschungsmethoden, besonders in der Biopsychologie und der Psychophysik	Interdisziplinäre Verbindungen zwischen Neurobiologie und Psychologie bewirken eine zunehmende gegenseitige Befruchtung und Differenzierung der Forschungsmittel.
Aufsplitterung	Spezialisierung und übermäßige Aufspaltung von Laboruntersuchungen	Es gibt nur schwache Verbindungsglieder zwischen den einzelnen Zweigen der Psychologie, von denen einige sich von den übrigen isolieren.
Stagnation in der Theorienbildung	Die meisten der heute im Umlauf befindlichen psychologischen Theorien erweisen sich als „falsch".	Die Psychologie als eine Protowissenschaft leidet heute unter einer Vielzahl von sprachlichen Metaphern und einem Mangel an gut begründeten Theorien (d.h. hypothesengeleiteter Systematik)
Abtrennung der Praxis von der Forschung	Besonders die angewandte Psychologie, etwa die Psychodiagnostik und die klinische Psychologie, arbeitet noch weitgehend spekulativ.	Vieles in der angewandten Psychologie ist empiristisch oder noch schlechter, d.h. vorwissenschaftlich.

Mit Sicherheit lässt sich für die zukünftige Forschung in der Psychologie das Folgende festhalten:

Mit Hilfe der experimentellen Methodenlehre der Psychologie kann und sollte wissenschaftlich verbindliches Denken und Arbeiten in Theorie und Anwendung der Psychologie betont und die dafür erforderliche interdisziplinäre Schaffenskraft gestärkt und kontrollierbar weiterentwickelt werden (Sarris & Parducci, 1984, Epilogue; Bunge & Ardila, 1990)

Zusammenfassung

Das Spektrum der Methoden und Inhalte der Psychologie ist in den letzten Jahren aufgrund interdisziplinärer Forschung vielfältiger und komplexer geworden, was sich insbesondere im Arbeitsfeld der kognitiven Neurowissenschaften erfahren lässt. Das Experiment findet überall dort eine besondere Bedeutung, wo es zum Zwecke der Entwicklung psychologischer Theorien verwendet wird. Damit sind die Möglichkeiten des Experiments als Methode der Erkenntnisgewinnung in der Psychologie nicht unabhängig von den *Theorien* zu sehen, aus denen der Psychologe seine experimentell zu überprüfenden Hypothesen ableitet; denn die im Experiment gewonnene wissenschaftliche Erfahrung wird durch Theorien und Hypothesen typischerweise in eine bestimmte Richtung gelenkt. Werden die methodischen, inhaltlichen und auch ethischen Vorschriften für das psychologische Experimentieren beachtet, eröffnen sich viele für dieses interdisziplinäre Arbeiten gemeinsame Möglichkeiten, und das sowohl in der grundlagenorientierten als auch in der praxisrelevanten Forschung.

Aktuelle Internet-Links

Ein sehr umfangreiches Einstiegsportal in die Thematik von Neurowissenschaften und Psychophysiologie findet der interessierte Studierende unter:

http://www.socialpsychology.org/neuro.htm

Wichtige Fachbegriffe[1]

Kognitive Neurowissenschaft	Magnetresonanz-Tomographie (MRT)
Computer-Tomographie (CT)	Positronen-Emissions-Tomographie (PET)
Funktionelle Magnetresonanz-Tomographie (fMRT)	

---

1 Erläuterungen der Fachbegriffe finden sich im Glossar am Ende des Buches.

Ausbildung in experimenteller Psychologie

10

10.1 Stand und Entwicklung der experimentellen Psychologie 178
Fachspezifische Forschungsmilieus 178

10.2 Grundsätze einer experimentalpsychologischen Ausbildung 180
Kognitive Prozesse und ihre physiologischen Korrelate 181
Exkurs: Tierkognition und Biopsychologie 182

10.3 Übungsrelevante Demonstrationen 184
Demonstrationen des „Kurzen Leitfadens ..." 184
Weitere Demonstrationen im Überblick 184

10.4 Praktikumsexperimente in der Grundausbildung 186
Klassische Praktikumsexperimente 186
Box 10.1: Klassische Experimente 187
Box 10.2: Computergestützte Experimente 188
Aktuelle WWW-Experimente 190
Box 10.3: Vor- und Nachteile von webbasierten
Experimenten 191

ÜBERBLICK

In diesem Schlusskapitel stehen die Fragen der Ausbildung in der Experimentalpsychologie im Vordergrund, wobei zunächst der Stand und die Entwicklung des experimentellen Forschungsmilieus sowie auch der Rahmen des Statistikunterrichts interessieren (Kap. 10.1). Dabei werden für die einschlägigen Grundsätze der experimentellen Ausbildung im Lichte einer naturwissenschaftlichen Ausrichtung betrachtet (Kap. 10.2); eine eher sozialwissenschaftliche Experimentierpraxis wird anderswo behandelt (z.B. Sarris, 1995, Bd. III). Von besonderem Interesse sind hier die Übersichten über die übungsrelevanten *Demonstrationen* (Kap. 10.3) sowie diejenigen über die umfangreicheren *Praktikumsexperimente* (Kap. 10.4, s. unten besonders die Boxen 10.1, 10.2, 10.3).

10.1 Stand und Entwicklung der experimentellen Psychologie

Die heutigen Studierenden der Psychologie werden mit den Inhalten und Methoden einer Fachdisziplin konfrontiert, deren Charakter sich im Laufe ihrer Geschichte stark verändert hat:

Von ihrer früheren Stellung als Teildisziplin der Philosophie emanzipierte sich die Psychologie zunächst als eine eigenständige *Proto*-Wissenschaft; heute wird sie als Disziplin verstanden, die sowohl sozial- und geisteswissenschaftliche als auch und gerade natur- und biowissenschaftliche Aspekte vereint.

Fachspezifische Forschungsmilieus

Als Resultat dieser Entwicklung ist die Psychologie in wissenschaftstheoretischer und methodologischer Hinsicht *multidisziplinär* orientiert; sie liegt im Überschneidungsbereich vieler Einzeldisziplinen (s. Kap. 9.1). In Bezug auf die Ausbildung in Psychologie schlägt sich das auch in dem Aufbau des Studiums in unterschiedliche Fachausrichtungen nieder (Tab. 10.1; vgl. dazu die „*Hinweise für die Studierenden*" sowie Kapitel 1). Folgerichtig sollten im Rahmen der experimentalpsychologischen Ausbildung unterschiedliche Forschungsmilieus wie auch unterschiedliche Untersuchungstechniken und -apparaturen vorgestellt werden. Obwohl die Fragestellungen der Psychologie ein weit gespanntes Spektrum umfassen, bleibt zu bedenken, dass die einzelnen Fachrichtungen denselben methodologischen Grundgedanken verfolgen, nämlich den der systematischen Erfassung des Verhaltens und Erlebens. Die Grundlagenausbildung der psychologischen Methodenlehre sollte deshalb die Vermittlung der wissenschaftstheoretischen Grundlagen mit den Prinzipien der Versuchsplanung und der Datenauswertung verknüpfen.

Tabelle 10.1
Fachrichtungen des Grundstudiums (Ausschnitt). – (Vgl. dazu Abb. 2, S. 12)

Allgemeine Psychologie I und Allgemeine Psychologie II	Die Allgemeine Psychologie befasst sich mit den grundlegenden Aspekten der Psychologie, wobei sie sich auf die generellen Bedingungen konzentriert, unter denen psychische Phänomene auftreten (Wahrnehmung, Kognition, Emotion usw.).
Physiologische Psychologie / Biopsychologie	Die Physiologie bzw. Biopsychologie ist ein Zweig der Psychologie sowie der Neurowissenschaften, der sich mit der Physiologie bzw. Biologie des Verhaltens und Erlebens beschäftigt; dabei werden sowohl universelle als auch differenzialpsychologische Fragestellungen berücksichtigt.
Entwicklungspsychologie	Die Entwicklungspsychologie befasst sich mit der Beschreibung, Erklärung und Optimierung psychischer Prozesse im Verlaufe des gesamten Lebens; Entwicklungsverläufe im Erwachsenenalter und höheren Alter werden dabei auch hinsichtlich der individuellen Unterschiede analysiert.
Differenzielle Psychologie	Die Differenzielle Psychologie fragt nach den personspezifischen, interindividuellen Unterschieden; sie wird auch als „Persönlichkeitspsychologie" bezeichnet.
Sozialpsychologie	Die Sozialpsychologie beschreibt und erklärt die Interaktionen zwischen Individuen bzw. Gruppen von Individuen; sie verfolgt dabei sowohl inter- als auch intradisziplinäre Aspekte der sozialen Kommunikation.

Bedingt durch die dramatischen Veränderungen im Bereich der Informationstechnologie haben sich im vergangenen Jahrzehnt auch die apparativen Methoden in der Experimentalpsychologie stark verändert. Der *Computer* ist heutzutage ein kaum mehr wegzudenkender Bestandteil des experimentellen Forschungsmilieus (Kap. 5 bis 7). Im Labor übernimmt der Computer die Steuerung der experimentellen Abläufe, Erfassung der Messwerte der abhängigen Variablen sowie die statistische Datenanalyse. Neuerdings bedienen sich experimentelle Untersuchungen aber auch des Mediums *Internet* und führen die experimentalpsychologische Forschung damit aus dem Forschungslabor in eine breitere Öffentlichkeit. Diese Veränderungen im experimentellen *Setting* – deren Möglichkeiten sowie Vor- und Nachteile – sind auch für die Ausbildung von aktuellem Interesse. Gleichermaßen interessant sind ferner die neuesten Entwicklungen, welche sich unter dem Stichwort *E-Learning* finden (s. Kap. 10.4).

Experimentalpsychologie und Statistikunterricht Die Psychologie versucht mit Hilfe von Theorien, das Erleben und Verhalten von Menschen zu beschreiben, zu erklären und vorherzusagen. Die Überprüfung der Theorien an der Realität erfolgt durch die Werkzeuge, welche die psychologische Methodenlehre zur Verfügung stellt. Zur Bewertung der Gültigkeit von Theorien ist es dabei notwendig, die in empirischen Untersuchungen gewonnen Daten gegen Zufallseffekte abzusichern. Diese Aufgabe fällt einem weiteren Werkzeug der Methodenlehre, nämlich der *Statistik* zu (vgl. Kap. 7). Es versteht sich, dass sich Studierende der Psychologie umfangreiche methodische Kenntnisse von Anfang an aneignen müssen, um psychologische Forschungsergebnisse zu verstehen oder später selbst psychologische Forschung zu betreiben. Der in der statistischen Ausbildung häufig fehlende unmittelbare Bezug zur Datengewinnung wird im *experimentalpsychologischen Praktikum* – am konkreten Beispiel – hergestellt. Dabei bietet sich die Möglichkeit, Experimente zu verschiedenen Problemkreisen durchzuführen und die erhobenen Daten statistisch auszuwerten. Damit werden die bislang nebeneinander stehenden inhaltlichen und methodischen Lehrgebiete der Psychologie zusammengeführt. Es empfiehlt sich darüber hinaus, dies mit einer Einführung in die Benutzung von *Statistikprogrammen* zu verbinden (Moore. & McCabe, 1993; Diehl & Staufenbiel, 2001).

10.2 Grundsätze einer experimentalpsychologischen Ausbildung

In Abhängigkeit von der jeweiligen Fragestellung arbeitet die heutige Experimentalpsychologie in sehr unterschiedlichen *Forschungssettings*:

- **Humanlabor** Unter kontrollierten Bedingungen werden Versuchsteilnehmer einer oder mehreren Manipulationen unterzogen, deren Effekt mittels geeigneter Techniken erfasst werden soll.

- **Tierlabor** Die Untersuchung von Tieren fußt auf der Grundannahme einer Vergleichbarkeit vieler verschiedener Tierarten (insbesondere der Säuger und der Vögel) mit biopsychologischen *Basisfunktionen* (Wahrnehmung, Reifung, Lernen etc.) des Menschen. Dieser Sachverhalt ist für den Tierpsychologen die wichtigste Legitimation dafür, einige Gesetzmäßigkeiten, die u.a. bei Vögeln, Ratten, Hunden und Affen gefunden wurden, mit einiger Vorsicht auf den Menschen zu übertragen. Der große Vorteil eines solchen – vergleichenden – Forschungssettings liegt in der Konzeption auch von Versuchen, die beim Menschen aus *ethischen* Gründen undenkbar wären (s. unten *Exkurs*).

- **Medizinisch-physiologisches Labor** Dieses Forschungssetting zeichnet sich besonders durch die Verwendung spezieller Messinstrumente wie EMG, EKG, EEG, fMRI usw. aus, wobei ein enger Zusammenhang zwischen psychischen und physischen Funktionen angenommen wird. Insbesondere die verschiedenen Zweige der Biopsychologie, aber auch vermehrt andere Teildisziplinen bedienen sich dieses Forschungssettings (*Psychologische Rundschau*, 2003). Dies gründet in der Tatsache, dass sich viele psychologische Konstrukte einer direkten Erfassung entziehen, jedoch mittels physiologischer Versuchsmethoden wenigstens indirekt messbar gemacht werden.

Ähnlich wie bei den genannten *Forschungssettings* verfügt heute die gesamte psychologische Forschung über ein großes Spektrum verschiedener Untersuchungstechniken, wobei diese sich zum Beispiel im Grad ihrer Objektivität und Ökonomie unterscheiden. Beispielsweise gestalten sich die Erhebung und Analyse von einfachen (behavioralen) Beobachtungsdaten vielfach zwar als ökonomisch, sind jedoch in ihrer Objektivität eingeschränkt, da die Analyse solcher Daten einen großen Interpretationsraum zulässt (z.B. Gerrig & Zimbardo, 2005). Für den Studierenden ist es jedoch unumgänglich, diese elementaren methodischen Grundlagen nicht nur theoretisch zu verstehen, sondern auch an deren praktischen Umsetzung teilzuhaben.

Kognitive Prozesse und ihre physiologischen Korrelate

Wenn man sich die heutigen Prüfungs- und Studienordnungen für den Diplomstudiengang Psychologie ansieht, fällt die starke Betonung der biologischen bzw. neurowissenschaftlichen Verankerung der Psychologie auf: Besonders das Fach „Physiologische Psychologie / Biologische Psychologie" bemüht sich unter Verwendung von biopsychologischen und neurowissenschaftlichen Methoden, die Verankerung psychischen Geschehens in körperlichen und zentralnervösen Strukturen und Prozessen zu untersuchen (*Psychologische Rundschau*, 2003). Hierzu gehören die Grundlagen von Wahrnehmungsprozessen ebenso, wie auch diejenigen der Emotion und Motivation, von Lernen und Gedächtnis, Denken, Aufmerksamkeit, Sprache und Bewusstsein.

Neben den klassischen psychologischen Beobachtungsmethoden interessieren elektrophysiologische und endokrinologische Verfahren, wie man diese besonders aus der Hirnforschung kennt. Beispielsweise werden zentralnervöse Prozesse während informatorischer Tätigkeiten durch die Messung ereigniskorrelierter Hirnpotenziale (EKP) oder der *Magnetresonanztomographie* (MRT) erfasst. Gerade diese beiden Methoden werden zurzeit in immer stärkerem Maße in kognitionswissenschaftlichen Untersuchungen eingesetzt. Sie ermöglichen es, einen genaueren Einblick in die Funktionsweise des menschlichen Gehirns zu erlangen. Die Messung der EKP erfolgt wie bei einem routinemäßigen Elektroenzephalogramm (EEG) mittels auf der Kopfhaut befestigter Elektroden. Während die Hirnströme abgeleitet werden, können verschiedene Reize präsentiert werden; solche Reize können z.B. Töne, Geräusche, Wörter oder Bilder sein. Bei der Auswertung werden dann die elektrophysiologischen Veränderungen im Gehirn in Beziehung zu den Reizen gesetzt. Auf diese Weise erhofft man sich Aufschluss über Strukturen und Prozesse der menschlichen Informationsverarbeitung (s. Kap. 5.2).

Ein viel versprechendes neues Verfahren zur Erforschung der Hirnaktivität stellt das so genannte *brain imaging* mittels Magnetresonanztomographie dar. Dieses Verfahren produziert Abbildungen des Gehirns, indem unter dem Einfluss eines von außen angelegten starken Magnetfelds die aus dem Körper austretenden elektromagnetischen Wellen gescannt werden. Im Rahmen von Kognitionsexperimenten werden in der Regel so genannte Block-Paradigmen (*Event-related-design*) verwendet. Bei *Block-Design*-Studien werden während verschiedener Messabschnitte experimentelle Stimuli präsentiert und mit solchen Abschnitten verglichen, in denen keine experimentellen Stimuli dargeboten wurden; unter der Verwendung von *Event-related*-Designs werden die experimentellen Stimuli randomisiert oder quasi-randomisiert dargeboten und nachträglich die zu den jeweiligen Stimuli gehörenden Messungen gemittelt. Die vom Computer zu Bildern gewandelten Signale von Hirnstrukturen, versucht der Forscher auf diese Weise mit psychologischen Prozessen zu verknüpfen (vgl. Gerrig, R. J. & Zimbardo (2005).

Wir halten dazu fest: Die bis heute mittels biopsychologischer Verfahren gewonnenen Erkenntnisse belegen die große Bedeutung der Physiologischen Psychologie und Neuropsychologie für das Verständnis von Inhalten auch der anderen psychologischen Fächer, wie beispielsweise der Allgemeinen Psychologie, der Entwicklungspsychologie und der Persönlichkeitspsychologie.

Exkurs: Tierkognition und Biopsychologie

Psychologische Studien mit Tieren haben in der Psychologie eine lange Tradition. Denn bereits um 1900 wurden – vor allem mit Ratten in Labyrinthen – zahlreiche Experimente zum Lernen durchgeführt. Auch andere Arten, vor allem Vögel und Primaten, wurden hinsichtlich einer Vielzahl von Leistungen untersucht. Dies reichte vom Problemlösen über das ,*Zählen*' bis zu diversen Lern- und Gedächtnisprozessen. Mit seinen Versuchen zur ,*Einsicht*' bei Affen begann Wolfgang Köhler während des ersten Weltkriegs die tierexperimentelle Kognitionsforschung (s. zusammenfassend Sarris, 2001). Inzwischen sind auch andere Fragestellungen in der Vordergrund gerückt; dabei gehören vergleichende Studien an Tieren sowohl im Hinblick auf natürliche Prozesse als auch bezüglich pathologischer Phänomene mehr denn je zu den essenziellen Bereichen der experimentellen Psychologie (z.B. Tomasello & Call, 1997).

Für eine Einordnung tierexperimenteller Forschung sind folgende Aspekte besonders wichtig: Wird eine Tierart als so genanntes *Modell* oder aber mehr im Hinblick auf adaptive Spezialisierungen studiert? Geht es um generelle Prozesse oder um spezifische Dispositionen? Finden die Untersuchungen im Labor, im Freiland oder unter seminaturalistischen Bedingungen statt? Welche Ebenen der Analyse werden in einer Untersuchung angesprochen? Von welchem theoretischen Konzept wird die experimentelle Fragestellung geleitet (s. im Überblick Wassermann, 1995)?

Tiermodelle In vielen experimentalpsychologischen Studien mit Tieren geht es primär nicht darum, die speziellen Leistungen einer Art zu studieren, sondern es interessiert ein allgemeines – möglichst repräsentatives – *Modell* für biopsychologische Basisprozesse, von denen man annimmt, dass sie *Allgemeingültigkeit* auch für den humanpsychologischen Fall haben.

Hierfür und auch für andere Fragestellungen sind neurophysiologische Modelle von herausragender Bedeutung. Ein klassisches Modell für das Studium einfacher Lern- und Gedächtnisvorgänge auf neuronaler Ebene ist die Meeresschnecke *Aplysia*. Verglichen mit Nervenzellen im menschlichen Gehirn sind die Neuronen von *Aplysia* „riesig", so dass es möglich war, grundlegende Lernphänomene wie die Habituation und die Sensitivierung auf zellulärer Ebene mit einfachen technischen Mitteln zu analysieren. Für derartige Lern- und Gedächtnisprozesse gelten die bei wirbellosen Tieren erhobenen Befunde innerhalb gewisser Grenzen auch für den Menschen (Kandell et al., 1999).

Generelle Prozesse und spezifische Dispositionen Die Frage von generellen Prozessen gegenüber spezifischen Dispositionen wurde vor allem in Arbeiten zum Lernen und zu Gedächtnismechanismen untersucht. In Teilaspekten überschneidet sich diese Einteilung mit der im vorigen Abschnitt: In der frühen Lernforschung, insbesondere im Behaviorismus, dominierte die Frage nach generellen Prozessen. Wie sieht beispielsweise die Veränderung der Lernleistung aus, wenn eine Aufgabe wiederholt wird? Unter welchen zeitlichen Bedingungen erfolgt assoziatives Lernen? Im Rahmen solcher Fragestellungen wurden auch verschiedene Arten verglichen, und zwar so, dass nicht spezifische Lernprozesse studiert wurden, sondern der jeweils unterschiedliche *Lernerfolg* als genereller Indikator unterschiedlicher Intelligenz Beachtung fand. – Zum Beispiel: Um wie viel lernt eine Ratte schneller als ein Goldfisch, um wie viel ein Mensch schneller als eine Ratte usw.?

Labor, Freiland und semi-naturalistische Umgebungen Experimente im Labor erlauben nicht nur eine gute Kontrolle der Bedingungen, sondern sie bieten auch die Möglichkeit, die Auftretenswahrscheinlichkeit eines Verhaltens, das untersucht werden soll, deutlich zu erhöhen. Wenn man beispielsweise sehen möchte, wie ein Schimpanse eine bestimmte, in seiner natürlichen Umwelt vorkommende Frucht öffnet, muss man u.U. monatelang im Freiland einer Gruppe von Schimpansen folgen, um das Verhalten wenige Male beobachten zu können. Wenn man dagegen einem Schimpansen in einem kleinen Laborraum dieselbe Frucht anbietet, kann man dem Vorgang viele Male am Tag beiwohnen, unter kontrollierten Bedingungen filmen und dabei die Bedingungen sogar systematisch variieren. Kritik erfuhren Laborversuche allerdings dahingehend, dass sich in der Laborumgebung unter Umständen unnatürliches Verhalten entwickelt. Heute wird eine *Kombination* dieser Untersuchungsverfahren als wünschenswert bzw. sinnvoll angesehen: Freilandstudien können in ihrer Aussagekraft gewinnen, wenn man kognitive Leistungen, die von besonderem Interesse sind, zusätzlich systematisch im Labor untersucht; Laborstudien gewinnen an Aussagekraft, wenn Freilandbefunde in die Planung des Forschungsmilieus und in die jeweilige Interpretation der Ergebnisse einbezogen werden. Einen Brückenschlag bieten „*semi*-naturalistische" Versuchsbedingungen. Dies können besonders große Laborräume sein, in denen man die natürliche Umwelt teilweise simuliert, oder auch Versuchsapparaturen, welche in den natürlichen Lebensraum eingebracht werden.

Ebene der vergleichenden Analyse In vergleichenden Untersuchungen stellen sich vier grundsätzliche Fragen: 1. Welche Mechanismen liegen einem Verhalten, einem bestimmten kognitiven Prozess zugrunde? 2. Wie entwickelt sich dies bei einem Individuum (Ontogenese)? 3. Welches sind die Ursachen dafür, dass sich ein solches Verhalten als Anpassung in der Evolution entwickelt hat? 4. Wie sieht die Evolutionsgeschichte vergleichend – bei verschiedenen Tierarten – aus, und welche Rolle hat sie möglicherweise für das aktuelle Verhalten einer besonderen Spezies?

Zum Beispiel stellt sich die Frage nach der Evolutionsgeschichte wie folgt: Vor gut 300 Millionen Jahren hatten Huhn und Mensch einen gemeinsamen Ahnen; inwieweit sind unsere kognitiven Leistungen oder die kleiner Hühnerküken von dieser gemeinsamen frühen Vorgeschichte bestimmt? Inwieweit zeigen wir Menschen (oder die kleinen Küken) Leistungen, die vor vielen Millionen Jahren einmal adaptiv gewesen sind, im Hinblick auf die heutige Lebensweise aber keinen Vorteil bieten, vielleicht sogar regelrechte Fehlleistungen darstellen (Andrews, 1991; Rogers, 1995; Sarris 2005).).

Bewusstsein bei Tieren Dabei ist die Frage nach dem tierischen Bewusstsein heute – im Vergleich zu früher – zum seriösen Forschungsgegenstand geworden. Wie beim Menschen besteht allerdings auch hier das Grundproblem, dass das „*Bewusstsein*" per definitionem subjektiv ist. Somit ist der heuristische Status zu Fragen des Bewusstseins bei Tieren nicht vollständig mit den zuvor behandelten vier Ebenen der Forschungsanalyse zu vergleichen. Dabei sollte nicht vergessen werden, dass auch andere fundamentale Annahmen, die wissenschaftlichem Arbeiten zugrunde liegen, nur einen hypothetischen Charakter haben (*kritischer Objektivismus*). Vor diesem Hintergrund kann die Annahme von Bewusstsein bei Tieren ein fruchtbares theoretisches Konzept sein, sofern die besonderen Grenzen dieses Ansatzes nicht aus den Augen verloren werden (Bekoff, Allen & Burghardt, 2002; Koch, 2004)).

10.3 Übungsrelevante Demonstrationen

Eine experimentelle Grundausbildung im Rahmen des Psychologiestudiums soll einerseits der Forschungsrealität genügen und damit einen Einblick in die dort verwendeten Gerätschaften und Apparaturen ermöglichen, muss dies aber andererseits aufgrund begrenzter zeitlicher und finanzieller Ressourcen auf ein im Rahmen der Ausbildung vertretbares Maß begrenzen.

Demonstrationen des „Kurzen Leitfadens ..."

Deshalb werden Studienanfänger in der Regel eher mit technisch weniger aufwändigen Versuchsaufbauten konfrontiert und nur in Ausnahmefällen komplexe Steuerungs- und Erfassungsapparaturen kennen lernen. Wir haben in diesem *Leitfaden* an verschiedenen Stellen auf Versuche verwiesen, welche als *Demonstrationsversuche* im Studium der experimentellen Psychologie geeignet sind. Darüber hinaus finden Sie am Ende dieses Textes ein *Appendix* sowie eine *CD-ROM*, die neben einer Systematik der Versuchspläne weitere experimentalpsychologische Demonstrationen enthalten (s. Anhang A2).

Weitere Demonstrationen im Überblick

Als weitere Quelle für klassische experimentelle Demonstrationen sei auf die „*Einführung in die experimentelle Psychologie*" (Sarris, 1999) sowie auf das dreibändige „*Experimentalpsychologische Praktikum*" (Sarris, 1995) hingewiesen (vgl. unten Tabelle 10.2). Die dort aufgelisteten *Demonstrationen* beziehen sich auf Experimente, die für die Theorienbildung in verschiedenen psychologischen Teildisziplinen von Bedeutung waren und eher geringe apparative Voraussetzungen verlangen.

In neuerer Zeit bietet sich die Möglichkeit des computerunterstützten Experimentierens. Zu den klassischen Experimenten gehören die so genannten Paper-pencil-Experimente, wie beispielsweise frühere Intelligenz- und Persönlichkeitstests, oder Versuche mit besonders einfacher technischer Instrumentierung wie der *Wertheimersche Schieber* (s. Kap. 5.2). Im Vergleich zu den klassischen Experimenten weisen die computergestützten Versuche einige Vorteile – wie die maximale Standardisierung, die Möglichkeit der Stichprobengewinnung durch die Durchführung der Experimente im *World Wide Web* auf, sind jedoch nicht immer anwendbar. Generell haben PCs in den letzten Jahren mehr und mehr Verwendung gefunden, wodurch neue Verfahrensweisen wie Experimente-Generatorenprogramme (z.B. *Eprime*) entwickelt, aber auch neue Möglichkeiten wie WWW-Publikationen, experimentelle Online-Demonstrationen und Tutorials auf *stand-alone-PC* und im *Internet* geschaffen wurden. Diese neu entwickelten Unterrichtsmethoden werden unter dem modernen Begriff des *E-Learning* zusammengefasst (s. auch Box 10.2).

Tabelle 10.2

Demonstrationen aus „Einführung in die experimentelle Psychologie" und Bd. II „Experimentalpsychologisches Praktikum"

Verzeichnis der Demonstrationen aus „Einführung in die experimentelle Psychologie" (Sarris, 1999)

Teil I

Demo 1.1	Psychologisches Wissen beim Laien – ein „Wissens"-Fragebogen
Demo 2.1	Biopsychologische Verhaltensanalyse: Ein Tierversuch zum operanten Konditionieren
Demo 3.1	Beschreiben und naives Erklären – experimentell induziertes „Stottern"
Demo 4.1	Überprüfung eines quantitativen psychologischen Gesetzes: Emmerts Gesetz für Nachbilder
Demo 5.1	Bedingungen für Halb- und Scheinwissen – eine kognitionspsychologische Analyse

Teil II

Demo 6.1	Alltagssprache und ihre wissenschaftliche Klassifikationsrelevanz
Demo 7.1	Messprobleme in der Psychologie – ein Methodenexperiment
Demo 8.1	Instrumentelle Kontrolle der Raumwahrnehmung: Bau eines Stereoskops
Demo 9.1	Validitätskontrolle eines Gedächtnisexperiments: Analyse des Lernmaterials und der Lernmethoden
Demo 10.1	Lebensnähe versus Künstlichkeit –Analyse konformen Verhaltens im Labor

Verzeichnis der Demonstrationen aus „Experimentalpsychologisches Praktikum" (Sarris, Bd. II) 1995

Demo 7.1	Der v. Restorff-Effekt
Demo 7.2	Behalten abstrakter und konkreter Informationen
Demo 7.3	Reduktive Kodierung beim unmittelbaren Behalten
Demo 8.1	Klassisches Konditionieren
Demo 8.2	Verbales Konditionieren
Demo 8.3	Verstärkung von Meinungsäußerungen
Demo 9.1	Brainstorming
Demo 10.1	Latenzzeit der elektrodermalen Reaktion
Demo 10.2	Emotionale Wirkung von bedeutungshaltigen Aussagen
Demo 10.3	Neugier und Aktivierung
Demo 11.1	Einfache Reaktionszeitmessung
Demo 11.2	Interindividuelle Unterschiede von Reaktionszeiten
Demo 11.3	„Schwierigkeit" der Entscheidung und Entscheidungszeit
Demo 12.1	Eindrucksmerkmale von Schriften – oder: Können Sie die Handschrift eines Verbrechers identifizieren?

10.4 Praktikumsexperimente in der Grundausbildung

Klassische Praktikumsexperimente

Die meisten Grundversuche behandeln einzelne Themenstellungen aus verschiedenen Bereichen der Psychologie. Beispielsweise werden in den Praktikumsbüchern (z.B. Sarris, 1995) verschiedene (Haupt-) Praktikumsversuche aus den folgenden Bereichen der Allgemeinen Psychologie dargestellt:

- Wahrnehmungs- und Kognitionspsychologie
- Lern- und Gedächtnispsychologie
- Emotions- und Motivationspsychologie.

Abgesehen davon, dass die einzelnen Praktikumsexperimente unabhängig voneinander durchgeführt und somit im jeweiligen experimentalpsychologischen Praktikum nach dem „Baukasten"-Prinzip eingesetzt werden können – auch wenn die meisten von ihnen inhaltliche sowie methodische Querverbindungen zueinander aufweisen –, ist ein Kapitel typischerweise nach einem einheitlichen Prinzip aufgebaut. Die Praktikumsversuche lassen sich nicht nur in inhaltlicher, sondern auch in methodologischer Hinsicht klassifizieren; und zwar zunächst danach, ob mit ihnen eher „Labor" – oder eher „Feld"-Daten erhoben werden (Abb. 10.1). Mit dieser Einteilung verbindet sich die Frage einerseits nach der so genannten Künstlichkeit und andererseits nach der so genannten internen Validität (= empirische Präzision) von Daten. Man merke sich als Faustregel, dass Labordaten intern valider als Felddaten sind. Gleichzeitig ist zu beachten, dass das damit zusammenhängende Kriterium der Künstlichkeit von Versuchssituationen keineswegs ein wissenschaftlich negatives Bewertungsmerkmal darstellt, sondern vielmehr den Aspekt der empirischen Kontrolle der Datenerhebung meint (s. Kap. 2). Es versteht sich, dass ein solcher Einordnungsaspekt nicht mehr und nicht weniger als eine erste allgemeine Orientierung für die methodologische Klassifizierung von Praktikumsversuchen bieten soll.

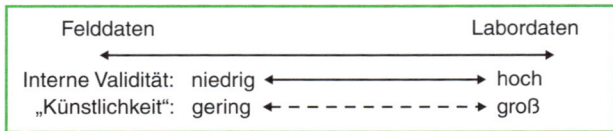

Abbildung 10.1: Schematische Darstellung der Bewertung von Labor- und Feld-Daten nach der „Künstlichkeit" und „Internen Validität" von psychologischen Untersuchungen. (Nach Sarris, 1995.)

Über den Rahmen experimenteller Demonstrationen hinausgehend ist es unerlässlich, dass Studierende – unter fachmännischer Anleitung – eigenständig Experimente durchführen, auswerten und in Berichtform dokumentieren. Aus didaktischen Gründen werden im Allgemeinen bekannte Experimente für diesen Zweck adaptiert und von den Studierenden repliziert.

Vorlagen hierfür finden sich in unterschiedlichster Form in den entsprechenden Lehrbüchern.

Während Box 10.1 eine Übersicht klassischer Experimente aus den Bänden *Experimentalpsychologisches Praktikum* von Sarris (1995) gibt, sind in Box 10.2 computergestützte Experimente aus dem *Experimentalpsychologischen Praktikum* von Irtel (1993) aufgelistet.

Box 10.1: Klassische Experimente

Zu sämtlichen hier aufgeführten klassischen Untersuchungen gibt es jeweils ausführliche Versuchsanweisungen für ein Ex*perimentalpsychologisches Praktikum*. Die folgende Auflistung ist der *Übersicht* von Sarris, V. (1995 Bde. I, II u. III) entnommen.

Experimente in Band I:

- „Ankerreiz"-Effekte in der Psychophysik: Mathematische Modellansätze in der Bezugssystemforschung.
- Psychophysik und Wahrnehmungsintegration: Zur Skalierung der Größen-Gewichts-Täuschung.
- Kunstbetrachtung und semantisches Differenzial.
- Erwerb von konkreten und abstrakten Begriffen.
- Die Effektivität verschiedener Lehrmethoden.
- Gegenseitige Verstärkung von Konflikten.

Experimente in Band II:

- Clustering bei freier Reproduktion.
- Was wird gelernt beim verbalen Konditionieren?
- Förderung originellen Verhaltens.
- Zur Beziehung zwischen Pulsfrequenz und geistig-nervlicher Anspannung.
- Reaktionszeit in Abhängigkeit vom Informationsgehalt der Reize.
- Soziale Wahrnehmung und Eindrucksbildung.

Experimente in Band III:

- Eine Bedeutungsanalyse von Gemälden mithilfe des semantischen Differenzials.
- Verzögerte akustische Sprachrückmeldung unter verschiedenen Instruktionsbedingungen.
- Berufliche Zufriedenheit und „Kreativität".
- Kognitive Algebra: „Summations-" oder „Mittelungs-"Modell?
- Aggressivität in Fremd- und Selbstbeurteilung.
- Frustration, sozialer Status und aggressives Hupen im Straßenverkehr
- Wie Finder verlorener Briefe sich verhalten – ein Feldexperiment.
- „Guter Eindruck" und Persönlichkeitsfragebogen.

Sarris, V. (1995). Experimentalpsychologisches Praktikum (Bde. I, II, u. III). (2. Aufl.). Lengerich: Pabst Science Publishers.

Validierungsüberlegungen in der Konzeptionsphase eines Experiments erfordern stets auch den Einbezug der zu verwendenden Apparaturen und Instrumente. Seit Beginn hat die experimentalpsychologische Forschung Apparaturen und Gerätschaften verwendet, um ihre Fragestellungen mit einem hohen Maß an experimenteller Kontrolle umzusetzen und gleichzeitig Messergebnisse von größter Exaktheit zu erzielen (vgl. Kap. 5.2 Instrumentierung des Experiments).

Wir haben im vorliegenden Text immer wieder Experimente vorgestellt, die diesem Anspruch folgend, mittels einfacher technischer Instrumente psychologische Fragestellungen in Experimenten nachgehen (vgl. auch Kap. 10.3).

In diesem Kontext ist es nicht verwunderlich, dass auch der Computer sehr schnell nicht nur Eingang in die Experimentalpsychologie gefunden hat, sondern der experimentellen Forschung auch Impulse für neue Fragestellungen gegeben hat. Man betrachte nur einmal die Erkenntnisgewinne, die sich aus der technischen Entwicklung auf dem Bereich der Biosignalerfassung (vgl. *„Kognitive Prozesse und ihre physiologischen Korrelate*) ergeben hat. Der Computer ermöglicht eine automatisierte Steuerung von experimentellen Abläufen und die Erfassung von Reaktionen mit größter Präzision und vermeidet so einen großen Teil der Fehler, welche zu Lasten eines Versuchsleiters gehen. Ein weiterer Vorteil computergestützter experimenteller Forschung ist zweifellos, dass über ein standardisiertes System eine bessere Vergleichbarkeit experimenteller Versuchsaufbauten und ein verbesserter Austausch der Forschung ermöglicht werden. Computer sind daher aus modernen Laboratorien nicht mehr wegzudenken.

Für die experimentelle Grundlagenausbildung wurden an vielen Hochschulen Demonstrationsexperimente auf PC adaptiert und ermöglichen auf diese Weise für die Studierenden eine einfache und standardisierte Versuchsdurchführung und Messwerterfassung. Ein schönes Beispiel hierfür stellt die Experimentsammlung für PC von Irtel (1993) dar (vgl. Box 10.2).

Box 10.2: Computergestützte Experimente

In der folgenden Auflistung sind alle PC-Experimente bereichssortiert aufgeführt, die im Praktikumsbuch von Irtel (1993) beschrieben sind. Die meisten Experimente lassen sich über folgende Adresse zur lokalen Bearbeitung herunterladen (download): *http://www.uni-mannheim.de/fakul/psycho/irtel/pxlab/index.html*

Reaktionszeitexperimente
- Einfache Reaktionszeiten auf optische Signale.
- Reaktionszeiten bei zwei optischen Signalen und einfacher Reaktion.
- Wahlreaktionszeiten auf zwei optische Signale.
- Vergleich der Reaktionszeiten auf optische und akustische Signale.

Experimente zur Unterscheidbarkeit einfacher Reize
- Parameter der Tonhöhendiskrimination, adaptives Verfahren.
- Psychometrische Funktionen bei der Tonhöhendiskrimination, Konstanzmethode.

Experimente zur Wahrnehmungstäuschung
- Komponenten der Horizontal-Vertikal-Täuschung, gemessen mit einem adaptiven Verfahren.
- Komponenten der Horizontal-Vertikal-Täuschung, gemessen mit der Herstellungsmethode.
- Messung des Täuschungsbetrags bei Müller-Lyer-Figuren mit verschiedenen Winkeln zwischen den Endstrecken mit Hilfe der Herstellungsmethode.

Experimente zu Bewegungsnacheffekten
- Dauer und interokularer Transfer des Bewegungsnacheffektes bei linearen und radialen Bewegungsreizen.
- Demonstrationen zur visuellen Wahrnehmung.

Experimente zum visuell-sensorischen Speicher

■ Visuell-sensorischer Speicher: Teilbericht mit Selektion nach Farbe.

■ Abruf aus dem visuell-sensorischen Speicher: Ganzbericht.

■ Visuell-sensorischer Speicher: Teilbericht mit variabler Verzögerung des Hinweisreizes.

■ Visuell-sensorischer Speicher: Teilbericht mit Selektion von Ziffern oder Buchstaben.

■ Visuell-sensorischer Speicher: Teilbericht einer Zeile mit akustischem Hinweisreiz.

Experimente zum Erkennen von Buchstaben

■ Der Wortüberlegenheitseffekt beim Erkennen von Buchstaben.

■ Experimente zur Stroop-Interferenz.

■ Farbe-Wort-Interferenz: der Stroop-Effekt.

■ Der semantische Gradient des Stroop-Effektes.

Experimente zum kurzzeitigen Speichern von Informationen

■ Kurzzeitgedächtnis: Gedächtnisspanne für Buchstaben.

■ Kurzzeitgedächtnis: Gedächtnisspanne für Wörter.

■ Kurzzeitgedächtnis: Gedächtnisspanne für Ziffernfolgen.

■ Serielle Positionseffekte beim Reproduzieren von Listen.

■ Wiedergabe aus dem Kurzzeitgedächtnis mit Ablenkaufgabe: das Peterson & Peterson-Paradigma.

Experiment zur Suche im Kurzzeitgedächtnis

■ Suche im Kurzzeitgedächtnis: Das Sternberg-Paradigma.

Experimente zum einfachen Paarlernen

■ Einfaches Paarlernen nach der Antizipationsmethode.

■ Überprüfung des Alles-oder-Nichts-Modells für einfaches Paarlernen durch Ersetzen falsch beantworteter Items.

■ Einfaches Paarlernen mit separater Lern- und Testphase.

Experimente zum kurzzeitigen Speichern von Informationen

■ Inzidentelles Lernen mit verschiedenen Orientierungsaufgaben.

Replikationsexperimente

■ Verifikation logischer Aussagen.

■ Anagramme.

■ Das Missionare-und-Kannibalen-Problem.

■ Mentale Rotation von Buchstaben.

■ Gleich/Verschieden-Aufgaben.

■ Symbolischer Distanzeffekt.

■ Der Turm von Hanoi.

■ Suche im Langzeitgedächtnis: Satzverifikation.

Irtel, H. (1993). Experimentalpsychologisches Praktikum. Berlin: Springer.

Einem vergleichbaren Konzept folgt das *Laboratory in Cognition and Perception v3*, welches 20 vorbereitete experimentelle Paradigmen aus den Bereichen der Kognition und Wahrnehmung für die experimentelle Ausbildung enthält: *http://www.psychologysoftware.com/laboratory_in_cognition_and_perc.htm*.

Besondere Hinweise: Die Programmierung der experimentellen Versuchsaufgaben erfolgte anfänglich ausschließlich mit Hilfe von Programmiersprachen wie *Pascal* oder *C.* Damit beschränkte sich die Programmentwicklung mehr oder minder auf Computerexperten. Um den in Programmiersprachen nicht ausgebildeten Psychologen den Einsatz von Computern zur Versuchssteuerung zu erleichtern, wurden in den letzten ein bis zwei Jahrzehnten spezifische Programme – so genannte *Experiment-Generator*-Programme – entwickelt, die es erlauben, diese Aufgaben mit einem vertretbaren Zeitaufwand am PC zu realisieren. International weit verbreitete Experiment-Generator-Programme sind *Eprime* (Psychology Software Tools, Inc.; *http://www.pst-net.com/e-prime/*), BeriSoft (BeriSoft Cooperation.; *http://www.erts.de/*) und *Superlab* (Cedrus Corporation; *http://www.superlab.com/*). Mit Hilfe dieser Programme erstellte Versuchsrealisationen können in der Regel programmunabhängig auf beliebigen *Personal Computern* ausgeführt werden. Auf diese Weise lassen sich Experimente an verschiedenen Orten weitgehend unter denselben Bedingungen durchführen.

Aktuelle WWW-Experimente

Mit der globalen Verbreitung des Internet hat sich eine weitere interessante Perspektive für die Experimentalpsychologie eröffnet, das so genannte *Web*-unterstützte Experimentieren.

Web-Experimente sind im Grunde eine Erweiterung der vorangehend beschriebenen computergestützten Laborexperimente. Im Unterschied hierzu nehmen die Versuchsteilnehmer jedoch mit ihrem Computer über die grafische Oberfläche ihres Web-Browsers Kontakt zu einem Laborcomputer auf, auf dem ein so genanntes *Web-Server-Programm* läuft (Box 10.3).

Besondere Hinweise: Der Ablauf des Experimentes gleicht demjenigen auf dem Laborcomputer, allerdings jetzt auf dem Monitor des Heimcomputers der Versuchsperson. Die Eingaben der Versuchsteilnehmer, z.B. Mausklicks, Texteingabe oder Dokumentabfragen, kann der Web-Server aufzeichnen und beantworten. Außerdem können spezifische Informationen, wie Name und Standort des Computers und Art des verwendeten Browsers, des ansonsten anonymen Teilnehmer erfasst werden. Mit Hilfe von so genannten Java-Applets ist es sogar möglich, Antwortzeiten zu registrieren.

Mit der weiteren Verbreitung von Internetanschlüssen werden für den Experimentalpsychologen sehr viel mehr Personen der Allgemeinpopulation für die Forschung zugänglich sein, als dies bisher der Fall ist. Die bei herkömmlichen Versuchen in der Regel bestehende Stichprobenbeschränkung, z.B. auf studentische Versuchsteilnehmer, könnte dadurch umgangen werden. Die Gruppe der Internetbenutzer wird in der Zukunft wohl so repräsentativ für die Allgemeinpopulation sein wie derzeit die Gruppe der Fernsehkonsumenten. Psychologische Forschung kann somit Angehörige bisher vernachlässigter Bildungs- und Altersschichten ebenso in ihre Untersuchungen einbeziehen wie auch Personen aus unterschiedlichen Kulturkreisen. Dies könnte die Validität psychologischer Forschung deutlich erhöhen. Notwendig wäre es jedoch, dass wesentliche, als gesichert geltende psychologische Forschungsergebnisse mit dieser neuen Methode repliziert werden. Eine mögliche Vorgehensweise könnte darin bestehen, dass möglichst viele Experimente parallel im Internet und lokal durchgeführt werden. Reips (1999, S. 263) schlussfolgert daher: „Valide psychologische Theorien sollten jedenfalls in der Lage sein, auch das Verhalten von Versuchspersonen in Web-Experimenten vorherzusagen."

Internet-Experimente eignen sich generell eher für solche Bereiche der Forschung, in denen die situativen Einflüsse, welche im Labor kontrolliert werden können, von geringer Bedeutung sind (Box 10.3) – Weiterführende Informationen zu webbasiertem Experimentieren wie auch auf Online-Experimente finden sich unter den folgenden Web-Adressen:

- *http://www.expraktikum.de*
- *http://www.psychologie.unizh.ch/genpsy/Ulf/Lab/WebExpPsyLabD.html*

Box 10.3: Vor- und Nachteile von webbasierten Experimenten

Reips (2000) führt eine Reihe von Vor- und Nachteilen webbasierter Experimente auf. Zusammenfassend nennt er wesentliche *Vorteile*:

- Eine Versuchsteilnahme ist nicht an den Untersuchungsort des Versuchsleiters gebunden. Das Experiment kommt zum Versuchsteilnehmer – und nicht umgekehrt.

- Es besteht ein leichter Zugang zu einer großen Zahl demographisch und kulturell verschiedener Teilnehmer. Die bei herkömmlichen Versuchen in der Regel bestehende Stichprobenbeschränkung (z.B. auf studentische Versuchsteilnehmer) entfallen. Hieraus könnte sich möglicherweise eine höhere Validität webbasierter Experimente ergeben.

- Es besteht ein erleichterter Zugang zu seltenen und spezifischen Teilnehmerpopulationen.

- Zeit- und Organisationsprobleme werden eher vermieden.

- Die Teilnehmerzahl kann potenziell sehr groß und die Erhebungszeit eher kürzer als im Labor sein, da ohne zeitliche und geographische Beschränkung viele Personen gleichzeitig am Versuch teilnehmen können.

- Es wird kein Versuchleiter benötigt, so dass „versuchsleiterbedingte" Effekte reduziert bzw. ausgeschaltet werden.

- Es besteht vollkommene Teilnahmefreiwilligkeit. Die Versuchsteilnehmer können zu jeder Zeit und ohne Begründungszwang ihre Teilnahme abbrechen.

- Die Kosten für die Versuchsdurchführung entfallen in der Regel bzw. werden drastisch reduziert.

Als wesentlicher *Nachteil* webbasierter Experimente wird zunächst die anonyme Versuchsteilnahme gesehen, was eine geringe „Kontrolle" und „Standardisierung" des Verhaltens von Teilnehmern zur Folge hat. Zusätzlich zu möglichen Stichprobenbeschränkungen und besonderen technischen Einflüssen auf Grund des Mediums ist man hier auf – kaum erfassbare – wahrheitsgemäße Angaben der Versuchteilnehmer angewiesen. Des Weiteren könnte die Bereitschaft, an einer bestimmten Untersuchung teilzunehmen, mit den untersuchten abhängigen Variablen *konfundiert* sein (Problem der Selbstselektion). Ein weiterer validitätsbeeinträchtigender Nachteil besteht sicher darin, dass der Untersucher zunächst einmal das für die Durchführung nötige technische Wissen erwerben muss (Birnbaum 2000; Janetzko et al., 2002).

Birnbaum, M. H. (Ed.) (2000). *Psychological experiments on the internet*. San Diego: Academic Press.

Janetzko, D., Hildebrandt, M. & Meyer, H. A. (Hrsg.) (2002). Das Experimentalpsychologische Praktikum im Labor und WWW. Göttingen: Hogrefe.

Reips, U.-D. (2000). Das psychologische Experimentieren im Internet. In B. Batinic (Hrsg.), Internet für Psychologen. (2. Aufl.). Göttingen: Hogrefe.

Zusammenfassung

Die heutige Psychologie vereint sowohl sozial- und geisteswissenschaftliche als auch natur- und biowissenschaftliche Aspekte. Als in wissenschaftstheoretischer und methodologischer Hinsicht *multidisziplinär* orientierte Wissenschaft liegt sie im Überschneidungsbereich vieler Einzeldisziplinen. Da jedoch die einzelnen Fachrichtungen denselben methodologischen Grundgedanken verfolgen, nämlich den der systematischen Erfassung des Verhaltens und Erlebens, erfordert die Grundlagenausbildung der psychologischen Methodenlehre notwendigerweise die Vermittlung der wissenschaftstheoretischen Grundlagen mit den Prinzipien der Versuchsplanung und der Datenauswertung verknüpfen.

Eine experimentelle Grundausbildung im Rahmen des Psychologiestudiums soll der Forschungsrealität genügen und muss damit auch einen Einblick in die dort verwendeten Gerätschaften und Apparaturen ermöglichen. Hierzu lassen sich in der Literatur viele exemplarische experimentelle Demonstrationen und Praktikumsversuche finden, welche Studierende mit geringem technischen Aufwand selbstständig durchführen können. Die Entwicklungen im Bereich der Informationstechnologie haben dazu geführt, dass der Computer ein nahezu unverzichtbares Instrument in der experimentalpsychologischen Forschung geworden ist: Er findet seinen Einsatz in der Steuerung experimenteller Abläufe und der Erfassung der Messwerte der abhängigen Variablen ebenso wie in der statistischen Datenanalyse. Inzwischen eröffnen sich auch Möglichkeiten, experimentelle Untersuchungen in der Öffentlichkeit des Internet durchzuführen. Diese technischen Veränderungen wie auch die unter dem Begriff E-Learning eröffneten Möglichkeiten verbesserten Lehrens und Lernens sind für die Ausbildung von aktuellem Interesse.

Aktuelle Internet-Links

Die in Box 10.2 angesprochenen Praktikumsexperimente von Irtel finden sich unter der Web-Adresse:

http://www.uni-mannheim.de/fakul/psycho/irtel/pxlab/index.html

Weiterführende Informationen zu webbasiertem Experimentieren wie auch auf Online-Experimente finden sich unter der folgenden Web-Adresse:

http://www.expraktikum.de

Eine große Sammlung von Verweisen auf Web-Ressourcen zu psychologischen Demonstrationen, Tutorien u. a. bietet ebenfalls John H. Krantz (Hanover College, USA) unter der Web-Adresse:

http://psych.hanover.edu/Krantz http/ .

Vergleiche ferner das in Kapitel 5 empfohlene WEB-LABOR für EXPERIMENTELLE PSYCHOLOGIE.

Wichtige Fachbegriffe[1]

E-Learning	Proto-Wissenschaft
Experiment-Generator-Programm	Web-Server
Java-Applet	

---

1 Erläuterungen der Fachbegriffe finden sich im Glossar am Ende des Buches.

Auf der CD

A.1 CD-Einführung 194

A.2 Demonstrationen, Illustrationen und Originaluntersuchungen 195

A.3 Systematik der Versuchspläne 196

A

ÜBERBLICK

A.1 CD-Einführung

Aufbauend auf dem experimentell-korrelativen Grundmodell, werden auf der Compact Disk die wichtigsten Typen der in der modernen empirischen Forschungspraxis verwendeten Versuchspläne (Designs) systematisch – mit Hilfe von vielen Forschungsbeispielen – dargestellt. Dabei wird besonderer Wert auf die systematische Verwendung der Designsymbole gelegt. Wie bereits in Kap. 4.1 dargestellt, bedeutet für alle Designs das Symbol X die Stufe einer experimentell *unabhängigen* Variablen (UV), das Symbol Y dagegen den Messwert (Realisation) einer *abhängigen* Variablen (AV).

Die Einteilung der Versuchspläne (Designs) erfolgt in der Systematik der Versuchspläne nach vier Haupttypen:

- Experimentelle Designs (R, W, $B(R)$)
- Quasi-experimentelle Designs (Q)
- Ex post facto-Designs (E), und
- Korrelative Designs (K)

Die verwendeten Symbole R, W, $B(R)$ usw. bedeuten:

R = Zufallsgruppenversuchsplan („randomized group design")
W = Versuchsplan mit Wiederholungsmessungen („repeated measures design")
$B(R)$ = Blockversuchsplan („randomized block design")
Q = Quasi-experimenteller Faktor.
K = Korrelativer („correlational") Faktor
O = Organismusfaktor

Die jeweilige Anzahl dieser Symbole gibt an, ob es sich um ein uni-, ein bi- oder ein trifaktorielles Design handelt (z.B. R = unifaktoriell; RR = bifaktoriell; RRR = trifaktoriell; usw.).

Nachfolgender „Leitfaden der Versuchspläne" enthält neben der deutschen und englischen Bezeichnung der Versuchspläne eine numerische Designklassifikation, die den in den Texten zur Designsystematik auf der CD verwendeten entspricht.

Um eine möglichst einfache und einprägsame Aneignung der im vorliegenden Buch behandelten Basiskonzepte zu gewährleisten, sind auf der CD zu den Buchkapiteln 1 bis 9 Illustrationen (*Illu*) sowie Originaluntersuchung (*Orig*) bereit gestellt. Ergänzt werden diese durch Demonstration (*Demo*), welche als Übungsbeispiel für die selbständige Datenerhebung gedacht sind und damit die Verbindung zwischen Theorie und Praxis des experimentellen Arbeitens in der Psychologie herstellen.

A.2 Demonstrationen, Illustrationen und Originaluntersuchungen

Demo

Zu Kap. 1: Selbst- und Fremdbeobachtung: Veränderung der subjektiven Befindlichkeit mit der Zeit

Zu Kap. 2: Zufall und Gesetz gezeigt am Beispiel der Normalverteilung

Zu Kap. 3: Hypothesengewinnung bei der Beobachtung

Zu Kap. 4: Zufallsgruppendesigning: Gedächtnisleistung in Abhängigkeit von der Einprägungstechnik

Zu Kap. 5: Bau des Wertheimerschen Schiebers

Zu Kap. 6: Alltagssprache und ihre wissenschaftliche Klassifikationsrelevanz

Zu Kap. 7: Pseudo-quantitative Datenanalysen: Indexkorrelationen

Zu Kap. 8: Intuition und (Miss-)Verstehen – der Halofehler als subjektive Korrelation

Zu Kap. 9: Erwerb von konkreten und abstrakten Begriffen – eine experimentell-korrelative Untersuchung

Illu

Zu Kap. 1: Wissenschaftliche Beweispflicht und Beweisnot – aufgezeigt am Beispiel parapsychologischer Bedeutung

Zu Kap. 2: Psychotherapie – zwischen vorwissenschaftlichem Status und experimenteller Erfolgsforschung

Zu Kap. 3: Schulversuche: „Experimente", die keine (Experimente) sind

Zu Kap. 4: Experimentell-korrelativer Forschungsansatz: Wechselwirkungen von Organismus- und Reiz-Variablen

Zu Kap. 5: Versuchsanweisung und Instruktionsverständnis

Zu Kap. 6: Anwendungsbereiche psychophysiologischer Aktivierungsdiagnostik

Zu Kap. 7: Korrelationsforschung – der „Romeo-und-Julia-Effekt"

Zu Kap. 8: Multifaktorielle Komponenten der Eindrucksbildung: „Systematisches" versus „repräsentatives" Design

Zu Kap. 9: Multifaktorielle Determinanten des Konfliktverhaltens

Orig

Zu Kap. 1: Transfereffekte beim Lösen von Denkaufgaben (Haslerud & Myers, 1958)

Zu Kap. 2: Der Traum als „Wächter des Schlafes" – ein experimenteller Nachweis? (Jovanovič, 1978)

Zu Kap. 3: Soziales Lernen: Mutter-Kind-Beziehung bei Affen (Seay, Alexander & Harlow, 1964)

Zu Kap. 4: Die Abhängigkeit eines Befunds vom experimentellen Design (Grice & Hunter, 1964)

Zu Kap. 5: Zur Frage der „Wissentlichkeit" von Versuchsteilnehmern (Resnick & Schwartz, 1973)

Zu Kap. 6: Wie Finder „verlorener" Briefe sich verhalten – ein Feldexperiment (Milgram, 1969a)

Zu Kap. 7: Einstellungsänderung durch Angsterzeugung: Ein medizinisch-sozial-psychologisches Feldexperiment (Janis & Feshbach, 1969)

Zu Kap. 8: Motivationsstärke und Leistung: Geltungsbereich des Yerkes-Dodson-Gesetzes (Broadhurst, 1957)

Zu Kap. 9: Milgrams „Gehorsamkeits"-Experimente – Streit um mangelnde soziale Akzeptanz?

A.3   Systematik der Versuchspläne

Einleitung

1 Grundlagen der psychologischen Versuchsplanung

1. Konzeptuelle Fragen
2. Forschungsstrategische Bedeutung der Versuchsplanung
3. Versuchsplanung und Theorienbildung

2 Vorexperimentelle („ungültige") Versuchspläne

1. Einmalige Untersuchung an einer einzigen Versuchsgruppe
2. Vorher-Nachher-Messung an einer einzigen Versuchsgruppe
3. Statischer Gruppenvergleich – mehrere vorgegebene Versuchsgruppen

3 Experimentelle Versuchspläne

1. Versuchpläne mit Zufallsgruppenbildung
2. Versuchpläne mit wiederholten Messungen
3. Blockversuchspläne

4 Mischversuchpläne und multivariate Versuchsplanung

1. Grundlagen der Mischversuchspläne
2. Typen von Mischversuchsplänen
3. Multivariate Versuchsplanung

5 Quasi-experimentelle, Ex post facto- und korrelative Versuchspläne

1. Quasi-experimentelle Versuchspläne
2. Ex post facto-Versuchsanordnungen
3. Korrelative Versuchsanordnungen

Überblick

Die englische Design-Bezeichnung erfolgt in Anlehnung an die Werke von Matheson et al. (1978) und Yaremko et al. (1982).

		Tabelle A.1	
lfd. Design-Nr.	**Numerische Design-Klassifikation**	**Bezeichnung des Designs** Deutsch	Englisch
1	0.1	Vorexperimentelle („ungültige") Versuchsanordnung: Einmalige Nachher-Messung an einer einzigen Versuchsgruppe	One „shot" case study
2	0.2	Vorexperimentelle („ungültige") Versuchsanordnung: Vorher-Nachher-Messung an einer einzigen Versuchsgruppe	One group before-after design
3	0.3	Vorexperimentelle Versuchsanordnung: Vergleich von mehreren vorgegebenen, experimentell behandelten Gruppen mit einmaliger Nachher-Messung	After-only multi-group design
4	1.0	Zufallsgruppenversuchsplan: Zweigruppen-Design ohne Vorher-Messung	Randomized two-group design
5	1.1	Zufallsgruppenversuchsplan: Zweigruppen-Design mit Vorher-Nachher-Messung	Randomized before-after two group design
6	1.2	Unifaktorieller Zufallsgruppenversuchsplan: Mehrgruppen-Design	Randomized multi-group design: Uni-factorial layout
7	1.3	Zweifaktorieller Zufallsgruppenversuchsplan: Mehrgruppen-Design mit Randomisierung auf Faktor A und Faktor B	Randomized two-factorial multigroup design
8	2.0	Versuchsplan mit Wiederholungsmessungen: Unifaktorieller Eingruppenversuchsplan mit wiederholten Messungen auf dem Faktor X für zwei Treatments	Two-level design with repeated measures on the same subject
9	2.1	Versuchsplan mit Wiederholungsmessungen: Unifaktorieller Eingruppenversuchsplan mit wiederholten Messungen auf dem Faktor X für mehrere Treatments	Multilevel design with repeated measures on the same subject
10	2.2	Versuchsplan mit Wiederholungsmessungen: Zweifaktorieller Eingruppenversuchsplan mit wiederholten Messungen auf den beiden Faktoren A und B	Twofactorial design with repeated measures on both factors
11	2.3	Versuchsplan mit Wiederholungsmessungen: Dreifaktorieller Versuchsplan mit wiederholten Messungen auf allen drei Faktoren A, B und C	Threefactorial design with repeated measures on all three factors

lfd. Design-Nr.	Numerische Design-Klassifikation	Bezeichnung des Designs	
		Deutsch	**Englisch**
12	3.0	Unifaktorieller Blockversuchsplan: Zwei-gruppen-Design mit Probandenpaaren, homogenisiert durch Matchingverfahren	Randomized two-group blocks design
13	3.1	Unifaktorieller Blockversuchsplan: Mehr-gruppendesign mit p experimentellen Stufen und n Blöcken mit q gematchten Probanden	Match by correlated criterion design
14	4.1	Zweifaktorieller Mischversuchsplan: Faktor A mit Zufallsgruppenbildung und Faktor B als Organismusvariable mit statischer Gruppenbildung	Twofactorial multi-group mixed design
15	4.2	Zweifaktorieller Mischversuchsplan: Faktor A mit Zufallsgruppenbildung und Faktor B mit wiederholten Messungen	Twofactorial multi-group mixed design
16	4.3	Dreifaktorieller Versuchsplan mit Zufalls-gruppenbildung auf den Faktoren A, B und C	Randomized three-factorial design
17	4.4	Dreifaktorieller Mischversuchsplan: Faktor A mit Zufallsgruppenbildung, Faktor B als Organismusvariable und Faktor C mit wiederholten Messungen	Threefactorial multi-group mixed design
18	4.5	Dreifaktorieller Mischversuchsplan: Fak-tor A mit wiederholten Messungen sowie Faktor B und C mit Zufallsgruppenbildung	Threefactorial multi-group mixed design
19	Q.1	Quasi-experimenteller Versuchsplan: Vergleich von mehreren vorgegebenen, experimentell (X) behandelten Versuchs-gruppen aufgrund von Vorher-Nachher-Messungen	Before-after static multigroup comparison design
20	Q.2	Quasi-experimenteller Versuchsplan: Zeitreihenversuchsplan mit mehreren vor-gegebenen, experimentell (X) behandelten Versuchsgruppen aufgrund von mehreren Vorher-Nachher-Messungen	Static multigroup time series design
21	Q.3	Quasi-experimenteller Einzelfall-Versuchs-plan (ABAB-Abfolge): Zeitreihenversuchs-anordnung mit mehreren Messabschnitten [mit (B) und ohne (A) Treatment]	Single-subject time series design
	Q.3a	Quasi-experimenteller Einzelgruppen-Versuchsplan (ABAB-Abfolge): Zeitreihen-versuchsanordnung mit mehreren Messab-schnitten mit (B) und ohne (A) Treatment	Single-group time series design

lfd. Design-Nr.	Numerische Design-Klassifikation	Bezeichnung des Designs Deutsch	Englisch
22	Q.4	Quasi-experimenteller Einzelfall-Versuchs-plan (ABAB-Abfolge): Zweiprobanden-Zeitreihenversuchsanordnung mit mehreren Messabschnitten und mit Pb_1 unter Treatment X_1 und Pb_2 unter Treatment X_2 bzw. x_0 (Zufallsaufteilung)	Randomized two-subject time series design
	Q.4a	Quasi-experimenteller Zwei- oder Mehr-gruppen-Versuchsplan (ABAB-Abfolge): Zeitreihenversuchsanordnung mit zwei oder mehreren Zufallsgruppen	Randomized multi-group time series design
23	E.1	Ex post facto-Versuchsanordnung: Ver-gleich von mehreren vorgegebenen, experimentell nicht behandelten Ver-suchsgruppen ohne Vorher-Messung	Ex post facto design
24	K.1	Korrelative Versuchsanordnung: Eine einfache 2 x 2-Chi2-Versuchsanordnung	Simple 2 x2-chi square design
25	K.2	Korrelative Versuchsanordnung: Eine allgemeine zweidimensionale Chi2-Ver-suchsanordnung: sog. zweidimensionale Kontingenztafel	General chi-square contingency design
26	K.3	Korrelative Versuchsanordnung: Eine all-gemeine mehrdimensionale Kontingenz-tafel	Multidimensional chi-square contingency design
27	K.4	Korrelative (multivariate) Versuchsanord-nung: Eine allgemeine Interkorrelations-matrix bestehend aus den paarweisen Korrelationskoeffizienten r_{ij} zwischen je zwei Variablen I und J	General multidimen-sional matrix of pair-wise correlations

Glossar

A

Abhängige Variable
Merkmal, das in einem (Quasi-)Experiment erfasst wird, um zu überprüfen, wie sich systematisch variierte unabhängige Variablen auswirken.

Alternativhypothese
Die Alternativhypothese ist die Gegenhypothese H_1 zur Nullhypothese H_0 beim statistischen Test. Sowohl H_0 als auch H_1 sind Aussagen über die Grundgesamtheit, die in einem statistischen Test überprüft werden sollen.

Apparat
Technisches Hilfsmittel/Werkzeug zur Durchführung einer experimentellen Untersuchung. Die Reliabilität einer Untersuchung kann durch die Verwendung von Apparaturen erhöht werden.

Arithmetisches Mittel (Mittelwert)
Derjenige Wert (Durchschnittswert), der sich ergibt, wenn die Summe aller Werte einer Verteilung durch ihre Gesamtzahl (n) geteilt wird.

B

Behaviorismus
Eine historische Schulrichtung, die psychologische Untersuchungen auf *beobachtbares* Verhalten beschränkt.

Blockbildung (Parallelisierung)
Versuchsplanungsstrategie zur Erhöhung der internen Validität bei *Kleingruppen*-Experimenten. Zur Erstellung von Blöcken wird die Gesamtmenge der Versuchsteilnehmer in möglichst ähnliche Paare gruppiert; die beiden Untergruppen werden anschließend so zusammengestellt, dass jeweils der eine Paarling zufällig der einen Gruppe, der andere Paarling der anderen Gruppe zugeordnet wird.

C

Computersteuerung
Die Steuerung von Untersuchungsapparaturen erfolgt auf der Basis eines Computer-Datenverarbeitungsprogrammes.

Computer-Tomographie (CT)
Bei diesem diagnostischen Verfahren handelt es sich um eine Röntgenuntersuchung, bei der Schichten des Körpers oder eines Körperabschnittes nacheinander durchleuchtet und mit Hilfe eines Computers als dreidimensionales Bild dargestellt werden.

Cross-over Design
In einem Cross-over Design erfährt jeder Versuchsteilnehmer im Verlaufe des Experiments fortlaufend zwei oder mehr experimentelle Behandlungen. Dieses Design ist so definiert, dass zwei Behandlungen (A und B) in umgekehrter Reihenfolge vorgegeben werden, wobei die Zuteilung der Versuchsteilnehmer zu den Abfolgen zufällig erfolgt.

D

Deduktive Logik   Form des Denkens, bei der eine Schlussfolgerung logisch aus zwei oder mehr Annahmen oder Prämissen resultiert, d.h. vom Allgemeinen wird auf Spezielles geschlossen.

Deskriptiv-statistik   Die Deskriptivstatistik hat die Aufgabe, empirisch gewonnene Daten von qualitativen und quantitativen Merkmalen zu ordnen, durch bestimmte Maßzahlen zusammenzufassen und graphisch oder tabellarisch darzustellen.

Doppelblind-versuch   Experimentelle Technik, bei der artifizielle Erwartungseffekte eliminiert werden sollen. Weder der Versuchsleiter noch die Versuchsteilnehmer erhalten Informationen darüber, unter welchen Versuchsbedingungen und Versuchserwartungen bestimmte Aufgaben eines Experiments zu bearbeiten sind.

E

E-Learning   Bezeichnet Lernen und Lehren unter Einsatz von Informations- und Kommunikationstechnik (es wird vielfach als ein zentrales Instrument beim Übergang zur Wissens- und Informationsgesellschaft verstanden).

Experiment   Ein systematischer Beobachtungsvorgang, aufgrund dessen der Versuchsleiter das jeweils interessierende Phänomen planmäßig erzeugt und variiert sowie gleichzeitig systematische und/oder unsystematische Störfaktoren durch hierfür geeignete Techniken kontrolliert.

Experimentelle Methode   Verfahren, welches die Manipulation einer oder mehrerer unabhängiger Variable(n) impliziert, um die Effekte dieser Manipulation auf eine oder mehrere abhängige Variable(n) zu bestimmen.

Experiment-Generator-Programm   Eine spezifische Verfahrensweise, welche den Einsatz von Computern in der Versuchssteuerung erleichtert.

Experimentell-korrelativer Forschungsansatz   Forschungslogik, welche dem allgemein- und persönlichkeitspsychologischen Forschungsansatz gerecht wird. Mit der Kombination von streng experimentellen und einer oder mehreren (korrelativen) Organismusvariablen werden sachrepräsentative sowie artefaktfreie Datenanalysen bezweckt.

Exploration   Befragung im Anschluss an ein Experiment zur nachträglichen Erfassung von möglichen Störquellen.

Ex post facto-Anordnung   Bei der Ex post facto-Versuchsanordnung liegt keine Manipulation seitens des Untersuchers vor; es wird von korrelativen Datensätzen lediglich auf eine oder mehrere hypothetische „Verursachungen" zurückgeschlossen.

Externe Validität   Liegt vor, wenn das Ergebnis einer Untersuchung über die untersuchte Stichprobe und die Untersuchungsbedingungen hinaus generalisierbar ist.

F

Faktor   Eine unabhängige Variable mit zwei oder mehr Stufen, deren Bedeutung für die Daten einer abhängigen Variable überprüft wird.

Falsifikation   Wissenschaftliche Theorien können nach Karl R. Popper grundsätzlich nicht verifiziert werden, da man nie sicher sein kann, ob im jeweiligen Fall die Wahrheit gefunden wurde; deswegen soll nicht der Beweis bzw. die Verifikation von Theorien gefordert, sondern im Gegenteil die Widerlegung bzw. Falsifikation angestrebt werden. Als vorläufig wahr gilt, was bisher trotz angemessener Anstrengung nicht falsifiziert ist.

Fehler erster Art (alpha-Fehler)   In der statistischen Entscheidungstheorie die fälschliche Entscheidung zugunsten der Geltung der Alternativhypothese (H_1), d.h. man nimmt an, die Alternativhypothese sei richtig, obwohl in Wirklichkeit die Nullhypothese H_0 richtig ist.

Fehler zweiter Art (beta-Fehler)   In der statistischen Entscheidungstheorie die fälschliche Entscheidung zugunsten der Nullhypothese (H_0), d.h. man nimmt an, die Nullhypothese sei richtig, obwohl in Wirklichkeit die Alternativhypothese H_1 richtig ist.

Fehlervarianz   Systematische oder/und unsystematische inter- und intraindividuelle Datenvarianz.

Feldexperiment   Experimentelle Untersuchung, die in einem natürlichen Umfeld stattfindet.

F-Test   Statistischer Signifikanztest, der zwei Stichprobenvarianzen auf Homogenität miteinander vergleicht.

Funktionelle Magnetresonanz-Tomographie (fMRT)   Dieses diagnostische Verfahren verwendet keine Röntgenstrahlen, sondern ein starkes Magnetfeld und Radiowellen. Ein Computer setzt die magnetischen Signale in grau abgestufte Schichtbilder des untersuchten Körpers (Körperteils) um.

G

Grundgesamtheit (Population)   Alle potenziell untersuchbaren Einheiten, die ein gemeinsames Merkmal aufweisen. (*Beispiel*: Bewohner einer Stadt, Frauen eines Landes, dreisilbige Substantiva einer Sprache).

H

Halo-Effekt Ein für die Personwahrnehmung typischer Schätzfehler, der aus der subjektiven Überschätzung von – vermeintlichen – Zusammenhängen resultiert. *Beispiel*: Als „ordentlich" eingestufte Personen werden typischerweise zu stark auch als eher „arbeitsmotiviert" eingeschätzt.

Häufigkeits-verteilung Statistische Übersicht, die zeigt, wie häufig die auftretenden Ergebnisse in einem Datensatz vorkommen.

Hypothese Experimentell zu prüfende Tatsachenbehauptung bzw. präzise Angabe über die Art der erwarteten Abhängigkeitsbeziehung. Sie enthält die exakte Festlegung der variierten Bedingungen und der erwarteten Veränderungen, d.h. eine möglichst präzise Aussage (Vorhersage) über die empirische Beziehung zwischen Ereignissen (*UV, AV*).

I

Induktive Logik Form des Denkens, bei welchem eine Schlussfolgerung aus vorangegangenen Erfahrungen und Indizien resultiert. Vom Einzelnen wird auf Allgemeines geschlossen.

Inferenzstatistik Statistik, die auf der Basis von Stichprobenergebnissen induktiv allgemein gültige Aussagen anstrebt. Zur Inferenzstatistik zählen die Schätzung von Populationsparametern und die statistische Signifikanzprüfung von Hypothesen.

Instruktion Die Instruktion – Versuchsanweisung – soll den Versuchsteilnehmer in die Lage versetzen, seine Aufgaben im Versuchsgeschehen optimal zu verstehen.

Instruktions-gebung Die Instruktionsgebung sollte dem Instruktionsinhalt und dem Versuchsteilnehmer angepasst sein. Divergenzen zwischen dem, wie sich ein Versuchsleiter verhält, und dem, was er sagt, sind zu vermeiden.

Instruktionstypen Man unterscheidet zwischen Instruktion mit vollständiger Information, Instruktion mit unvollständiger Information und Instruktion mit Falschinformation.

Instrumentierung Gesamtheit der in einer experimentellen Untersuchung verwendeten technischen Hilfsmittel.

Interindividuell Zwischen Individuen ablaufend; mehrere Individuen betreffend (s. Kap. 3).

Interne Validität Liegt vor, wenn das Ergebnis einer Untersuchung eindeutig interpretierbar ist. Die interne Validität sinkt mit der Anzahl plausibler Alternativerklärungen für das erhaltene experimentelle Ergebnis.

Intervallskala	Bei intervallskalierten Merkmalen lassen sich die Abstände zwischen den verschiedenen Merkmalsausprägungen exakt bestimmten und in äquidistanten Maßzahlen auf der Skala abtragen (s. Kap. 7).
Intraindividuell	Innerhalb eines Individuums, ein einzelnes Individuum betreffend.

J

Java-Applet	Kleines Computer-Programm, das von einer Web-Seite aus gestartet wird. Java-Applets können von jedem Web-Browser (z.B. MS Internet Explorer) ausgeführt werden, der in der Lage ist, den Java-Code in Maschinensprache umzusetzen. Es wird häufig verwendet, um Web-Seiten Multimedia-Effekte hinzuzufügen.

K

Kognitions-psychologie	Eine Forschungsrichtung, die sich mit der Untersuchung höherer mentaler Prozesse beschäftigt (z.B.: Wahrnehmung, Aufmerksamkeit, Sprache, Gedächtnis und Problemlösen).
Kognitive Neurowissen-schaften	Forciert durch die Verbreitung bildgebender und elektrophysiologischer Verfahren wird in dem Bereich der kognitiven Neurowissenschaft versucht, allgemein gültige Aussagen zu den neuronalen Grundlagen psychischer Vorgänge und damit zur Informationsverarbeitung durch das Gehirn zu machen.
Konstrukt	Theoretischer Begriff für eine hypothetisch angenommene Eigenschaft, welche sich nur indirekt – unter Zuhilfenahme operationaler Definitionen – erfassen lässt.
Kommunikation	Bezeichnet den zwischenmenschlichen Austausch von Informationen mit Hilfe von sprachlichen und nicht-sprachlichen Mitteln.
Konstruktvalidität	Betrifft die Güte der Operationalisierung der *UV* und *AV* hinsichtlich ihrer zugrunde liegenden theoretischen Konzeption.
Korrelative Designs	Nicht-experimentelle Datenanordnungen, die typischerweise nur den wechselseitigen Zusammenhang (Korrelation) zwischen zwei oder mehreren Variablen betreffen.
Kovarianzanalyse	Statistisches Verfahren zur Überprüfung der Bedeutsamkeit einer Moderatorvariablen (Zusatzvariablen); der Einfluss dieser Zusatzvariablen wird „neutralisiert".
Kurvenanpassung	Eine Menge von Datenpunkten wird durch eine mathematisch-statistische Funktion beschrieben.

L

Laborexperiment Experiment, das in einem Labor durchgeführt wird, d.h. in einer Umgebung, die der Experimentator systematisch gestalten kann; s. *Max-Kon-Min*-Prinzip.

Law of parsimony s. Occam's Razor

M

Magnetresonanz-Tomographie (MRT) Die Magnet-Resonanz-Tomographie (MRT), auch Kernspin-Tomographie genannt, ist eine diagnostische Technik zur Darstellung der inneren Organe und Gewebe mit Hilfe von Magnetfeldern und Radiowellen.

Max-Kon-Min-Prinzip Forschungsstrategie in der Versuchsplanung, derzufolge die experimentelle Varianz (Primärvarianz) zu *max*imieren, hingegen die systematische Fehlervarianz (Sekundärvarianz) zu *kon*trollieren sowie die unsystematische Fehlervarianz (Zufallsvarianz) zu *mini*mieren sind.

Menschenbild Das Menschenbild einer wissenschaftlichen Disziplin betrifft die ethisch-moralischen Grundannahmen ihres Vorgehens in Theorie und Praxis.

Messen Zuordnung von Zahlen zu Objekten oder Ereignissen gemäß bestimmten formalen Regeln.

Methodenmyopia/ Methodenkurz-sichtigkeit Sach- und methodenunkritische Bewertung und Nutzung von Datensätzen.

Modell Dient unter Zuhilfenahme vereinfachender Analogien einer koordinierenden Generierung und Prüfung von experimentellen Hypothesen; wesentliches Bindemittel zwischen Theorienbildung und empirischer Einzelprüfung.

Morgan's Canon s. Occam's Razor

N

Normalverteilung Wichtigste Verteilung der Statistik, die durch die Paramter μ (Erwartungswert) und σ (Streuung) definiert ist; d.h. glockenförmig, symmetrisch, zwischen den beiden Wendepunkten liegen ca. 68% der gesamten Verteilungsfläche (Standardnormalverteilung).

Nullhypothese Bei inferenzstatistischen Tests eine mathematisch formulierte These („Hypothese"), die besagt, dass der von der Alternativhypothese postulierte Unterschied bzw. Zusammenhang nicht besteht bzw. dass der in der Stichprobe gefundene Effekt auf die zufallsabhängige Streuung zurückzuführen und damit in der Grundgesamtheit nicht vorhanden ist.

O

Objektivität Grad, in dem die Ergebnisse eines Tests unabhängig vom Untersucher sind („interpersonelle Übereinstimmung" der Untersucher).

Occam's Razor Allgemeines Gütekriterium, welches besagt, dass bei sonst gleichem Voraussage- bzw. Erklärungswert einfachere Grundlagen solchen vorzuziehen sind, die eine kompliziertere und damit oft auch spekulativere Basis der Hypothesenbildung haben.

Operationale Definition Die Definition eines Ereignisses oder Konstrukts in Form der Prozeduren (Operationen) zur empirischen Konstitution der UV und AV.

Operationalisierung Umsetzung einer abstrakten Variablen bzw. eines theoretischen Konstrukts in ein konkret messbares Merkmal. Wichtig ist, dass die operationalisierte Variable die abstrakte Variable tatsächlich widerspiegelt.

Ordinalskala Bei einer ordinalskalierten Variablen sollen die Zahlen die Rangordnung der Untersuchungseinheiten bezüglich der gemessenen Eigenschaft abbilden (s. Kap. 7).

Organismusvariable Eigenschaft, welche an die individuelle Person gebunden ist und das Messergebnis beeinflussen kann.

P

Permutation Werden in einem Zufallsexperiment (z.B. Urne, Kartenspiel, Computergenerierung) alle Objekte bzw. Ereignisse gezogen und nicht zurückgelegt, bezeichnet man die dabei aufgetretene Reihenfolge der Ereignisse als eine „Permutation"; bei n Ereignissen gibt es $n!$ Permutationen.

Population s. Grundgesamtheit (Kap. 2).

Positronen-Emissions-Tomographie (PET) Die Positronen-Emissions-Tomographie bezeichnet ein nuklearmedizinisches Verfahren, mit dem Stoffwechselprozesse des Körpers auf molekularer Ebene in einer Untersuchung erforscht und in ihrer räumlichen Verteilung mittels Computer sichtbar gemacht werden können. Hierbei wird die Verteilung radioaktiv markierter Substanzen (Tracer) im menschlichen Körper mit einer PET-Kamera aufgezeichnet.

Primärvarianz Diejenige Datenfluktuation, die allein auf die Variation der experimentellen Bedingungen zurückzuführen ist („experimentelle Varianz"); s. *Max-Kon-Min*-Prinzip.

Proto-Wissenschaft Eine erst im Entstehen begriffene, vorwissenschaftliche Disziplin, die noch Schwierigkeiten hat, von bereits etablierten wissenschaftlichen Disziplinen anerkannt zu werden.

Psychophysik
Teilbereich der Psychologie, der sich mit den quantitativen Gesetzesbeziehungen zwischen physikalischen Reizen und den durch sie hervorgerufenen Empfindungen bzw. Wahrnehmungen befasst; d.h. es sollen allgemein gültige Aussagen über die Beziehung zwischen objektiver und subjektiver Wirklichkeit gemacht werden.

„Puzzle"-Forschung
Dieser Begriff beschreibt die aus der methodenorientierten Kleinarbeit bestehende Forschungstätigkeit.

Pygmalion-Effekt
s. Rosenthal-Effekt.

Q

Quasi-Experiment
Untersuchung, bei der z.B. auf Randomisierung verzichtet werden muss, weil natürliche bzw. bereits bestehende Gruppen untersucht werden.

R

Randomisierung (R)
Zufallsbildung, z.B. zufällige Zuordnung der Versuchsteilnehmer zu den Versuchsbedingungen.

Reaktive Messwerte
Versuchsartefakte, die aufgrund der dynamischen Interaktion von besonderen Versuchsleiter-, Versuchsperson-, Versuchssituations-Einflüssen die eigentlich intendierten Resultate beeinträchtigen.

Reliabilität
Grad der Genauigkeit eines Tests, mit dem dieser ein Merkmal erfasst, und zwar unter (vorläufiger) Absehung des Umstandes, ob es sich dabei auch um dasjenige Merkmal handelt, dessen Erfassung intendiert ist.

Rosenthal-Effekt
Artefakt, d.h. Datenverzerrung; entsteht, wenn die Erwartung eines Versuchsleiters bezüglich des Verhaltens der Versuchsteilnehmer einen unbeabsichtigten Einfluss auf das tatsächliche Verhalten der Versteilnehmer hat.

S

Sekundärvarianz
Systematischer Fehler, der auf die Wirkung von unkontrollierten Störfaktoren zurückzuführen ist.

Semiexperimenteller Versuchsplan
Mischdesign – zumindest zweifaktoriell – mit einem streng experimentellen und einem korrelativen Faktor (Organismusvariable).

Signifikanzniveau
Beim Hypothesentesten wird das Signifikanzniveau bzw. der kritische Wert zum Entscheidungskriterium darüber, ob die Nullhypothese zurückgewiesen werden soll oder nicht. Ist die Wahrscheinlichkeit für das Auftreten eines im Inferenztest ermittelten Wertes gleich oder kleiner als das a priori festgesetzte Signifikanzniveau, gilt das Ergebnis als statistisch signifikant und die Nullhypothese als zurückgewiesen.

Signifikanztest	Er ermöglicht nach bestimmten Regeln eine Entscheidung darüber, ob eine wissenschaftliche Hypothese über die zu untersuchende Grundgesamtheit (Alternativhypothese) anhand von Daten aus einer Stichprobe akzeptiert werden kann oder verworfen werden muss.
Skalenniveau	Das Skalenniveau einer gemessenen Variablen gibt an, welche Interpretationen die Ausprägungen des entsprechenden Merkmals zulassen. Es bestimmt die mathematischen Operationen und Transformationen, die mit einer entsprechend skalierten Variablen zulässig sind, ohne Information zu verändern.
Soziale Akzeptanz	Effektive Kommunikationsbemühungen dienen der sozialen Akzeptanz von potenziell relevanten Forschungsergebnissen.
Standardabwei-chung (Streuung)	Wurzel aus der Varianz; symbolisiert als s für Stichproben, durch σ für theoretische Verteilungen (z.B. Population).
Standardfehler des Mittelwertes (Mittelwertsfehler)	Streuung einer Stichprobenkennwerteverteilung; sie informiert darüber, wie unterschiedlich („variabel") Stichprobenkennwerte (z.B. Mittelwerte) von Stichproben aus einer Population bei einem gegebenen Stichprobenumfang sein können. Wichtig ist der Standardfehler für die Deskriptiv- und Inferenzstatistik.
Stichprobe	Zufallsbedingte Ereignisse von einer in der Regel zufällig ausgewählten Personengruppe, die als Grundlage für inferenz-statistische Schlüsse dienen soll.
Stichproben-kennwerte-verteilung	Beruhend auf der Annahme der Gültigkeit der Nullhypothese werden Voraussagen über einen Stichprobenkennwert gemacht. Die Stichprobenkennwerteverteilung ergibt sich, wenn man (theoretisch) unendlich viele Stichproben des Umfangs n aus der Population zieht und jedes Mal diesen Kennwert berechnet. Sie gibt also an, mit welcher Wahrscheinlichkeit alle möglichen Stichprobenergebnisse jeweils auftreten.
Störvariable	Merkmal, das bei einer Untersuchung nicht kontrolliert bzw. mitberücksichtigt wird, und somit die Werte der abhängigen Variablen verfälscht.
Streuung	s. Standardabweichung
Suggestivfragen	Suggestivfragen sind wertende Fragen, die Antworten einer bestimmten Richtung nahe legen.

T

Tachistoskop	Mit dem Tachistoskop können optische Reize millisekundengenau präsentiert werden.
Testnaivität	s. Wissentlichkeit

Theorie Ein System von Definitionen, Annahmen und Schlussfolgerungen, welches einen Ordnungs- und Erklärungsversuch für ein oder mehrere Phänomene darstellt.

Trendhypothese Durch eine Trendhypothese wird eine Richtungsvorhersage („Trend") auf Grund der Rangfolge der Treatment-Stufen (Abstufungen) getroffen.

U

Unabhängige Variable Merkmal, das in einem Experiment systematisch variiert wird, um seine Auswirkung auf eine oder mehrere abhängige Variable(n) zu untersuchen.

Un-/Wissentlichkeit Zwischen den beiden Polen der maximalen „Unwissentlichkeit" und der vollständigen „Wissentlichkeit" lassen sich verschiedene Grade der Unwissentlichkeit der Versuchsteilnehmer voneinander unterscheiden.

V

Validität Grad der Genauigkeit, mit dem ein Experiment bzw. Test das Merkmal, das erfasst bzw. gemessen werden soll, auch tatsächlich erfasst.

Variable Ein Merkmal bzw. Faktor, welches(r) durch Veränderlichkeit (qualitativer und/oder quantitativer Art) charakterisiert ist (s. auch abhängige und unabhängige V.).

Variablenkonfundierung Liegt dann vor, wenn mit der Manipulation der *UV* gleichzeitig unabsichtlich weitere systematische (Stör-) Bedingungen geschaffen werden, so dass eine bedingungsanalytische valide Interpretation des beobachteten Geschehens unmöglich wird.

Varianz Summe der quadrierten Abweichungen aller Messwerte einer Verteilung vom Mittelwert, dividiert durch die Anzahl aller Messwerte.

Varianzanalyse Testverfahren (Signifikanztest), welches den Einfluss verschiedener Bedingungen auf eine abhängige Variable untersucht. Die Bedingungen werden auch Faktoren und ihre Ausprägungen (Faktor-)Stufen genannt.

Versuchsanweisung (Instruktion) Die Versuchsanweisung bzw. Instruktion ist ein wesentliches Mittel, einen Versuchsteilnehmer in einer psychologischen Untersuchung zu einem bestimmten *aufgabenspezifischen* Verhalten zu veranlassen.

Versuchsaufbau Der Versuchsaufbau ist durch die Instrumentierung des Versuchs, welche die Instruktion der Versuchsteilnehmer und die Rekrutierung der Versuchsteilnehmer bestimmt.

Versuchsplan
Ein standardisiertes, routinemäßig anwendbares (Versuchsplanungs-)Schema, das dem Aufbau, der Kontrolle und der methodologischen Bewertung einer empirischen Untersuchung von unabhängigen und abhängigen Variablen zugrunde liegt.

Versuchsteilnehmer-Effekt
Diese Art von reaktiven Messeffekten beinhalten entweder einen unmittelbaren Einfluss von Eigenheiten der Versuchsteilnehmer auf die experimentellen Daten, oder sie leiten sich indirekt aus den Fehlreaktionen des Versuchsleiters ab, der sich durch bestimmte Versuchsteilnehmer-Merkmale beeinflussen lässt.

W

Web-Server
Computer, der seine Ressourcen mit anderen Computern teilt und mittels Software den Zugang zu einem Netzwerk, z.B. dem Internet, ermöglicht. Ein Web-Server *beherbergt* Webseiten und unterstützt HTTP und andere Datentransferprotokolle.

Wechselwirkung (Interaktion)
In der Statistik meint Wechselwirkung (Interaktion) den gemeinsamen Effekt, den unabhängige Variablen (*UV*) über ihre Einzeleffekte hinaus auf eine abhängige Variable (*AV*) haben. Man unterscheidet zwischen ordinaler, disordinaler und hybrider Interaktion (Varianzanalyse). Eine ordinale Interaktion liegt vor, wenn sich eine *UV* auf verschiedenen Stufen der anderen *UV* verschieden stark auf die *AV* auswirkt und umgekehrt; eine disordinale Interaktion ist gegeben, wenn sich die Rangfolge der Werte der *AV* für eine *UV* auf den verschiedenen Stufen der anderen *UV umkehrt*.

Wiederholungsmessung
An einer Stichprobe wird dasselbe Merkmal bei jedem Versuchsteilnehmer mehrmals gemessen (z.B. zu zwei Zeitpunkten, *Vorher-Nachher*); solche Stichproben bezeichnet man als „abhängig".

Wissenschaftliche Kommunikation
Wissenschaftliche Kommunikation dient der Verbreitung und damit der Weiterentwicklung von psychologischen Erkenntnissen. Sie umfasst Arbeitstagungen und Fachkongresse ebenso wie Fachbücher, Fachzeitschriften und elektronische Fachpublikationen.

Z

Zentrale Tendenz
Charakterisiert die „Mitte" bzw. das „Zentrum" einer statistischen Datenverteilung. Bei intervallskalierten Daten wird die zentrale Tendenz durch das arithmetische Mittel, bei ordinalen Daten durch den Median und bei nominalen Daten durch den Modalwert beschrieben.

Zufallsfehler
Unsystematischer Fehler (Zufallsfluktuation); s. *Max-Kon-Min-Prinzip*.

Zufallsgruppen-Design
Ein Versuchsplan, in welchem die Versuchsteilnehmer zufällig den experimentellen Bedingungen zugeordnet werden.

Zufallsstichprobe Eine solche liegt vor, wenn jedes Element in der Grundgesamtheit die gleiche Chance (Wahrscheinlichkeit) hat, in die Stichprobe aufgenommen zu werden, und die Stichprobenentnahme der einzelnen Elemente unabhängig voneinander erfolgt.

Literaturverzeichnis

Alt, J. A. (2001). *Karl R. Popper*. (3. Aufl.) Frankfurt/M.: Campus.

Anderson, N. H. (1970). Averaging model applied to the size-weight illusion. *Perception and Psychophysics*, 8, 1-4.

Anderson, N.H. (2001). *Experimental direction in design and analysis*. Mahwal, NJ: Erlbaum

Andreasen, N. (2002). *Brave new brain: Geist, Gehirn, Genom*. Heidelberg: Springer.

Andrew, R. J. (Ed.) (1991). *Neural and behavioural plasticity: The use of the domestic chick as a model*. Oxford: Oxford University Press.

Aserinsky, E. & Kleitman, N. (1953). Regularly occurring periods of eye motility, and concomitant phenomena, during sleep. *Science*, 118 , 273-274.

Atkinson, R.L., Atkinson, R.C., Smith, E.E., Bem, D.J. & Nolen-Hoeksema, S. (2001). *Hilgards Einführung in die Psychologie*. Heidelberg: Spektrum Akademischer Verlag.

Backhaus, K., Erichson, B., Plinke, W. & Weber, R. (2000). *Multivariate Analysemethoden*. Berlin: Springer.

Barber, T. X., & Silver, J. J. (1968). Fact, fiction, and the experimenter bias effect. *Psychological Bulletin Monograph Supplement*, 70, 1-29.

Barber, T. X., Calverley, D. S., Forgione, A., McPeake, J. D., Chaves, J. F. & Brown, B. (1969). Five attempts to replicate the experimenter bias effect. *Journal of Consulting and Clinical Psychology*, 33, 1 – 6.

Bekoff, M., Allen, C., & Burghardt, G.M. (Eds.) (2002). *The cognitive animal*. Cambridge, MA: The MIT Press.

Birnbaum, M. H. (1973). The devil rides again: Correlation as an index of fit. *Psychological Bulletin*, 79, 239-242.

Birnbaum, M. H. (1974.). Reply to the devils advocates: Don't confound model testing and measurement. *Psychological Bulletin*, 81, 854-859.

Boesch, E.E. & Eckensberger, L.H. (1969). Methodische Probleme des interkulturellen Vergleichs. In: C.F. Graumann (Hrsg.), *Handbuch der Psychologie*. Göttingen: Hogrefe.

Boring, E.G. (1950). *A history of experimental psychology*. New York: Appleton Croft Century.

Bortz, J. (2005). *Statistik für Human- und Sozialwissenschaftler*. 6., vollst. überarb. u. aktualisierte Aufl. Heidelberg: Springer.

Bortz, J., Lienert, G. A. & Boehnke, K. (2000). *Verteilungsfreie Methoden in der Biostatistik*. Berlin: Springer.

Bredenkamp, J. (1970). Über Maße der praktischen Signifikanz. *Zeitschrift für Psychologie*, 177, 310-318.

Bredenkamp, J. (1980). *Theorie und Planung psychologischer Experimente*. Darmstadt: Steinkopff.

Brickenkamp, R. (Hrsg.) (1986). *Handbuch apparativer Verfahren in der Psychologie*. Göttingen: Hogrefe.

Bringmann, W.G., Lück, H.E., Miller, R. & Early, C.E. (Eds.) (1987). *A pictorial history of psychology*. Carol Stream, IL: Quintessence.

Bunge, M. (1983). *Exploring the world*. Dordrecht: Reidel.

Bunge, M. & Ardila R. (1987). *Philosophy of psychology*. New York: Springer. (Deutsch: Philosophie der Psychologie. Tübingen: Mohr, 1990)

Call, J. & Tomasello, M. (1999). A nonverbal false belief task: The performance of children and great apes. *Child Development*, 70, 381-395.

Campbell, D.T. & Stanley, J. C. (1966). *Experimental and quasi-experimental designs for research*. Chicago: Rand-McNally. (Deutsch: Experimentelle und quasi-experimentelle Anordnungen in der Unterrichtsforschung. In: K.H. Ingenkamp (Hrsg.). Handbuch der Unterrichtsforschung I. Weinheim: Beltz, 1970.)

Chapin, F.S. (1965). Das Experiment in der soziologischen Forschung. In: R. König, *Beobachtung und experiment in der empirischen Sozialforschung* (3. Aufl.). Köln: Kiepenheuer & Witsch.

Christiansen, H.F. (1938). *The relations of school progress, measured in terms of the total amount of school attendance or course completion to subsequent economic adjustment*. University of Minnesota Library, M.A. Thesis. (zit. nach Chapin, 1965)

Cook, T. D. & Campbell, D.T. (1979). *Quasi-experimentation: Design and analysis issues for social settings*. Chicago: Rand McNally.

Coren, S. (1986). Computerizing the perception laboratory: surviving the transition. *Behavior Research Methods, Instruments, and Computers*, 18, 637-643.

Cronbach, L. J. (1975). Beyond the two disciplines of scientific psychology. *American Psychologist*, 30, 116-127.

Dement, W. (1974). *Some must watch while some must sleep*. San Francisco: Freeman.

Diehl, J. M. & Staufenbiel, T. (2001). *Statistik mit SPSS Version 10/11*. Eschborn: Klotz.

Dillon, P.C., Graham, W.K. & Aidells, A.L. (1972). Brainstorming on a „hot" problem: Effects of training and practice on individual and group performance. *Journal of Applied Psychology*, 56, 487-490.

Edward, A. L. (1972). *Experimental design in psychological research*. (4th ed.) New York: Holt, Rinehart & Winston.

Ekman, P. & Friesen, W.V. (1960). Status and personality of the experimenter as a determinant of verbal conditioning. *American Psychologist*, 15, 430.

Elashoff, J. D. & Snow, R. E. (1971). *Pygmalion reconsidered*. Belmont: Wadsworth. (Deutsch: Pygmalion auf dem Prüfstand. München: Kösel, 1972)

Erdmann, G. & Janke, W. (1978). Interaction between physiological and cognitive determinants of emotional state: Experimental studies on Schachter's theory of emotions. *Biological Psychology*, 6, 61-74.

Eysenck, H. J. (1984). The biology of individual differences. In: V. Sarris & A. Parducci (Eds.), *Perspectives in psychological experimentation: Toward the year 2000*. Hillsdale: Erlbaum. (Deutsch: München: Psychologie Verlags Union, 2. Aufl., 1987.)

Fahrenberg, J., Walschburger, P., Myrtek, M. & Müller, W. (1979). *Psychophysiologische Aktivierungsforschung*. München: Minerva.

Farah, M. J. (2005). Neuroethics: the practical and the philosophical. *Trends in Cognitive Sciences*, 9, 34-40.

Feyerabend, P.K. (1970). Against method: Outline of an anarchistic theory of knowledge. In: H. Radner & S. Winokur (Eds.), *Analysis of theories and methods of physics and psychology*. Minneapolis: University of Minnesota Press.

Fisher, R.A. (1956). *Statistical methods and scientific inference*. Edinburgh: Oliver & Boyd.

Forth, H. (1966). Über die Wirkung von verschiedenen Dosen eines Schlafmittels auf einige psychische Leistungen. *Psychologische Beiträge*, 9, 3-46.

Freud, S. (1900). *Die Traumdeutung.*(1. Aufl.). Frankfurt am Main: Fischer.

Fricke, R. & Treinies, G. (1986). *Einführung in die Metaanalyse*. Bern: Huber.

Gazzaniga, M.S., Ivry, R.B. & Mangun, G.R. (1998). *Cognitive neuroscience: The biology of the mind*. New York: Norton.

Gerrig, R.J. & Zimbardo, P.G. (2005). *Psychology and life*. (17th ed.) Boston: Allyn & Bacon. [International Edition]

Gigerenzer, G., Rösler, F., Spada, H., Amelang, M., Bierhoff, H. W. et al. (1999). Internationalisierung der psychologischen Forschung in Deutschland, Österreich und der Schweiz: Sieben Empfehlungen. *Psychologische Rundschau*, 50, 101-113.

Gillis, J.S. (1976). Participants instead of subjects. *American Psychologist*, 31, 95-97

Hauf, P. (2001). Untersuchungen zum altersspezifischen mehrdimensionalen perzeptiv-kognitiven Urteilsverhalten in der Psychophysik. In F. Wilkening et al. (Hrsg.), *Psychologia Universalis*, Neue Reihe (Bd. 26). Lengerich: Pabst.

Heimstra, N.W. & McDonald, A.L. (1973). *Psychology and contemporary problems*. Belmont, CA: Wadsworth.

Heron, W. (1957). The pathology of boredom. *Scientific American*, 196, 52-56

Herrmann, T. & Tack, W. (1994). *Methodologische Grundlagen der Psychologie. Enzyklopädie der Psychologie: Forschungsmethoden der Psychologie* (Bd. 1) Göttingen: Hogrefe.

Hofstätter, P.R. (1972). *Psychologie*. (Fischer-Lexikon). Frankfurt/M.: Fischer.

Holzkamp, K. (1964). *Theorie und Experiment in der Psychologie*. Berlin: de Gruyter.

Huber, O. (2005). *Das psychologische Experiment: Eine Einführung* (4. vollst. überarb. Aufl.). Bern: Huber.

Huff, D. (1954). *How to lie with statistics*. New York: Norton.

Irtel, H. (1993). *Experimentalpsychologisches Praktikum*. Heidelberg: Springer.

Janetzko, D., Hildebrandt, M. & Meyer, H. A. (Hrsg.) (2002). *Das Experimentalpsychologische Praktikum im Labor und WWW*. Göttingen: Hogrefe.

Jovanovič, U. J. (1978). Traumforschung. In: L. J. Pongratz (Hrsg.), *Handbuch der Psychologie*. Göttingen: Hogrefe.

Kagan, J. (1998). *Three seductive ideas*. Cambridge: Harvard University Press.

Kandel, E. R., Schwartz, J.H. & Jessell, T. M. (2000). *Principles of neural science*. New York: McGraw-Hill.

Kerlinger, F.N. (1973). *Foundations of behavioral research* (2nd ed.). New York: Holt, Rinehart & Winston. [Deutsch: Grundlagen der Sozialwissenschaften. Weinheim: Beltz]

Kerlinger, F.N. (1979). *Behavioral research: A conceptual approach*. New York: Holt, Rinehart & Winston.

King, B. D. & Wertheimer, M. (2005). *Max Wertheimer & Gestalt Theory*. New Brunswick: Transaction Publishers.

Kraemer, H. C., & Thiemann S. (1987). *How many subjects? Statistical power analysis in research*. Newbury Park, CA: Sage.

Krämer, W. (1991). *So lügt man mit Statistik*. Frankfurt a. M.: Campus.

Krampen, G., Montada, L., Müller, M.M. & Schui, G. (2005). *Internationalität der deutschsprachigen Psychologie*. Göttingen: Hogrefe.

Krech, D., Crutchfield, R.S., Livson, N., Wilson, W.A. & Parducci, A. (Eds.) (1974). *Elements of psychology*. (4th ed.) New York: Knopf. [Deutsch: Weinheim: Beltz, 1985]

Kühl, S. (2005). Ganz normale Organisationen: Organisationssoziologische Interpretationen simulierter Brutalitäten. *Zeitschrift für Soziologie*, 34, 2.

Lashley, K.S. (1930). The mechanism of vision: I. A method for rapid analysis of pattern vision in the rat. *Journal of Genetic Pychology*, 37, 453-460.

Lauterbach, W. & Sarris, V. (Hrsg.) (1980). *Beiträge zur psychologischen Bezugssystemforschung*. Bern: Huber.

Lawrence, M. W. (1966). Age differences in performance and subjective organization in the free recall learning of pictorial material. *Canadian Journal of Psychology*, 20, 388-399, 289f.

Legge, D. (1975). *An introduction to psychological science*. London: Methuen.

Leith, G.O. (1974). *Individual differences in learning: Interactions of personality and teaching methods. Personality and Academic Progress Proceedings*. London: Association of Educational Psychologists. (Zit. nach H.J. Eysenck, 1984).

Lewin, M. (1979). *Understanding psychological research: The student researcher's handbook*. New York: Wiley. (Deutsch: Berlin: Springer, 1986).

Lewis, D. (1960). *Quantitative methods in psychology*. New York: McGraw-Hill.

Lienert, G. (1987). *Schulnoten-Evaluation*. Frankfurt/M.: Athenäum.

Lienert, G.A. & Raatz, U. (1994). *Testaufbau und Testanalyse*. (5. Aufl.). Weinheim: Beltz.

Lindquist, E. F. (1953). *Design and analysis in psychology and education.* Boston: Houghton Mifflin.

Masling, J. (1959). The effects of warm and cold interaction on the administration and scoring of an intelligence test. *Journal of Consulting an Clinical Psychology*, 23, 336-341.

Matheson, D. W., Bruce, R. L., & Beaucamp, K. L. (1978). *Experimental psychology: Research design and analysis.* (3rd ed.). New York: Holt, Rinehart & Winston.

McConnell, J.V. (1974). *Understanding human behavior.* New York: Holt, Rinehart & Winston.

McGuigan, F. J. (1993). *Experimental Psychology* (6th Edition). Englewood Cliffs: Prentice-Hall.

Meehl, P. E. (1978). Theoretical risks and tabular asterisks: Sir Karl, Sir Ronald, and the slow progress of softpsychology. *Journal of Consulting and Clinical Psychology*, 46, 806 – 834.

Milgram, S. (1963). Behavioral study of obedience. *Journal of Abnormal Psychology*, 67, 371-378.

Milgram, S. (1974). *Obedience to authority: An experimental view.* New York: Harper & Row.

Moore, D. S. & McCabe, G. P. (1993). *Introduction to the practice of statistics.* New York: W.H. Freeman.

Morgan, C. T. (1906). *An introduction to comparative psychology.* (2 nd ed.). London: Scott.

Musahl, H.-P., Stolze, G. & Sarris, V. (1995). *Experimentalpsychologisches Praktikum: Arbeitsbuch.* (2. Aufl.) Lengerich: Pabst.

Nagel, T. (1980/1991). Die Grenzen der Objektivität. Stuttgart: Reclam.

Orne, M. T. (1962). On the social psychology of the psychological experiment: With particular reference to demand characteristics and their implications. *American Psychologist*, 17, 776-783.

Popper, K.R. (1974). *Replies to my critics. In P.A. Schilpp (Ed.), The philosophy of Karl Popper.* Vol. 2 (pp. 959 – 1197). La Salle. (Zit. nach Alt, 2001.)

Popper, K.R. (1984). *Logik der Forschung.* (8. Aufl.) Tübingen: Mohr.

Popper, K.R. (2001). *Die Welt des Parmenides: Der Ursprung des europäischen Denkens.* München: Piper.

Posner, M. I. (1998). Milestones in cognitive neuroscience. (Interview). In M.S. Gazzaniga, R.B. Ivry & G.R. Mangun (1998). *Cognitive neuroscience: The biology of the mind* (pp. 118-119). New York: Norton.

Reips, U.-D. (2000). *Das psychologische Experimentieren im Internet. In B. Batinic (Hrsg.), Internet für Psychologen.* (2. Aufl.). Göttingen: Hogrefe.

Robinson, P.W. & Forster, D.F. (1979). *Experimental psychology: A small-N approach.* New York: Harper & Row.

Rogers, L. J. (1995). *The development of brain and behaviour in the chicken.* Wallingford (Australia): CAB International Press.

Rosenthal, R. (1966). *Experimenter effects in behavioral research*. New York: Appleton-Century-Crofts.

Rosenthal, R. & Fode, K.L. (1963). The effect of experimenter bias on the performance of the albino rat. *Behavioral Science*, 8, 183-189.

Rosenthal, R., & Rosnow, R. L (1969). The volunteer subject. In R. Rosenthal & R. L. Rosnow (Eds.), *Artifact in behavioral research*. New York: Academic Press.

Rösler, F. (Hrsg.) (2001). *Grundlagen und Methoden der Psychophysiologie. Enzyklopädie der Psychologie: Biologische Psychologie* (Bd. 4.). Göttingen: Hogrefe.

Royce, J.R. (Ed.) (1970). *Towards unification in psychology. The first Banff conference on theoretical psychology*. Toronto: University of Toronto Press.

Sarnoff, I. & Zimbardo, P. G. (1961). Anxiety, fear, and social affiliation. *Journal of Abnormal and Social Psychology*, 62, 356-363. (Deutsch: Angst, Furcht und soziale Gesellung. In: M. Irle (Hrsg.), Texte aus der experimentellen Sozialpsychologie. Neuwied: Luchterhand, 1969.).

Sarris, V. (1968). Zur Wirkungsintensität verschiedener Schlafmitteldosen: Eine Reanalyse von Forths Daten. *Psychologische Beiträge*, 10, 165-172.

Sarris, V. (1975). *Wahrnehmung und Urteil* (2. Aufl.). Göttingen: Hogrefe.

Sarris, V. (1987). Gestalt psychology at Frankfurt University. In W.G. Bringmann et al. (Eds.), *A pictorial history of psychology* (pp. 273-276). Carol Stream, IL: Quintessence.

Sarris, V. (1992). *Methodologische Grundlagen der Experimentalpsychologie*. Bd. 2. München: Reinhardt.

Sarris, V. (1995a). *Max Wertheimer in Frankfurt*. Lengerich: Pabst.

Sarris, V. (1995a). *Experimentalpsychologisches Praktikum: Grundversuche und Arbeitsprojekte,* 2. Aufl.(3 Bde.). Lengerich: Pabst.

Sarris, V. (1999). *Einführung in die experimentelle Psychologie: Methodologische Grundlagen*. Lengerich: Pabst.

Sarris, V. (2001). Wolfgang Köhler (1887-1967). In P. B. Baltes & N. J. Smelser (Eds.). *The Excyclopedia of the Social and Behavioral Sciences (8155-8159)*. Oxford: Elsevier Science.

Sarris, V. (2004). Frame of reference models in psychophysics: A perceptual-cognitive approach. In C. Kaernbeck, E. Schöger, H. Müller (Eds.), *Psychophysics beyond sensation* (pp. 69-88). Malwah, NJ: Erlbaum.

Sarris, V. (2005). *Relational psychophysics in humans and animals – a comparative-delvelopmental approach*. London: Psychology Press. (In press).

Sarris, V. & Heinecken, E. (1976). An experimental test of two mathematical models applied to the size-weight illusion. *Journal of Experimental Psychology: Human Perception and Performance*, 2, 295-298.

Sarris, V. & Lienert, G. A. (1974). Konstruktion und Bewährung von klinisch-psychologischen Testverfahren. In: W. J. Schraml & G. Baumann (Hrsg.), *Forschungsmethoden in der klinischen Psychologie II*. Bern: Huber

Sarris, V. & Rey, E. R. (1981). Allgemeine Grundlagen von klinisch-psychologischen Testverfahren. In: E.-R. Rey (Hrsg.), *Klinische Psychologie*. (Aktuelle Psychiatrie, Bd. 2). Stuttgart: Fischer.

Sarris, V. & Stolze, G. (1980). Theorie und Experiment in der Psychophysik: Kontexteffekte, psychophysikalische Gesetze und psychologische Bezugssystemmodelle. In: W. Lauterbach & V. Sarris (Hrsg.), *Beiträge zur psychologischen Bezugssystemforschung*. Bern: Huber.

Sarris, V. & Zoeke, B. (1985). Tests of a quantitative frame-of-reference model: Practice effects in psychophysical judgments with different age-groups. In: G. d'Ydewalle (Ed.), *Cognition, information processing, and motivation*. Amsterdam: North-Holland.

Schachter, S. & Singer, J. E. (1962). Cognitive, social, and physiological determinants of emotional state. *Psychological Review*, 69, 379-399.

Schachter, S. (1959). *Psychology of affiliation*. Stanford, CA: Stanford University Press.

Sedlmeier, P.: (2002). Planung, Durchführung und Auswertung empirischer Studien. In D. Janetzko, D., H. A. Meyer, & M. Hildebrandt (Hrsg). *Das Experimentalpsychologische Praktikum im Labor und WWW* (pp. 43-100). Göttingen: Hogrefe.

Shapiro, K.E. (1998). *Animal models of human psychology: Critique of science, ethics and policy*. Seattle, WA: Hogrefe & Huber.

Shepard, R. N. (2001). Perceptual–cognitive universals as reflections on the world. *Brain and Behavioral Sciences*, 24, 581–601

Sjöberg, L. (1969). Sensation scales in the size-weight illusion. *Scandinavian Jounal of Psychology*, 10, 109-112.

Solso & MacLin. (2002). *Experimental psychology. A case approach*. 7th edition. München: Allyn & Bacon.

Spielberger, C.D. (1962). The role of awareness in verbal conditioning. In C.W. Eriksen (Ed.), *Behavior and awareness*. Durham, N.C.: Duke University Press.

Spielberger, C.D. & DeNike, L.D. (1966). Descriptive behaviorism versus cognitive theory in verbal operant conditioning. *Psychological Review*, 73, 306-326.

Stern, W. (1921). *Die differentielle Psychologie*. (3. Aufl.) Leipzig: Barth.

Sternberg, R.J. & Tulving, E. (1977). The measurement of subjective organization in free recall. *Psychological Bulletin*, 84, 539-556.

Stevens, S. S. (1948). Sensation and psychological measurement. In E. G. Boring, H. S. Langfeld & H. P. Eld (Eds.), *Foundations of psychology*. New York: Wiley.

Stevens, S.S. (Ed.) (1951). *Handbook of experimental psychology*. New York: Wiley.

Taylor, J.A. (1951). The relationship of anxiety to the conditiond eyelid-response. *Journal of Experimental Psychology*, 41, 81-92.

Thorndike, E.L. (1954). The psychological value system of psychologists. *American Psychologist*, 7, 787-790.

Tomasello, M., & Call, J. (1997). *Primate cognition*. Oxford University Press, Oxford.

Tulving, E. (1962). Subjective organization in free recall of "unrelated" words. *Psychological Review*, 69, 344-354.

Von Eye, A. (ed.) (1990). *Statistical methods in longitudinal research* (Vols. I & II). Boston: Academic Press.

Voss, U. (2001). *Überwachen und Schlafen*. Frankfurt: Lang.

Wasserman, E.A. (1995). Animal learning and comparative cognition. In I.P. Levin & J.V. Hinrichs (Eds), *Ex-perimental psychology: Contemporary methods and applications* (chap. 5, pp. 117-164). Madison, WI: Brown & Benchmark.

Wertheimer, M. (1912). Experimentelle Studien über das Sehen von Bewegungen. *Zeitschrift für Psychologie*, 61, 161-265.

Wilkening, F. (1976). *Entwicklungspsychologische Experimente zur Wahrnehmungs- und Urteilsrelativität*. (Psychologia Universalis, Bd .23) Meisenheim: Hain.

Wood, G. (1974). *Fundamentals of psychological research*. Boston: Little & Brown.

Zimbardo, P.G. & Gerrig, R.J. (2004). *Psychologie*. München: Pearson.

Zimbardo, P.G. & Schmeck, R.R. (1971). *Working with psychology: A student's resource book to accompany "Psychology and Life"*. (8th ed.). Glenview, Ill.: Scott & Foresman.

Zimbardo, P.G. (1983). *Lehrbuch der Psychologie*. (4. Aufl.). Berlin: Springer.

Autorenverzeichnis

A

Aidells, A.L. 173, 214
Allen, C. 213
Alt, J.A. 22, 213, 217
Amelang, M. 215
Anderson, N.H. 54–55, 127, 142, 213
Andreasen, N. 168–169, 213
Andrew, R.J. 213
Ardila, R. 21, 167, 169, 175–176, 214
Aserinsky, E. 47, 213
Atkinson, R.C. 13, 213
Atkinson, R.L. 13, 213

B

Backhaus, K. 143, 213
Baltes, P.B. 218
Barber, T.X. 113, 116, 213
Batinic, B. 191, 217
Baumann, G. 136, 219
Beaucamp, K.L. 155, 217
Bekoff, M. 183, 213
Bem, D.J. 213
Bierhoff, H.W. 215
Birnbaum M.H. 142, 191, 213
Boehnke, K. 136, 213
Boesch, E.E. 64, 213
Boring, E.G. 88, 128, 213, 220
Bortz, J. 13, 127, 129, 136, 213
Bredenkamp, J. 10, 55, 71, 116, 130, 134, 143, 213
Brickenkamp, R. 88, 213
Bringmann, W.G. 88, 214, 218
Brown, B. 13, 26, 113, 213, 220
Bruce, R.L. 24, 155, 217
Bunge, M. 214
Bunge, M.B. 169

C

Call, J. 182, 214, 220
Calverley, D.S. 113, 213
Campbell, D.T. 39, 41, 48, 65, 73–74, 214
Chapin, F.S. 78, 214
Chaves, J.F. 113, 213
Christiansen, H.F. 78–79, 214

Cook, T.D. 39, 48, 214
Coren, S. 93, 214
Cronbach, L.J. 65, 150–151, 214
Crutchfield, R.S. 216

D

d'Ydewalle, G. 219
Dement, W. 33, 214
DeNike, L.D. 98, 219
Diehl, J.M. 180, 214
Dillon, P.C. 171–173, 214

E

Eckensberger, L.H. 64, 213
Edward, A.L. 141–142, 214
Ekman, P. 110, 214
Elashoff, J.D. 113, 214
Elmes, D.G. 13
Erdmann, G. 150, 214
Erichson, B. 143, 213
Eysenck, H.J. 150–151, 215–216

F

Fahrenberg, J. 94, 215
Farah, M.J. 215
Feyerabend, P.K. 215
Fisher, R.A. 143, 215
Fode, K.L. 112, 218
Forgione, A. 113, 213
Forster, D.F. 143, 217
Forth, H. 68, 140, 142, 215
Freud, S. 23, 33, 108, 165, 215
Fricke, R. 143, 215
Friesen, W.V. 214

G

Gazzaniga, M.S. 167, 169, 215, 217
Gerrig, R.J. 13, 26, 158, 169, 180–181, 215, 220
Gigerenzer, G. 157, 215
Gillis, J.S. 98, 215
Graham, W.K. 173, 214
Graumann, C.F. 213

H

Hauf, P. 117, 215
Heimstra, N.W. 171, 215
Heinecken, E. 55, 219
Heron, W. 91, 215
Herrmann, T. 22, 215
Hildebrandt, M. 191, 216, 219
Hinrichs, J.V. 13, 26, 220
Hofstätter, P.R. 51, 215
Holzkamp, K. 98, 215
Huber, O. 13, 215
Huff, D. 132, 136, 215

I

Irtel, H. 189, 215
Ivry, R.B. 167, 169, 215, 217

J

Janetzko, D. 191, 216, 219
Janke, W. 150, 214
Jessell, T.M. 216
Jovanovič, U.J. 33–34, 52–53, 68, 216

K

Kaernbeck, C. 218
Kagan, J. 157, 216
Kandel, E.R. 216
Kantowitz, B.H. 13
Kerlinger, F.N. 37–38, 77, 216
King, B.D. 89, 216
Kleitman, N. 47, 213
Koffka, K. 21, 98
Köhler, W. 21, 98, 182, 218
Kraemer, H.C. 99, 216
Krämer, W. 132, 136, 216
Krampen, G. 157, 216
Krech, D. 92, 216
Kühl, S. 158, 216

L

Langfeld, H.S. 128, 220
Lashley, K.S. 93, 216
Lauterbach, W. 216, 219
Lawrence, M.W. 149, 216
Legge, D. 174, 216
Leith, G.O. 150–151, 216

Levin, I.P. 13, 26, 220
Lewin, M. 19, 87, 155, 216
Lewis, D. 133, 136, 216
Lienert, G.A. 97, 128, 134–136, 157, 213, 216, 219
Lindquist, E.F. 141–142, 217
Livson, N. 216
Lück, H.E. 214

M

MacLin 13, 219
Mangun, G.R. 167, 169, 215, 217
Masling, J 114–115, 217
Matheson, D.W. 24, 30, 155, 197, 217
McCabe, G.P. 180, 217
McConnell, J.V. 103, 217
McDonald, A.L. 171, 215
McGuigan, F.J. 13, 75–76, 89, 130, 136, 153–154, 217
McPeake, J.D. 113, 213
Meehl, P.E. 9, 50, 217
Meyer, H.A. 191, 216, 219
Milgram, S. 157–158, 195, 217
Miller, R. 214
Montada, L. 216
Moore, D.S. 180, 217
Morgan, C.T. 9, 23, 28, 50, 55–56, 206, 217
Müller, M.M. 216
Müller, W. 215
Musahl, H.-P. 25–26, 97–98, 217
Myrtek, M. 215

N

Nagel, T. 22, 217
Nolen-Hoeksema, S. 213

O

Orne, M.T. 104, 217

P

Parducci, A. 151, 157, 170, 176, 215–216
Pashler, H. 13
Plinke, W. 143, 213
Pongratz, L.J. 216
Popper, K.R. 22, 28, 55, 203, 213, 217
Posner, M.I. 169, 217

R

Raatz, U. 97, 216
Radner, H. 215
Reips, U.-D. 190–191, 217
Rey, E.R. 135–136, 219
Robinson, P.W. 143, 217
Roediger, H. L. 13
Rogers, L.J. 183, 217
Rosenthal, R. 74, 108–109, 111–113, 115–116, 119, 208, 218
Rösler, F. 93, 215, 218
Rosnow, R.L. 111, 218
Royce, J.R. 32, 218

S

Sarnoff, I. 108–109, 218
Sarris, V. 12–13, 18–21, 24–26, 30, 33, 36, 38, 54–55, 62, 69–70, 73–74, 79, 82, 88–89, 97–98, 105, 117, 135–136, 140–142, 151–152, 157, 170, 176, 178, 182–187, 215–219
Schachter, S. 109, 135, 149–150, 214, 219
Schilpp, P.A. 22, 217
Schmeck, R.R. 152, 220
Schöger, E. 218
Schraml, W.J. 136, 219
Schui, G. 216
Schwartz, J.H. 216
Sedlmeier, P. 164, 219
Shapiro, K.E. 26, 219
Shepard, R.N. 89, 219
Silver, J.J. 116, 213
Singer, J.E. 219
Sjöberg, L. 54–55, 219
Smelser, N.J. 218
Smith, E.E. 213
Snow, R.E. 113, 214
Solso 13, 219
Spada, H. 215
Spielberger, C.D. 47–48, 97–98, 219
Stanley, J.C. 41, 65, 73–74, 157, 214
Staufenbiel, T. 180, 214
Stern, W. 166, 169, 219
Sternberg, R.J. 149, 189, 219
Stevens, S.S. 13, 55, 127–128, 220
Stolze, G. 25–26, 97–98, 141, 217, 219

T

Tack, W. 22, 215
Taylor, J.A. 47–48, 220
Thiemann, S. 99, 216
Thorndike, E.L. 64, 220
Tomasello, M. 182, 214, 220
Treinies, G. 143, 215
Tulving, E. 148–149, 219–220

V

Von Eye, A. 220
Voss, U. 34

W

Walschburger, P. 215
Wasserman, E.A. 26, 220
Weber, R. 213
Wertheimer, M. 21, 89, 98, 216, 218, 220
Wilkening, F. 103–104, 215, 220
Wilson, W.A. 216
Wood, G. 138, 220

Y

Yantis, S. 13

Z

Zimbardo, P.G. 13–14, 26, 108–109, 152, 157–158, 169, 180–181, 215, 218, 220
Zoeke, B. 105, 219

Register

A

Abhängige Variable 20, 28, 33, 37, 40–41, 90, 135, 138, 201–202, 210–211
Allgemeine Psychologie 12, 169, 174, 179
Alternativhypothese 40, 57, 138, 145, 201, 203, 209
Apparat 93, 100, 201
Arithmetisches Mittel (Mittelwert) 57, 126, 129–130, 133–134, 137, 139, 144, 201, 210

B

Behaviorismus 21, 28, 182, 201
Blockbildung (Parallelisierung) 42, 66–68, 81, 84, 201

C

Computersteuerung 100
Cross-over Design 84

D

Deduktive Logik 19, 28, 202
Design s. Versuchsplan
Deskriptivstatistik 42, 54, 57, 121, 127, 132, 144–145, 202
Differentielle Psychologie 219
Doppelblindversuch 116, 119

E

E-Learning 145, 179, 184, 192, 202
Ex post facto-Design 78–79, 84, 202
Experiment 28, 52–54, 165, 202, 208
Experimentelle Methode 20, 28, 202
Experimentell-korrelativer Forschungsansatz 84, 195, 202
Experiment-Generator-Programm 192
Exploration 101, 106–107, 116–119, 202
Externe Validität 39–42, 203

F

Faktor 13, 33, 42, 52–53, 61, 67, 72, 75, 98, 108, 110, 130, 136, 150, 153–154, 171–173, 194, 197–198, 203, 208, 210
Falsifikation 54–55, 57, 142, 203
Fehler erster Art (α-Fehler) 145, 203
Fehler zweiter Art (β-Fehler) 145, 203
Fehlervarianz 36–38, 41–42, 67, 203, 206
Feldexperiment 40, 42, 187, 195–196, 203
F-Test 84, 203

G

Gestaltpsychologie 21, 89, 98
Grundgesamtheit (Population) 41–42, 98–99, 107, 122–124, 126, 130–131, 137, 139, 144–145, 201, 203, 206–207, 209, 212

H

Halo-Effekt 115, 119, 204
Hypothese 28, 30–31, 40, 46, 48–54, 56–57, 60, 63, 68, 77–78, 90, 93, 108–109, 114, 130, 137–138, 173, 201, 204, 206, 209

I

Induktive Logik 19, 28, 204
Inferenzstatistik 42, 54, 57, 121–123, 137, 140, 145, 204, 209
Instruktionsgebung, s. Versuchsanweisung
Instruktionstypen 100
Instrumentierung 73, 85–86, 88–91, 94, 99–100, 184, 187, 204, 210
Interindividuell 36, 42, 84, 204
Interne Validität 39, 41–42, 63, 67, 72–74, 84, 204
Intraindividuell 37, 42, 205

J

Java-Applet 192, 205

K

Kognitionspsychologie 28, 167, 186
Kommunikation 159
Konstrukt 28, 205
Konstruktvalidität 39–42, 48, 57, 90, 205
Korrelation 131–132, 142
Korrelative Designs 12, 42, 61, 84, 194, 205
Kovarianzanalyse 38, 42, 80, 205
Kurvenanpassung 141, 145, 205

L

Laborexperiment 40, 42, 104, 206
Law of parsimony 28

M

Max-Kon-Min-Prinzip 35, 37–38, 42, 50, 72, 206–207, 211
Menschenbild 159
Messen 20, 28, 86, 92, 94, 119, 127, 206
Methodenmyopia 148, 151, 159, 206

Modell 21, 23–24, 28, 46, 54–55, 68, 122, 140, 142, 182, 187, 206
Morgan´s Canon 23, 28, 50, 55–56, 206

N

Normalverteilung 124, 126, 128, 145, 195, 206
Nullhypothese 51–54, 57, 93, 137–139, 142, 145, 203, 206, 208–209

O

Objektivität 73, 84, 90, 94, 100, 103, 180, 207, 217
Occam´s Razor 9, 23, 28, 50, 55, 206–207
Operationale Definition 57, 90, 207
Operationalisierung 24, 28, 47–48, 55, 57, 92, 148–149, 159, 205
Organismusvariable 42, 150, 198, 208

P

Permutation 100, 207
Phi-Phänomen 89, 98
Population 123, 207
Primärvarianz 36–38, 41–42, 206–207
Proto-Wissenschaft 178, 192, 207
Psychophysik 28, 69, 152, 187, 208, 215, 219
Puzzle-Forschung 159
Pygmalion-Effekt 113, 119, 208

Q

Quasiexperiment 84, 208

R

Randomisierung 42, 84
Reaktive Messwerte 108, 208
Reliabilität 73, 80, 84, 90, 94, 100, 201, 208
Rosenthal-Effekt 111–113, 116, 119, 208

S

Sekundärvarianz 37–38, 41–42, 206, 208
Semiexperimenteller Versuchsplan 84, 159, 208
Signifikanznivau 145
Signifikanzniveau 144, 208
Signifikanztest 145, 203, 209–210
Soziale Akzeptanz 159
Standardabweichung (Streuung) 129–130, 145, 209
Standardfehler 130, 141, 145, 209
Stichprobe 42, 67, 209
Stichprobenkennwerteverteilung 124, 126, 145, 209
Störvariable 42, 209
Suggestivfragen 119

T

Tachistoskop 91, 100, 209
Testsituation 11, 102–116
    s. ferner Versuchsanweisung
Theorie 9, 21–24, 28, 149, 161, 165, 176, 194, 206, 210, 213, 215, 219
Trendhypothese 84, 210

U

Unabhängige Variable 20, 28, 40–41, 69, 203, 210

V

Validität 40, 42, 57, 84, 90, 100, 119, 186, 204, 210
Variable 28, 31, 69, 78–79, 90, 138, 144, 201, 207, 210–211
Variablenkonfundierung 32, 42
Varianz 37, 42, 123, 206, 210
Varianzanalyse 71, 76, 140, 142, 144–145, 210–211
Versuchsanweisung (Instruktion) 86–87, 95–97, 99–101, 106–107, 111, 119, 195, 204, 210
Versuchsaufbau 60, 85–86, 90, 97–100, 210
Versuchsleiter-Versuchspersonen-Dynamik 11, 102, 110–116
Versuchsplan 13, 42, 60–61, 75–76, 80, 82–83, 108, 110–111, 132, 136, 144, 150, 153, 159, 194, 197–199, 208, 211

W

Web-Server 190, 192, 211
Wechselwirkung (Interaktion) 57, 71, 84, 108–109, 113, 116, 150, 153, 173, 208, 211
Wiederholungsmessung 42, 53, 67, 75, 81, 83–84

Z

Zentrale Tendenz 35, 42, 127, 211
Zufallsfehler 36–37, 41–42, 50, 67, 211
Zufallsgruppen-Design 42, 211
Zufallsstichprobe 123–124, 145, 212

Psychologie

16., aktualisierte Auflage

Philip G. Zimbardo, Richard J. Gerrig

Zum Buch:

Der »Zimbardo« gibt einen umfassenden Einstieg in die verschiedenen Bereiche der Psychologie. Dabei wird Psychologie als Wissenschaft verstanden, um hierauf aufbauend die Anwendungsbereiche für das tägliche Leben darzustellen. Schwerpunkte liegen auf der Sozial- und Kognitionspsychologie. Durch die verständliche und anschauliche Darstellungsweise bietet das Buch einen geeigneten Einstieg und dient als hervorragendes Nachschlagewerk für die Grundlagen der Psychologie.

Aus dem Inhalt:

- Die Psychologie in Wissenschaft und Anwendung
- Forschungsmethoden
- Wahrnehmung I + II
- Lernen und Verhaltensanalyse
- Gedächtnis
- Kognitive Prozesse
- Soziale Prozesse

- Intelligenz
- Entwicklung
- Motivation
- Emotion, Stress, Gesundheit
- Persönlichkeit
- Psychische Störungen
- Sozialpsychologie, Gesellschaft, Kultur

Über die Autoren:

Richard J. Gerrig ist Professor für Psychologie an der *State University of New York at Stony Brook.*
Philip G. Zimbardo ist Professor für Psychologie an der *Stanford University.*

ISBN: 3-8273-7056-6
€ 49,95 [D], sFr 83,50
ca. 900 Seiten

ps   psychologie

Pearson-Studium-Produkte erhalten Sie im Buchhandel und Fachhandel
Pearson Education Deutschland GmbH • Martin-Kollar-Str. 10 – 12 • D-81829 München
Tel. (089) 46 00 3 - 222 • Fax (089) 46 00 3 - 100 • www.pearson-studium.de

Einführung in die Test- und Fragebogenkonstruktion

Markus Bühner

Zum Buch:

Die Grundlagen der Testtheorie sowie der Methoden zur Fragebogenerstellung werden in diesem Buch einfach, also ohne aufwändige Abteilung von Formeln dargestellt. Anhand mit SPSS durchgerechneter Beispiele kann das Wissen angewandt und erprobt werden. Der Schwerpunkt des Buches liegt auf der Vermittlung der klassischen Testtheorie, die probabilistische Testtheorie wird nur überblicksweise dargestellt. Diese Gewichtung ergibt sich aus der Tatsache, dass ca. 95 % der handelsüblichen Tests nach der klassischen Testtheorie konzipiert sind.

Aus dem Inhalt:

– Testtheorestische Grundlagen
– Testkonstruktion
– Reliabilität
– Exploratorische Faktorenanlayse

– Konfirmatorische Faktorenanalyse
– Korrelationen
– Grundlagen in SPSS (Version 7.0 bis 11.5)

Über den Autor:

Markus Bühner ist wissenschaftlicher Assistent in der Arbeitsgruppe Differentielle und Diagnostische Psychologie an der *Universität Marburg.* Seine Schwerpunkte in Forschung und Lehre liegen im Bereich *Evaluation, Testkonstruktion* und *Psychologische Diagnostik.*

ISBN: 3-8273-7083-3
€ 24,95 [D], sFr 42,50
298 Seiten

ps | methoden/diagnostik

Pearson-Studium-Produkte erhalten Sie im Buchhandel und Fachhandel
Pearson Education Deutschland GmbH • Martin-Kollar-Str. 10 – 12 • D-81829 München
Tel. (089) 46 00 3 - 222 • Fax (089) 46 00 3 - 100 • www.pearson-studium.de

Statistik für Psychologen

im Klartext

Peter Zöfel

Zum Buch:

Das Buch orientiert sich am Lehrplan der Statistik für Psychologen und an den dafür notwendigen praktischen Anforderungen und verzichtet auf langwierige theoretische Herleitungen. Stattdessen werden zahlreiche Beispiele geboten. Die benutzten Datendateien können aus dem Internet heruntergeladen werden. Dabei wird stets im Auge behalten, dass wohl niemand mehr statistische Analysen per Hand rechnet, sondern dazu Computerprogramme einsetzt. Im Buch wird auf das Programmsystem SPSS verwiesen. Zu jedem Kapitel werden Aufgaben gestellt, deren Lösungen am Schluss des Buches gezeigt werden.

Aus dem Inhalt:

– Deskriptive Statistik
– Wahrscheinlichkeitsrechnung
– Zufallsvariablen und Verteilungen
– Analytische Statistik
– Streubereiche und Konfidenzintervalle
– Verteilungsformen

– Signifikanztests, -Korrelation und
  Regression
– Kreuztabellen
– Mehrere abhängige Variablen
– Varianzanalyse
– Faktorenanalyse
– Reliabilitätsanalyse

Über den Autor:

Peter Zöfel ist am Hochschulrechenzentrum der *Philipps-Universität Marburg* tätig und Autor mehrerer Statistikbücher und Bücher zu SPSS.

ISBN: 3-8273-7063-9
€ 17,95 [D], sFr 32,00
286 Seiten

Klartext psychologie

Pearson-Studium-Produkte erhalten Sie im Buchhandel und Fachhandel
Pearson Education Deutschland GmbH • Martin-Kollar-Str. 10 – 12 • D-81829 München
Tel. (089) 46 00 3 - 222 • Fax (089) 46 00 3 - 100 • www.pearson-studium.de

Sozialpsychologie

Elliot Aronson, Timothy D. Wilson, Robin M. Akert

Zum Buch:

Dieses weit verbreitete Lehrbuch zur Sozialpsychologie benutzt einen erzählerischen Ansatz, um die Inhalte der Sozialpsychologie in anschaulicher, unterhaltsamer und einprägsamer Weise zu vermitteln. Dadurch wird dem Studenten die ganze Bandbreite der Sozialpsychologie nahe gebracht – er erfährt, wie Theorien die Forschung inspirieren, warum Forschung wieder neue Interessensfelder erschafft und wie das alles unser tägliches Leben berührt. Beispiele aus dem realen Leben inklusive der detaillierten Beschreibung klassischer und moderner Experimente erhöhen den angewandten, anwendbaren und nachvollziehbaren Nutzen.

Aus dem Inhalt:

– Methodenlehre
– Soziale Perzeption
– Soziale Wahrnehmung
– Einstellungen und
  Einstellungswechsel

– Konformität
– Gruppenprozesse
– Pro-soziales Verhalten und Aggression
– Vorurteile
– Angewandte Sozialpsychologie
  (Gesundheit, Umwelt, Recht)

Über die Autoren:

Elliot Aronson ist weltweit einer der angesehensten Sozialpsychologen. Er ist der einzige in der über 100-jährigen Geschichte der *American Psychology Association,* der alle drei wichtigsten akademischen Auszeichnungen erhalten hat: Für herausragende Lehre, für herausragende Forschung und für herausragende Veröffentlichungen. *Tim Wilson* ist Professor an der *University of Virginia* mit zahlreichen Veröffentlichungen und über zwanzigjähriger Lehrerfahrung in der Sozialpsychologie. *Robin Akert* ist Professorin am *Wellesley College,* wo sie den Pinanski Preis für herausragende Lehre erhielt.

ISBN: 3-8273-7084-1
€ 49,95 [D], sFr 83,50
723 Seiten

ps sozialpsychologie

Pearson-Studium-Produkte erhalten Sie im Buchhandel und Fachhandel
Pearson Education Deutschland GmbH • Martin-Kollar-Str. 10 – 12 • D-81829 München
Tel. (089) 46 00 3 - 222 • Fax (089) 46 00 3 - 100 • www.pearson-studium.de

Entwicklungspsychologie

3., aktualisierte Auflage

Laura E. Berk

Zum Buch:

Laura E. Berks Buch gehört zu den weltweit am häufigsten eingesetzten Lehrbüchern der Entwicklungspsychologie. Es zeichnet sich durch seine klare Sprache, die Einbeziehung der neuesten Forschungsergebnisse sowie eine Vielzahl an aktuellen praktischen Beispielen aus. Dadurch werden die einzelnen Entwicklungsstufen und Prozesse der menschlichen Entwicklung klar nachvollziehbar. Die Entwicklung wird dabei sowohl aus der physischen, der kognitiven, der emotionalen wie auch der sozialen Perspektive betrachtet.

Aus dem Inhalt:

– Theorien und Forschung in der
  Entwicklungspsychologie
– Grundlagen der Entwicklung
– Säuglings- und Kleinkindalter:
  Die ersten beiden Jahre
– Frühe Kindheit: Zwei bis sechs Jahre

– Mittlere Kindheit: Sechs bis elf Jahre
– Adoleszenz: Der Übergang zum
  Erwachsenenalter
– Frühes Erwachsenenalter
– Mittleres Erwachsenenalter
– Spätes Erwachsenenalter
– Das Lebensende

Über den Autor:

Laura E. Berk ist Professorin für Entwicklungspsychologie an der *Illinois State University*. Mit zahlreichen Veröffentlichungen von empirischen Studien und weit verbreiteten Lehrbüchern gehört sie zu den bekanntesten Entwicklungspsychologen weltweit.

ISBN: 3-8273-7110-4
€ 69,95; sFr 115,50
ca. 850 Seiten

 entwicklungspsychologie

Pearson-Studium-Produkte erhalten Sie im Buchhandel und Fachhandel
Pearson Education Deutschland GmbH • Martin-Kollar-Str. 10 – 12 • D-81829 München
Tel. (089) 46 00 3 - 222 • Fax (089) 46 00 3 - 100 • www.pearson-studium.de